权威·前沿·原创

皮书系列为
"十二五""十三五"国家重点图书出版规划项目

法国蓝皮书

BLUE BOOK OF FRANCE

法国发展报告
（2019）

ANNUAL REPORT ON DEVELOPMENT OF THE FRENCH REPUBLIC (2019)

北京外国语大学区域与全球治理高等研究院
北京外国语大学法国研究中心
中国欧洲学会法国研究分会
主　编／丁一凡
副主编／戴冬梅

社会科学文献出版社
SOCIAL SCIENCES ACADEMIC PRESS (CHINA)

图书在版编目(CIP)数据

法国发展报告.2019/丁一凡主编.--北京：社会科学文献出版社，2019.9
（法国蓝皮书）
ISBN 978-7-5201-5093-4

Ⅰ.①法… Ⅱ.①丁… Ⅲ.①经济发展-研究报告-法国-2019 ②社会发展-研究报告-法国-2019 Ⅳ.①F156.54

中国版本图书馆CIP数据核字（2019）第124813号

法国蓝皮书
法国发展报告（2019）

主　　编/丁一凡
副 主 编/戴冬梅

出 版 人/谢寿光
责任编辑/张苏琴　葛　军　冯　蕊

出　　版/社会科学文献出版社·当代世界出版分社（010）59367004
　　　　　地址：北京市北三环中路甲29号院华龙大厦　邮编：100029
　　　　　网址：www.ssap.com.cn
发　　行/市场营销中心（010）59367081　59367083
印　　装/三河市东方印刷有限公司
规　　格/开本：787mm×1092mm　1/16
　　　　　印 张：18.5　字 数：273千字
版　　次/2019年9月第1版　2019年9月第1次印刷
书　　号/ISBN 978-7-5201-5093-4
定　　价/188.00元

本书如有印装质量问题，请与读者服务中心（010-59367028）联系

▲ 版权所有 翻印必究

本系列蓝皮书由新华联集团和兴源控股有限公司资助出版

北京外国语大学区域与全球治理高等研究院
"区域和国别研究蓝皮书系列"

荣誉总主编	柳斌杰
总 主 编	彭 龙
副总主编	孙有中　李永辉
顾　　问	傅 军　周立武
编　　委	丁 超　丁一凡　戴冬梅　黄 平　季志业
	柯 静　李建军　李向阳　李永辉　米 良
	牛华勇　孙晓萌　孙有中　王展鹏　吴宗玉
	薛 澜　张朝意　章晓英　赵 刚
学术委员会	冯仲平　江时学　李绍先　刘鸿武　孙士海
	王缉思　邢广程　杨伯江　杨 恕　袁 明
	翟 崑　张蕴岭　周 弘　朱晓中

主编简介

丁一凡 毕业于北京外国语学院（现北京外国语大学）法语系，后赴法国学习。获波尔多政治学院学士，波尔多大学法学院政治学硕士、博士。曾在美国约翰·霍普金斯大学国际关系研究院做访问学者。

曾在北京外国语大学当教师，曾在新华社国际部和《光明日报》国际部当编辑，曾任《光明日报》驻巴黎首席记者，曾任国务院发展研究中心世界发展研究所副所长。

现为国务院发展研究中心世界发展研究所研究员、北京外国语大学亿阳讲席教授、外交部国际经济与金融咨询委员会委员、商务部咨询委员会委员、教育部国别与地区研究专家组成员、中国世界经济学会副会长、中国经济社会理事会理事、中国人民外交学会理事、中国欧洲学会常务理事、中国欧洲学会法国研究分会副会长等。

出版过《民主悖论》《欧债危机启示录》《欧元时代》等中文专著八部，《全球化危机与中国式解决方案》(*Crisis of Globalization and Chinese Solution*) 英文专著一部，编过《权力20讲》，发表过学术论文数十篇，在全国性报纸、杂志上发表过文章数百篇。用英文、法文在国内外杂志上发表过几十篇文章，曾参与外国人主编的书并撰写部分章节，内容涉及发展、汇率、环境保护、国际贸易等。

戴冬梅 北京外国语大学法语语言文化学院院长、副教授，学术杂志《法语国家与地区研究》副主编。毕业于北京外国语大学、巴黎政治学院、巴黎第一大学与巴黎第三大学。历史学博士、外交学硕士、法语语言文学硕士。主要研究方向为法语教学、中国法语传播史、法国语言政策和法国对外政策。曾发表《法国外语教育政策与教学体系考察》《法语的对外推广》等学术论文30余篇。

摘　要

　　2017年法国总统大选时,埃马纽埃尔·马克龙"意外"当选。2018年马克龙总统雄心勃勃地进行了一番改革,要给法国经济与法国社会"动大手术"。用马克龙的话说,法国不改革就会被淘汰,只有改革才能让法国重现旧日的辉煌。

　　马克龙总统创建的共和国前进党是执政党,掌控着议会的多数。2018年,马克龙推动法国议会通过了一些改革法案,如劳工法、财政法、青年就业法,等等。包括宪法改革在内的许多组织法改革也被列入马克龙政府的议事日程。应该说,马克龙政府是真的想改变法国经济与社会的发展轨迹。然而,改革需要掌握时机、掌握民众心态,改革措施需要一项一项地落实,要让民众感受到改革的好处,不能"胡子眉毛一把抓"。

　　马克龙利用法兰西第五共和国制度赋予总统的极大权力,在决策中起着举足轻重的作用。但马克龙的年纪、执政业绩与威望都与总统这个位置不相匹配,法国舆论中要求修改政体、放弃第五共和国、再造第六共和国的呼声渐高。然而,所谓的第六共和国仍然没有跳出法国传统政治的窠臼,只是回归议会制度与比例投票制。法兰西第三共和国、第四共和国的历史已经证明,这种政治制度的稳定性差,政府内阁危机发生的概率高,重返这种制度未必是法国的福音。第五共和国曾经历过许多磨难,经历过阿尔及利亚危机、1968年的"五月风暴"、2018年以来的"黄背心"运动,这证明第五共和国制度有很强的生命力,有一定的制度弹性,有一定的控制能力。也许法国需要的是第五共和国的改革,而不是革命。

　　但是,法国有一部分民众"不信邪",发动了"黄背心"运动,每个周末都游行集会,抗议马克龙政府提高燃油税,甚至要求马克龙下台。这一

运动引发暴力行为，造成流血冲突。社会抗议活动似乎对冲了马克龙总统改革措施的效果，经济增长并未如期获得更好的效果。其实，冰冻三尺非一日之寒。法国经济增长乏力有结构性的问题，简单地靠劳工市场的自由化并不能解决问题。马克龙的改革未完全落实，尚需时日。

马克龙的当选被认为是欧洲的胜利。马克龙的确有一个雄心勃勃的欧洲一体化设想。2018年，他推动欧洲举行了一次大讨论，实际上这是一次大规模的欧洲一体化宣传，让欧洲人感受到欧洲一体化与他们息息相关。美国总统特朗普在北约总部的讲话引起了欧洲国家的哗然，马克龙也乘机向欧盟其他成员国推销"欧洲防务共同体"计划。2018年，"欧洲防务共同体"计划有了实质性的进展，但离建立真正的共同防务还差得很远。

马克龙在外交上虽然打着"戴高乐—密特朗主义"的旗号，但人们观察到，马克龙的对美政策显然与萨科齐以来的政策相比没有什么变化，都是以"大西洋主义"为主导，也就是某种程度的"亲美国"政策。这也与近年来法国实力下降、欧洲国家整体实力下降有关。即使如此，法国对非洲的影响仍不可小觑。法国通过控制法语非洲国家的外汇储备、文化产业，对这些国家施加重大影响。法国还在积极尝试把欧洲共同防务体系引入非洲维和行动。

法国也在积极筹划社会文化领域的改革，如公立大学的改革、青年就业的改革等。法国保护文化遗产的立法及实践有很多长处，但近几年有些文物古迹依然遭到破坏。民众的抗议及"文明冲突"引发的族群对立都会使历史文化古迹成为情绪发泄的对象。

关键词： 法国　欧洲一体化　改革　外交政策

目 录

Ⅰ 总报告

B.1 马克龙总统执政以来的政绩 …………………………… 丁一凡 / 001
  一 国内政治改革引起了强烈反弹 ……………………………… / 002
  二 改革未让经济发展享受红利 ………………………………… / 003
  三 外交政策既有延续性也有变化 ……………………………… / 004
  四 法国社会文化的变化帮助我们理解欧洲社会 ……………… / 007

Ⅱ 政治篇

B.2 法国政治体制的走向
  ——第五共和国还是第六共和国？………………… 吴国庆 / 009
B.3 劳动法改革以来的法国社会运动 ……………………… 王　鲲 / 027
B.4 马克龙执政下的法国移民难民政策及前景 …………… 罗定蓉 / 048
B.5 法国环境气候政策 …………………………… 孟子祺　张　敏 / 060
B.6 "黄背心"运动：根源、发展与影响 ………………… 宋　卿 / 075

Ⅲ 经济篇

B.7 马克龙经济改革刍议 …………………………………… 杨成玉 / 088

B.8　乍暖还寒下的法国经济 …………………………………… 洪　晖 / 097
B.9　法国海外省、海外领地"5.0版海外路线图"分析 …… 赵永升 / 112

Ⅳ　外交篇

B.10　马克龙总统欧洲政策的转变 …………………………… 丁一凡 / 120
B.11　试析法国在非洲法语国家的经济存在 ………………… 李　旦 / 134
B.12　从"不站队主义"到"站队主义"的持续转向
　　　——对马克龙执政以来法美关系的一种现实主义解读
　　　……………………………………………… 戴冬梅　陆建平 / 158
B.13　法国对非军事干预欧盟化策略透析 ………… 段明明　王　战 / 183
B.14　法国与非洲国家文化产业合作 …………………………… 张　黎 / 202

Ⅴ　社会文化篇

B.15　全球化时代的法国电影产业发展分析 ……… 申华明　傅　荣 / 214
B.16　法国公立大学重组与"卓越大学计划"：回顾与展望
　　　………………………………………………… 张力玮　马燕生 / 224
B.17　马克龙总统的青年就业政策 ……………………………… 李书红 / 237
B.18　法国文化遗产保护体系初探 ………………… 吉　晶　王　茜 / 247

Abstract ……………………………………………………………………… / 262
Contents ……………………………………………………………………… / 265

总 报 告

General Report

B.1
马克龙总统执政以来的政绩

丁一凡*

摘　要： 马克龙2017年当选总统时踌躇满志，要在法国进行一系列的改革，以推动法国的经济发展，解决法国的社会问题。然而，一年过去后，法国的形势并不那么令人乐观。"黄背心"运动打破了法国改革的布局，使经济发展受挫，造成社会信心不足。马克龙政府虽然想坚持传统的独立外交政策，但时运不济、能力下降使马克龙政府不得不满足于萨科齐政府以来的那些"大西洋主义"做法。法国在非洲仍有很大影响力，在亚太也要显示存在感。法国政府的公共政策改革似乎跟不上社会变化，但无论教育政策改革还是文化保护政策改革都给我们提供了一种观察欧洲社会变化的新视角。

---

* 丁一凡，北京外国语大学亿阳讲席教授，中国欧洲学会常务理事，中国欧洲学会法国研究分会副会长。

法国蓝皮书

关键词： 法国　欧洲一体化　法国外交政策　法国社会政策

2017年5月，法国政坛的新秀马克龙在总统选举中如一匹"黑马"，一路过关斩将，最终当选总统。随后，他刚刚组建了一年的共和国前进党又在议会选举中大获全胜，成为最大的执政党。

在英国全民公决要退出欧盟，美国选民因不满传统政治而选出房地产大亨特朗普当总统的"民粹主义"大潮席卷西方国家之时，马克龙的当选无疑让人们感到了一股春风，因为他是打着"不左""不右"的中间派旗帜当选的，他在诸多问题上的立场不那么极端，他让人感到未来法国的政治会比较中立、稳定，不会出现"令人吃惊"的结果。然而，马克龙执政一年多来的形势却并非那么稳定，特别是从2018年11月以来，法国几大城市均出现了"黄背心"抗议运动。有些城市的抗议运动演化成暴力冲突，出现了打砸商店现象，有些历史建筑受损。社会抗议运动给马克龙政府施加了巨大的压力，使马克龙总统不得不放弃某些已经做出的决策，法国在国际舞台上的形象受损，其行动能力也受到了巨大的掣肘。

一　国内政治改革引起了强烈反弹

乘着选举成功的东风，马克龙立即着手进行了一系列改革。他先利用本党在议会的绝对优势，顺利推动劳工法改革方案在议会获得通过，以期通过放松对劳动市场的管制，促进法国经济竞争力的提升，从而刺激投资与经济增长。接着，马克龙总统又着手推动移民法的改革，以加强对移民过程的管控，平息社会舆论对移民（难民）潮的不满。

然而，法国民众与舆论似乎并不太买马克龙的账。首先，民众质疑总统的权力太大，而且选举制度的设立使产生总统的过程已经"不合时宜"。因此，马克龙当选后，法国政治学界与舆论一直在讨论，那个由戴高乐总统主持制定的第五共和国制度是否还能适应当下的形势。有些人认为，时过境迁，第五共和国的政治制度就是为戴高乐将军量身定制的。离开了这位历史性人物，其他的总统都面临权力与威望相差很大的窘境，因此法国应该再造共和，创建一个第六共和国。其次，选举总统的投票制度也受到民众质疑，因为它没有给民众更多的选择，而是强迫民众做自己不想做的选择。其实，从第五共和国制度创建起，舆论的这种质疑就一直没有消失。但因为戴高乐的威望实在太高，而他创建的这套制度恰恰要求国家元首有至高无上的信誉，所以民众对第五共和国制度的"弱点"也就睁一只眼闭一只眼了。然而，第五共和国制度有很大的弹性和灵活性，所以才能在戴高乐之后又延续了6位总统的任期。如果第五共和国制度要继续生存下去，法国人必须对它进行更加深刻的改革，以满足人们的公平感，否则它会成为法国人发泄不满的"替罪羊"。①

"黄背心"运动似乎就标志着民众的这种"无名火"的爆发。"黄背心"运动是互联网时代没有专门组织、松散但破坏力很大的群众运动。在抗议活动中，不仅奢侈品商店遭殃，巴黎等大城市的历史建筑也遭到了破坏。法国政府曾几度想与"黄背心"运动的代表人物谈判，却苦于找不到谈判对象。最终，马克龙政府"剪断"了能源税改革等引发"黄背心"运动的导火索，并许诺要提高低保等社会福利，但"黄背心"运动仍然没有停息，并把矛头指向了马克龙总统，公开要求他下台。随着时间的推移，"黄背心"运动的规模逐渐减小，最终也许会平息。但法国民众对经济发展的无奈、对政治体制的不满、对社会分配不公的怨恨，不会随着"黄背心"运动走向低潮而消失。未来再有个风吹草动，"黄背心"运动还会卷土重来，更大规模的抗议活动或以其他形式出现。②

二 改革未让经济发展享受红利

马克龙总统上台伊始就开始推行劳动市场改革、失业保险改革、财政税

---

① 详见本书《法国政治体制的走向——第五共和国还是第六共和国?》，第9页。
② 详见本书《"黄背心"运动：根源、发展与影响》，第75页。

收改革、能源转型改革等一系列改革，旨在用改革措施撬动发展的红利，加大对法国经济的投入，使经济重回强劲增长的势头。

然而，流年不利，法国经济赶上了下行周期，2018年经济增长远低于预估，甚至还低于2017年。马克龙的改革由于时机不好，改革节奏与目标人群也不尽如人意，非但没有取得预期的效果，反而加深了社会各阶层对政府的不满和两者之间的矛盾。

表面来看，经济改革没有获得更大、更快的经济增长，反而触发了民众的抗议，反过来又拖累了经济增长。但实际上，法国经济增长乏力有结构性的原因。法国近30年来放弃了原来成功的政府主导型发展模式，拥抱"新自由主义"教条，导致产业转移，国内产业空洞化，贸易逆差常态化，财政赤字与公共债务水平居高不下，社会福利开支的刚性需求又剥夺了法国经济在国际市场上的竞争力。在这种背景下，科技研发投入不足、企业的利润萎缩、青年失业率高企，这些成为法国经济长期增长乏力的结构性原因。僵化的劳动力市场、高昂的用工成本、过早的退休年龄与频繁的罢工，这些因素也在侵蚀着法国经济的竞争力。

法国总统马克龙的改革措施刚刚开始落实，许多措施还是"半拉子"工程。许多改革瞄准的是法国多年留下的顽疾，若能持之以恒，有可能改变法国经济的面貌。但法国民众是否有足够的耐心等到这些改革措施产生红利，还是在效果产生前就会以暴力抗议的形式破坏这些改革，需要时间在未来告诉我们这些问题的答案。①

三 外交政策既有延续性也有变化

在马克龙政府的领导下，法国的外交政策体现出很强的继承性。法国始终如一地支持欧洲一体化，马克龙总统在欧洲发起了一场巨大的群众宣传运动，号称"欧洲大磋商"，用各种形式广泛征求欧盟成员国对欧洲一体化的

---

① 详见本书《乍暖还寒下的法国经济》，第97页。

意见，并总结出若干发展方向。马克龙主张的"协商式民主"能否在欧盟层面真正起作用，还有待时间的检验。当"黄背心"运动在法国持续时，马克龙想到了用同样的办法征得民众的支持，于是在法国组织了一场声势浩大的群众辩论。虽然法国民众踊跃参加了这场辩论，但是"黄背心"运动参与者却并不买账，仍没有停止该运动的迹象。因此，虽然马克龙主张的"欧洲大磋商"得到了欧盟成员国的积极响应，却很难据此判断欧盟成员国内部的反欧洲倾向就会退潮，也无法判断强调民族主义至上的极右翼势力在欧盟成员国内是否会因此进入低潮。

马克龙积极推进欧洲一体化，最显著的成果应属欧洲共同防务机制的进展。在法德的共同努力下，欧盟批准了 25 个成员国签署的防务领域"永久结构性合作"协议，并于 2019 年正式启动。根据这一协议，欧盟有 17 个与共同防务有关的项目将得以执行。共同防务有助于欧洲建立联合军事防务工业，包括坦克、火炮、军事车辆、战斗机等的设计制造。欧盟若想加强自己在国际军火市场上的地位，就亟须加强合作。然而，即使是法德的军火工业目前也没有统一起来，法德仍然保留着各自关心的市场和装备，欧洲共同防务仍面临着许多挑战。首先，如果美国不认同欧洲国家独立的共同防务需求，北约仍会是欧洲共同防务的主要机制，而美国在可能的未来将一直掌控着北约的指挥权。其次，欧盟内部国家对共同防务的需求认同不一样，法国不愿意也不可能把自己独立的核打击能力移交给欧盟，而大多数中东欧国家对欧盟独立防务信心不足，仍寄希望于美国的保护。[①]

法国虽在努力推动欧洲一体化，但"黄背心"运动引发的法国与意大利之间的龃龉却让外界看到了欧洲核心国家之间的裂痕。意大利与法国均是欧共体的创始成员，在文化、经济、政治和社会形态方面极其相似，有着千丝万缕的联系。过去，当法国与德国在欧洲一体化措施上态度不一致时，法国总要拉上意大利给自己撑腰、打气。法意如果无法协调立场，法国的欧洲

---

① 详见本书《马克龙总统欧洲政策的转变》，第 120 页。

一体化努力将会付诸东流。

美国总统特朗普上台以来,美国对欧洲国家的态度强硬了许多。马克龙总统当政以来曾数次表示,法国不会屈服于美国的霸凌主义。表面上看,美法关系似乎要经历一个不太顺利的阶段。然而,仔细观察会发现,马克龙总统在大部分国际问题上实际上在与美国"站队",与美国立场一致。这与传统上法国的"戴高乐主义"完全不同。其实,从萨科齐总统执政时期起,法国就已经偏离了"戴高乐主义"传统,变成了一个守成大国。法国与美国在国际舞台上的地位已经与几十年前大相径庭,欧盟与美国在各方面的能力差距也在拉大,国际权力的分布正经历一个去西方化的过程,这些因素都促使法国领导人更依赖美国,更倾向"大西洋主义"。国际舞台上各国实力发展的趋势有可能使法国未来变得更加"亲美"。①

非洲在法国的外交政策中仍占有特殊的地位。虽然法国在非洲的地位逐渐下降,法国对非洲的投资、援助也在减少,但法国仍是非洲最重要的伙伴。非洲许多国家的货币制度是法国安排的,至今仍需要法国在欧元区层面加以协调,中非法郎与西非法郎都是与欧元挂钩的货币,这些国家的货币管理权并非完全掌握在自己手中,外汇储备也由法国代管。法国企业在许多非洲国家仍处于控制或垄断的地位,许多法语非洲国家的文化产业也被法国控制着,受法国文化的影响。② 法国还积极把欧盟国家拉进非洲,企图在创建"欧洲防务共同体"的过程中,让欧洲国家的军队更多地参与法国在非洲的维和行动,这样做既可以分担法国的负担,也可以使欧洲各国军队在执行任务的过程中加强配合。③ 考虑到法国在非洲的特殊地位,中国在帮助非洲国家的发展方面需要与法国寻找更多的合作领域,开展更多的三方合作。

---

① 详见本书《从"不站队主义"到"站队主义"的持续转向——对马克龙执政以来法美关系的一种现实主义解读》,第158页。
② 详见本书《试析法国在非洲法语国家的经济存在》,第134页。
③ 详见本书《法国对非军事干预欧盟化策略透析》,第183页。

四　法国社会文化的变化帮助我们理解欧洲社会

　　法国社会变化不小，马克龙政府相应的社会政策也反映出这些发展趋势。法国公立大学在西方社会中独树一帜，既要体现出平等——人人均有权利接受高等教育，又要保持法国高等教育在国际舞台上的高水平，兼顾这两点有时不那么容易。为了提高大学在科技创新方面的作用，法国政府一再下放办学的自治权利，重组公立大学并给予政策与经费方面的大力支持。法国的"卓越大学计划"取得了一定进展，但大学的重组计划却进行得不那么顺利。马克龙政府要继续推进法国大学改革的计划，加快产业界参与高等教育改革的步伐，让产业界人士参与高校董事会，参与人才培养的过程，改变公立大学与产业界隔离的状况。①

　　法国的青年就业问题一直困扰着几届法国政府，青年失业率高企不仅影响社会安定与民众情绪，也使这个最有创造力的群体无法施展能力。马克龙政府准备从改革法国的学徒制开始，从改善青年人的动手能力开始，解决青年就业的难题。财政上，法国政府为最困难的青年人提供就业互助金，以"反贫困"的名义提供人道主义救助。② 其实，如果法国不恢复工业产业，青年就业就始终是一个大问题。而如何恢复工业产业，却是一个仁者见仁、智者见智的问题了。

　　法国至少有44处世界文化遗产古迹，还有众多的人类非物质文化遗产，足见法国对文化遗产的青睐。而这一切都离不开国家保护文化遗产的立法工作与保护工作。法国有详细的法律保护文化遗产，国家甚至有权以保护文物的名义干预私人产权。法国很早就意识到，对历史景观的保护不只限于某个单独的历史建筑，而是整个街区都要得到保护。法国遗产保护的团队都受过专业培训，大学设有专门的课程以培养这方面的专业人才。法国中央政府及

---

① 详见本书《法国公立大学重组与"卓越大学计划"：回顾与展望》，第224页。
② 详见本书《马克龙总统的青年就业政策》，第237页。

地方政府都有专门的负责遗产保护的机构与人员。法国一方面注意保护文化遗产，以推动"文化外交"，增强法国在世界上的文化影响力；另一方面，法国积极寻求与其他国家交换保护文化遗产及利用文化遗产的经验。然而，虽然政府很重视保护历史文化遗产，但法国民众抗议示威时，却往往选择对这些历史文化遗迹下手，因为底层民众把这些历史建筑当作统治的象征，当作发泄不满的对象。因此，法国历史上的革命破坏了许多辉煌的历史建筑，"黄背心"运动也破坏了巴黎街头的重要历史建筑。①

法国是欧洲重要的国家，它经历的社会变迁是我们观察欧洲的一面镜子。我们可以从观察法国的社会、经济、政治变迁中看到决定欧洲社会演变的因素，从而使其成为我们社会治理的重要参照。

① 详见本书《法国文化遗产保护体系初探》，第247页。

政 治 篇
Politics

B.2
法国政治体制的走向
——第五共和国还是第六共和国?

吴国庆*

摘　要： 建立第六共和国的呼声由来已久，近期要求建立第六共和国的呼声再起。这是因为第五共和国政体在发展法国经济和社会方面的功能在减退，第五共和国政体的弊端越来越严重，第五共和国总统过度集权和存在个人作风问题，从而促使政界和民间要求革新现行政体。第六共和国制度的主要内容是实行议会制和比例选举制，而第三共和国和第四共和国的历

---

* 吴国庆，中国社会科学院欧洲研究所研究员，研究方向为法国政治与社会。主要著作有：《当代法国政治制度研究》、《战后法国政治史（1945～1988年）》（第一版）、《战后法国政治史（1945～2002年）》（第二版）、《法国政治史（1958～2012年）》（第三版）、《法国政治史（1958～2017年）》（第四版）、《法国政党和政党制度》、《法国"新社会"剖析》、《列国志·法国》（2003年第一版）、《列国志·法国》（2011年第二版）、《列国志·法国》（2014年第三版）等。

史证明这种政体的弊端更加严重。实事求是地讲,第五共和国及其政体存在的60年中,法国经历了阿尔及利亚问题、1968年"五月风暴"、两次极右翼政党"国民阵线"的总统候选人夺取总统宝座等颠覆性的考验和近期"黄背心"运动的严峻考验,这证明第五共和国政体仍然具有相当的生命力,具有一定程度的灵活性、适应性和可调控性。但是,第五共和国及其政体必须根据政界和民间要求进行深刻地改革,以便适应国内外新形势的需要。

关键词: 政治体制 第五共和国 第六共和国 改革 "黄背心"运动 "红围巾"运动

一 建立第六共和国的呼声再起

法国BVA民调所于2018年9月26日公布了巴黎政治学院、《新观察家》杂志和法国国内综合电台所做的一项有关"法国人与第五共和国"的民意调查结果。这一调查结果显示,53%的被调查者要求对现行法国政体进行重大改革,赞同成立法兰西第六共和国(简称"第六共和国")。正当法兰西第五共和国(简称"第五共和国")成立60周年(10月4日)前夕,法国政界和舆论界纷纷发文或发表谈话,其中某些政界人士和民间人士要求建立第六共和国。

改革第五共和国政体和成立第六共和国的呼声由来已久。从第五共和国创始人戴高乐改革第四共和国政体从而走向第五共和国政体伊始,法国政界围绕着新的政体一直争论不休,并展开激烈的交锋。特别是在阿尔及利亚问题(1958年6月至1962年3月)的解决和1962年10月通过公民投票将总统选举由间接选举改为直选之后,法国政界就第五共和国政体的争论尤为尖锐。正因为如此,从第五共和国第一届总统至第四届总统期间(1959年1

月至1981年5月),反对或者支持第五共和国政体构成法国政治生态的分水岭,成为划分左翼或右翼的标准,从而使法国政坛分裂为左右两大阵营:反对第五共和国政体并要求对现行政体进行彻底改革则是左翼阵营,其中包括当时的左翼政党社会党和法国共产党;支持第五共和国政体并竭力维护现行政体则是右翼阵营,其中主要是戴高乐派别,以保卫共和联盟为代表,还包括自称为中间派的法国民主联盟。1974年,资深的法国出版界人士米谢勒·科塔发表了论著《第六共和国》,在批评现行的第五共和国政体的同时,正式提出以第六共和国来替换。科塔成为第六共和国的始作俑者。

从20世纪80年代开始,也就是1981年密特朗当选第五届总统和社会党赢得国民议会第一大党胜利后,社会党看到了第五共和国政体为他们带来的好处,因而在相当长的时期内不再提及现行政体的弊端问题,只是对现行政体进行某些改革,从而使反对或者支持第五共和国政体不再构成法国政治生态的分野,不再成为划分左右翼的标准。反之,随着20世纪90年代第五共和国政体越来越不能适应国内外形势的变化,法国政坛上无论左翼、右翼还是中间政党内都相继出现了彻底改革现行政体的呼声,要求成立第六共和国的呼声越来越高。1991年,中间派著名政治家前部长和前欧洲议会副议长西蒙娜·韦伊夫人建议成立不设总理的第六共和国。1992年,尚属于社会党左翼的让-吕克·梅朗雄等几个年轻成员提议修宪,建立"更加民主和更具有社会性的第六共和国",并为此成立了"拥护第六共和国大会"的政治组织。

进入21世纪,彻底改革第五共和国政体和成立第六共和国的呼声继续高涨,它集中体现在多次总统换届选举的过程中。一方面,一些具有较大影响政党的正式总统候选人在其竞选纲领和口号中提出成立第六共和国的建议;另一方面,越来越多的选民支持包括这些建议在内的竞选政治纲领,因而把选票投向主张这种建议的总统候选人。

2002年是第八届总统选举年。在此之前,极右翼政党"国民阵线"主席让-马里·勒庞于1995年参加第七届总统竞选时明确提出"通过修改宪法,走向第六共和国——民众共和国"的"另一种政治",在第一轮投票中获得15%的有效票，仅次于若斯潘、希拉克和巴拉迪尔等总统候选人所获选票，创造了20多年来参加各种选举的最好成绩。他在参加此次总统竞选中继续宣扬他的第六共和国的政治纲领，第一轮投票中竟然又一次获得出人意料的高得票率（16.95%），从而进入第二轮角逐。让-马里·勒庞的胜出造成了法国政治大地震，引起欧洲和世界舆论的极大震惊和不安。

2007年第九届总统竞选期间，所有的正式总统候选人都承认现行政体存在着弊端，都把政治改革列入竞选纲领，一些正式总统候选人还支持成立第六共和国的主张。右翼人民运动联盟总统候选人尼古拉·萨科齐承认"第五共和国宪法呈现出一些弱点，甚至是一些机能障碍"。他提出："时至今日，法国的政治体制需要实行现代化。"① 社会党总统候选人塞戈莱纳·罗亚尔自称代表"人们渴望的深刻变化"，"实现法国政治转型"来"改变法国"②。她公开提出建立第六共和国的计划，主张以公民投票的方式推动政体改革。中间派法国民主联盟总统候选人弗朗索瓦·贝鲁的竞选口号是"超越左右分野，走第三条道路"。让-马里·勒庞继续宣扬他的民众共和国。正是那些将政治改革列入竞选纲领的总统候选人在第一轮投票中获得较高的有效票，赢得多数选民的支持，其中主张第六共和国的罗亚尔获得25.87%的有效票，进入第二轮角逐，让-马里·勒庞又一次获得10.44%的高票，位列第四。

2012年第十届总统选举中，首次参加总统选举的左翼阵线正式总统候选人让-吕克·梅朗雄在竞选中提出了以"民众力量"（选票）来进行"公民革命"、建立"第六共和国"的口号。他的口号代表了参加左翼阵线的法国共产党、左翼党、统一左翼和法国工人共产党等党派的政治理念，也反映了部分法国下层民众和草根阶层的要求。国民阵线正式总统候选人玛琳娜·勒庞继承其父让-马里·勒庞的主张，继续推销另类的第六共和国——民众共和国。上述两位总统候选人的竞选纲领和第六共和国的建议都获得了相当

---

① 尼古拉·萨科齐：《见证：萨科齐自述》，曹松豪译，上海辞书出版社，2007，第108～109页。
② 吴国庆：《法国政治史（1958～2017）》，社会科学文献出版社，2018，第431页。

部分选民的支持：玛琳娜·勒庞在第一轮投票中夺得17.90%的有效票，所获得选票排在第三位。梅朗雄在第一轮投票中夺得11.10%的有效票，所获得选票排在第四位。

2017年第十一届总统选举中，所有正式总统候选人都反对现行政体。其中，社会党正式总统候选人伯努瓦·阿蒙在竞选纲领中不仅坚持第六共和国主张，而且还建议2017年夏季立即举行第六共和国筹备会议。梅朗雄以自己创建的政党——"不屈服的法国"的名义作为正式总统候选人参加总统竞选，他坚持左翼阵线时期关于建立第六共和国的理念。早在2014年9月他就曾发起"支持第六共和国运动"作为公民网络，获得了10万以上的签名，在此次竞选中他继续推销以选票进行"公民革命""人民起义"来实现第六共和国的竞选政治纲领。而玛琳娜·勒庞仍极力推销另类的"第六共和国"。这三位总统候选人的竞选政治纲领和第六共和国的建议在第一轮投票中都获得了部分选民的支持：阿蒙获得6.36%的有效票；梅朗雄获得19.58%的有效票，所获得选票继续排在第四位；玛琳娜·勒庞夺得21.30%的有效票，所获得选票排在第二位，从而进入第二轮角逐。这再次引发了法国的政治大地震，引起欧洲和世界舆论的极大震惊和不安。

二　要求建立第六共和国的原因

（一）第五共和国政体在发展经济和社会方面的功能减退

根据第五共和国创始人戴高乐的政治思想和理念所建立的第五共和国，就是为了克服第四共和国政体的弊端，加强第五共和国政体在发展经济和社会方面的功能。

在第五共和国成立后的20世纪60年代至70年代中期，法国政府正是依靠新建立的政体在经济和社会领域采取了许多有力措施：（1）提出"扩张、高产、竞争、集中"的经济政策，从而加速了这个时期法国经济的发

展速度；(2) 加强国家对经济和社会的干预，坚持国有化，加强经济和社会的中长期规划（第三个计划至第六个计划），进行经济结构和产业结构的调整，加强工农业的竞争力，从而进一步推动了法国经济的发展；(3) 推动欧洲经济共同体的建设，为法国经济发展增加助力。正是采取了上述措施，加上有利的国内外环境，法国经济和社会得到了比20世纪50年代更快的发展。1960~1967年，法国国内生产总值年均增长率为5.5%，1967~1973年达到5.6%，法国经济实力在世界排名保持在第四位。这个时期，法国人的购买力年均增长速度为3%，许多耐用品和电器进入寻常百姓家。

但是，自20世纪80年代起，随着第五共和国政体的弊端日益暴露，第五共和国政体在推动经济和社会发展方面的功能逐渐减弱，加上国际原油价格上涨，法国经济增长速度每10年下降0.5个百分点，导致法国经济实力在世界排名于20世纪90年代末跌落到第五位。特别是进入21世纪和2008年爆发全球金融危机以来，第五共和国政体在发展经济和社会方面的功能进一步削弱，法国经济长期不景气，失业率居高不下，民众收入下降，购买力减弱，贫富两极分化有所拉大。法国政界和民众看到的是，无论左翼执政还是右翼执政，或者"左右共治"，都未能从根本上解决法国经济和社会发展的问题，因而不断地出现改革现行政体的呼声，甚至发出结束第五共和国使命和成立第六共和国的呼声。在马克龙当政的一年半中，改革成果尚未显现，因而要求建立第六共和国的呼声再起。

（二）第五共和国政体的弊端

随着时间的推移，第五共和国政体的弊端日益暴露和积累。第五共和国政体的弊端主要有以下几方面。

1. "行政双头制"使总统和总理职责模糊不清。虽然第五共和国宪法对总统和总理的职责进行了条文规定，但是宪法条文对总统和总理职责的规定在许多方面模糊不清，往往引起行政双头之间的矛盾和冲突。如，吉斯卡尔·德斯坦总统时期的希拉克总理及其政府在履行职务一年三个月后辞职，希拉克指出："1976年8月25日，我宣布苦于没有履行职务的'必要工具'

而请辞总理职务。"① 马克龙总统当政不久，法国政界和舆论界就有议论，说马克龙总统颐指气使，总理菲利普唯马克龙马首是瞻。这再次说明，"行政双头制"的权力不平衡会导致产生"老子总统和儿子总理"的现象，总理职位形同虚设。由于"行政双头制"在履行职务时出现不和谐的现象，法国政界和民间欲以第六共和国取而代之。

2. 机构臃肿，人员庞杂，行政效率低下。第五共和国行政机构臃肿和重叠，行政管理人员庞杂和效率低下，法国著名的政治家和社会学家阿兰·佩雷菲特在1976年发表的著作《官僚主义的弊害》② 进行了淋漓尽致的描述。法国著名的智库"公共行政和政策研究基金会"主席阿涅丝·韦迪耶－莫利涅于2015年发表的著作《我们要撞墙了！》③ 的封面上罗列了一串数据：360项税费；40万项规定和10500项法律；每年累计200万个罢工日；103项社会补助每年7000亿欧元开销；3000页《劳动法典》等触目惊心的数据，证明了进入21世纪第五共和国行政之烦琐、法律法令之复杂更加严重。2018年10月4日第五共和国成立60周年之际，马克龙总统在宪法委员会上发表演说时不得不承认，2018年的法国同1958年的法国有相似之处，遭遇"合法性和效率层面的危机"，认为当前的公共机构无法回应国家面临的问题。自萨科齐总统就开始对国家机构进行调整和精简，缩编行政人员，改善服务体系，简化办事手续，特别是奥朗德总统大力简政放权，推行"简化行政手续猛药疗法"，收到了一定的效果。但是，由于各种利益集团的抵制，简政放权从猛药疗法变成温药疗法，未能从根本上扭转机构臃肿、人员庞杂和行政效率低下的弊端，某些政界人士和民间人士欲以第六共和国取而代之。

3. 中央与地方关系的紧张。法国中央与地方关系的紧张由来已久，主要表现为高度中央集权对地方严密的控制，从而使地方要求自治的呼声高

---

① 〔法〕雅克·希拉克：《希拉克回忆录：步步为赢（1932~1995）》，李旦译，译林出版社，2010，第114页。
② 〔法〕阿兰·佩雷菲特：《官僚主义的弊害》，孟鞠如、李直、吕彤邻译，商务印书馆，1981。
③ 〔法〕阿涅丝·韦迪耶－莫利涅：《我们要撞墙了！》，阿尔班·米歇尔出版社，2015。

涨。密特朗总统时期，法国政府曾于1982年颁布《关于市镇、省和大区的权力和自主权的法令》，决定分期分批地下放权力。此后的历届总统都在不同程度上下放权力，从而缓解了中央与地方的紧张关系。

自马克龙总统当政以来，菲利普政府改革中央与地方财政关系、积极互助收入补助金（RSA）补偿、减少"补贴换就业"（emplois aidés）补助以及取消居住税等，损害了地方利益，从而使中央与地方的关系再次紧张起来。法国大区协会、法国省级联合协会和法国市长协会认为，马克龙正在重新实施大规模中央集权策略，因而联合上千名市长和地方议员拒绝参加2018年7月举行的法国国家地方会议。这三个地方协会还于2018年9月25日再次聚集上千名市长和地方议员发表"马赛呼吁"，希望政府重启权力下放改革，给予地方更多的自由。也正是马克龙改革造成的中央与地方的紧张关系，导致建立第六共和国的呼声再起。

（三）第五共和国总统的权力和个人作风问题

根据第五共和国宪法对总统权力的规定，总统不仅拥有任命高级文武官员、主持部长会议、签署和颁布法律、统帅三军、任命大使和特使、接受国书、发表咨文等一般性职权外，而且还赋予总统任命总理和组织政府、解散国民议会、举行公民投票、宣布紧急状态等特殊权力，从而使总统成为国家权力中心。自第五共和国政体运行以来，法国政界和民间就开始指责总统拥有的特殊权力使第五共和国走上了"超级总统制"的道路，而不是宪法规定的"半总统半议会制"。

法国政界和民间认定戴高乐总统在履行职务中滥用宪法赋予总统的权力，甚至独断专行。在1968年"五月风暴"中，抗议的学生提出"十年，够了！"表达了对戴高乐长期执政和执政方式的厌恶。吉斯卡尔·德斯坦对宪法关于总统的"仲裁人"地位重新做了解释，实行"拥护总统制的制度"[1]，他按自

---

[1] "拥护总统制的制度"法文为"le régime présidentialiste"，"总统制"法文为"le régime présidentiel"。

己的见解进一步集中了国家权力，亲自掌舵和指挥。他在组织政府过程中亲自挑选政府成员，并由他在电视中向观众逐个介绍，以表明权力来自爱丽舍宫。他宣布总统的国情咨文就是政府的行动纲领，这实际上是越俎代庖。他还亲自制订总理及其政府的工作计划和实施步骤，参与政策制定的全部过程。法国政界和民间对吉斯卡尔·德斯坦总统专权和弄权非常反感，因而选民要求结束"吉斯卡尔君主制"现象，最终导致他在1981年总统换届选举中败北。现任总统马克龙以"朱庇特式的总统"从事改革和转型，在出台某些改革和转型措施的过程中生硬、粗暴和强制性使用总统的权力，损害了某些利益集团和下层民众的利益，导致罢工、学潮和游行示威的爆发，示威者要求马克龙总统走下"神坛"，在2018年11月17日爆发的"黄背心"运动中示威者甚至喊出"马克龙下台"的口号，造成法国社会的动荡。随着"黄背心"运动的持续和深入，"第六共和国"成为越来越被频繁提及的词汇，第六共和国越来越逼近，形成严重的第五共和国面临严重的政治危机。

　　总统的个人作风也往往成为法国政界和民间的关注点。戴高乐总统的执着、傲慢和高高在上的"总统—君主制"作风，使法国政界和民间把戴高乐比作法国历史上的"波拿巴"。吉斯卡尔·德斯坦总统的高傲和对法国舆论界和民众的蔑视，使法国政界和民间对法国政治精英产生厌恶感。萨科齐总统素有"小拿破仑"的风格，十分张扬，也导致法国政界和民间啧有烦言。现任总统马克龙毕竟从政时间不长，年轻气盛，在日常生活中和同民众接触中口无遮拦，语言常常出格和失误，当街"顶撞"失业青年，加上自己保镖"五一"打人，这种"朱庇特式的风格"招致法国政界和民间的不满甚至愤怒。马克龙总统执政一年半以来，其支持率一降再降，2018年12月4日下滑至18%，这一数字创下他就任法国总统以来的新低。总之，一些总统傲慢、张扬、蔑视等高高在上和脱离群众的个人作风使法国政界和民间联想到第五共和国政体的各种弊端，因此要求改革走向第六共和国。

法国蓝皮书

三 第五共和国走到尽头？

第五共和国政体在发展经济和社会方面的功能减退，第五共和国政体日益暴露出来的弊端，以及第五共和国总统行使权力和个人作风引起的问题等，经常造成法国政治、经济和社会危机，那么这是否意味着第五共和国及其政体已经走到尽头，"第五共和国已经60岁，该退休了！"① 要以第六共和国取而代之呢？经过实事求是地分析和论证，可以说，即便存在上述种种现象和问题，第五共和国还不存在寿终正寝的基本因素，它仍然具有相当的生命力。

（一）第五共和国经受了颠覆性或严峻的考验，说明仍然具有相当的生命力

1. 阿尔及利亚问题的颠覆性考验。法国1954年发动的阿尔及利亚殖民战争旷日持久，导致第四共和国财政枯竭和政局动荡，阿尔及利亚的法国殖民军将领和法国极端殖民主义者坚决要求将阿尔及利亚殖民战争进行到底并将阿尔及利亚并入法国，他们于1958年发动叛乱，扬言进军巴黎，要实现"复活作战计划"，推翻共和国并建立法西斯专政，内战大有一触即发之势。

戴高乐创建第五共和国及其政体的当务之急是处理阿尔及利亚问题，② 他使用宪法赋予总统的权力和凭借个人的威望，将处理阿尔及利亚问题归于总统的专属职权，他人不得染指。他在初期或多或少迎合了阿尔及利亚的法国殖民军将领和法国极端殖民主义者的要求，主张以军事征服为主。但是，在这种政策遭到阿尔及利亚民族解放军的迎头痛击和国际舆论的谴责之后，他改弦更张，提出民族自决政策。戴高乐的民族自决政策获得了阿尔及利亚共和国临时政府的积极响应，但引起了法国殖民军和"黑脚"③ 强烈的抵制和

---

① 《第五共和国已经60岁，该退休了！》，法国左翼新闻网站Mediapart，2018年10月4日。
② 戴高乐处理阿尔及利亚问题的详细过程，可参见吴国庆的《法国政治史（1958~2017）》，社会科学文献出版社，2018，第34~41页。
③ "黑脚"法文为"les Pieds-noirs"，是对阿尔及利亚的法国侨民的称谓。

反对，于1960年1月在阿尔及利亚发动暴乱，喊出"绞死戴高乐"等口号。

面对严重的政治危机，戴高乐于1960年1月29日身着军装发表谈话，指出阿尔及利亚的自决是"由共和国总统制定、政府决定、议会批准，并为法兰西民族通过的政策"。他警告说："在不得已的时候，必须用武力恢复公共秩序。"戴高乐关于阿尔及利亚民族自决的政策得到了广大法国人的同情和支持，暴乱者张皇失措，纷纷缴械投降。经过多次谈判，最终法阿达成《埃维昂协议》，法国承认阿尔及利亚独立。阿尔及利亚问题的解决使法国财政负担大大减轻，人民可以休养生息，政局趋向稳定。戴高乐得以大展宏图，实现法国"大国梦""强国梦"的雄心大志。

2. 1968年"五月风暴"的颠覆性考验。由于沉醉于经济成就和恢复了在世界的大国地位和法国的伟大，"一个婴儿从今晚诞生起直到成年的生活美好程度，将要比今天的孩子父母超过一倍"。① 戴高乐盲目的乐观，安于现状，不思进取，不从事政治、经济、文化、教育和社会的改革，终于酿成了震惊法国和世界的1968年"五月风暴"。② 这一年的5月3日，巴黎郊区楠泰尔大学学生造反，学潮由巴黎蔓延到全国，中学生也罢课示威游行表示支援。大学生要求改革陈旧的教材和教育制度，进而喊出戴高乐统治"十年，够了！"等政治口号。学生与前来镇压的警察进行巷战。从5月13日起，法国工人积极参与，在一周中约700万工人罢工，甚至占领工厂企业，从而把"五月风暴"推向新高潮。法国工人要求提高工资和改善劳动条件。"五月风暴"导致法国经济和社会生活全面瘫痪，最终酿成政治危机。

蓬皮杜作为政府总理，意识到对第五共和国政体而言"这场危机无比严重，无比深渊"③。他召集官方、雇主和工会代表会议，经过马拉松式的对话与协商，终于达成《格勒内尔协议》。该协议规定大幅度提高职工工

---

① 戴高乐1964年12月31日的新年贺词。
② 关于1968年"五月风暴"的详细过程，可参见吴国庆的《法国政治史（1958~2017）》，社会科学文献出版社，2018，第96~107页。
③ 〔法〕乔治·蓬皮杜：《恢复事实真相——蓬皮杜回忆录》，世界知识出版社，1984，第163页。

资、缩短劳动时间、增加福利待遇等,从而平息了工潮,并在许诺进行教育改革之下也使学潮走向衰落,从而使第五共和国及其政体度过了政治危机。1968年"五月风暴"后,第五共和国当权者都把改革和治理作为执政的主要动力和手段,以便推动法国政治、经济和社会的发展。

3. 两次阻击极右总统候选人当选国家元首获得成功。在2002年第八届和2017年第十一届总统换届选举中,极力主张另类第六共和国的极右翼政党"国民阵线"总统候选人让－马里·勒庞和玛丽娜·勒庞在第一轮投票中获得高票从而进入第二轮角逐。"国民阵线"总统候选人在第一轮获得的胜利,震惊了法国内外。人们担心,一旦勒庞父女取得第二轮的胜利,登上总统的宝座,势必推行"法国人优先"的内外政策,建立起另类的第六共和国,从而冲击欧盟和欧洲的政局,推动欧盟和欧洲民族主义、民粹主义和极端主义的发展,还可能造成欧盟的瓦解。

为了阻止勒庞父女夺取总统职位的企图,法国主要左翼、右翼和中间政党及其总统候选人抛开政见的分歧,团结一致,组成"共和联盟",号召他们的选民在第二轮投票中将选票投给右翼政党总统候选人希拉克(2002年)和中间政党总统候选人马克龙(2017年),从而使希拉克和马克龙战胜竞选对手,挽救了第五共和国及其政体。事实证明,在第五共和国政体下,不同政治生态并且相互对立和竞争的政党,也能够联合起来应对欲要颠覆共和的政治势力,共同保卫共和的成果。

4. 经受"黄背心"运动的严峻考验。由于马克龙在对法国政治、经济、财政和社会深度改革、创新和转型过程中损害了法国某些群体特别是传统中产阶级和平民阶层的利益,没有实施利益平衡而对受损害的法国群体进行补偿,加上马克龙的口无遮拦刺激了法国民众,从而诱发了多年来积累的社会矛盾。马克龙在"能源转型"的改革中提高燃油税成为导火线,2018年11月17日爆发了"黄背心"运动。

"黄背心"运动从第一个星期六至第十一个星期六先后有28.2万、10万、13.6万、12.6万、6.6万、3.8万、1.2万、5万、8.4万、8.4万、6.9万人穿着黄色背心走上街头参加游行示威。最初民意调查显示,74%法国人对该运动表示支持。"黄背心"从最初反对调涨燃油税,进而发展到提出社会、经济乃至政治诉求,要求马克龙下台。每次"黄背心"运动都伴随着骚乱,出现打砸抢,破坏文物。据估计,堵路和骚乱造成10人死亡、数百人受伤,使法国第四季度的经济增长减少0.1%。法国经济和社会处于紧急状态。

在"黄背心"运动的压力下,马克龙总统于12月10日晚发表电视讲话。① 在讲话中,他一方面指出在"黄背心"运动中出现"暴力是不会被宽容的",另一方面,他承认,"我的言辞曾经伤害过你们中的一些人"。他表示愿意承担过去一年半时间里没有对民众的迫切诉求做出回应的责任。为了安抚不满和愤怒的平民阶层,除了早先由政府宣布从2019年起取消调涨燃油税外,马克龙宣布了四项民生措施,包括提高最低工资(SMIC)收入者100欧元补助、鼓励企业发年终奖和加班费、免税免捐金以及为低收入退休者减负。

根据法国"罢工和游行示威文化"传统,每当政府出台改革措施从而触动有关利益集团和社会群体利益时,就会掀起工潮、学潮和社会运动,引发游行示威。在马克龙总统执政一年半期间,法国的罢工和游行示威文化更是被发挥得淋漓尽致,几乎每出台一项改革措施都伴随着游行示威。例如,法国铁路职工为抵制国营铁路的改革于2018年4月展开长达3个月的"有间歇、持续性"罢工,同年10月16万法国民众上街游行示威,反对马克龙的社会政策。但是,此次"黄背心"运动突破了法国"罢工和游行示威文化"的窠臼,呈现了自身的特点。

"黄背心"运动的特点是:(1)它与以前的社会运动有很大区别,既不是由政党也不是由工会或者社会团体发起,而是由个人在网上发起的自发性抗议活动。(2)游行示威和抗议活动持续时间长,已是第十一个星期六时尚未停止的迹象。(3)它具有浓厚的极右、极左以及民粹主义和极端主义的色彩,从而使运动具有更大的暴力性和破坏性。(4)它的社会构成是以法国外省的平民阶层以及传统中产阶级(相对新中产阶级而言)为主体,

---

① 马克龙发表电视讲话全文刊载于 *Le Monde*,2018年12月11日。

包括农民、小商贩、小手工业者、自由职业者等被法国社会边缘化和忽视的群体。(5) 根据 Elabe 民调所 2018 年 11 月末调查,"黄背心"运动的政治构成是:42%是 2017 年大选时玛丽娜·勒庞的选民,20%是 2017 年大选时梅朗雄的选民。另外的研究也证明,玛丽娜·勒庞和梅朗雄极力支持"黄背心"运动,国民联盟和"不屈服的法国"的同情者也都支持"黄背心"运动。(6) 同"黄背心"运动针锋相对,2019 年 1 月 27 日出现万人参加的"红围巾"游行示威,人们身穿印有"我爱共和国"字样的 T 恤,举着"要民主、不要暴力"等横幅冒雨前进。他们代表了"沉默的大多数",从左翼到右翼各界人士,呼吁遵守宪法与民主精神,保卫"陷入危险的共和"。从"红围巾"运动衬托出"黄背心"运动的极端政治倾向(当然也有合理的诉求),使人们回忆起 20 世纪 50 年代法国爆发的"布热德"抗税运动。该运动也是由传统中产阶级代表人物——小商人布热德发起并以传统中产阶级为主体(保卫商人和手工业联合会),被法国史学界定性为"极右"运动。

马克龙及其政府进行了妥协,并将根据全国大讨论的结果制定今后改革的方向,再加上"红围巾"运动与之抗衡,及 2019 年 1 月 30 日《反暴力法》的震慑,"黄背心"运动支持率下降,从而使"黄背心"运动日渐式微。第五共和国及其政体在"黄背心"运动造成的经济和社会紧急状态中经受了严峻的考验。

(二)第五共和国政体具有一定程度的灵活性、适应性和可调控性

1. 第五共和国宪法在关于政体的规定方面具有一定程度的灵活性、适应性和可调控性。在第五共和国政治史中,第五共和国宪法已经经历过 24 次修改和补充,以便适应法国内外变化的需要。其中,关于政体的修改和补充中有:将总统选举改为直选,实行直接民主,由拥有"主权"的人民将"国家不可分割的权力"授予总统,从而堵死了滑向议会制的道路,巩固了半总统半议会的政体;将总统任期缩短为五年,可连任两届;限制总统和政府的权力,加强了议会的监督权限,提高了议会的地位和作用;实行地方权力下放,将两级地方区划改为大区、省、市镇三级;扩大宪法委员会的职

权；将享受公民权的法定年龄降至18岁，从而扩大了公民享受政治民主的范围；扩大了公民的知情权和参政权，加强了对公民政治权、经济权、社会权和文化权的保障；增加妇女的政治权、经济权和社会权，提高妇女的政治地位。正是通过对第五共和国宪法的修改和补充，重新调整半总统半议会制各个权力之间的关系，建立了第五共和国政体的新平衡。

2. 根据第五共和国政体的要求，总统行使职权不仅需要总统多数派的支持，还需要一个同属政治派别的议会多数派的支持，并组成一个相同政治属性的总理及其政府。事实上，在第五共和国政治史上许多总统是在这种情况下行使职权的。第五共和国政治史还证明，总统多数派与议会多数派在政治属性上不一致时，诞生了与议会多数派相同政治属性的总理及其政府，总统同样也能够行使职权，与不同于政治属性的总理及其政府实行共治。如1986~1988年左翼的密特朗总统与右翼的希拉克总理及其政府的共治，1993~1995年左翼的密特朗总统与右翼的巴拉迪尔总理及其政府的共治，1997~2002年右翼的希拉克总统与左翼的若斯潘总理及其政府的共治。三次左右翼共治证明，第五共和国政体具有灵活性、适应性和可调控性。尽管三次共治时间不长，但总统与总理及其政府之间经常发出不和谐的声音。

四 第五共和国必须在深刻的改革中才能继续生存和发展

（一）第六共和国能够克服第五共和国的弊端吗？

第六共和国的倡议者关于第六共和国的内涵的表述形形色色，但也有着主要共同点：（1）总统起着"仲裁角色"的作用，不得拥有绝对权力；（2）总理及其政府应当拥有真正意义上的行政权；（3）建立真正意义上的议会制；（4）议员更具有代表性，为此选举民意代表时要使用比例代表制；（5）实行公民参与制；（6）政治生活更加透明。

实事求是地讲，第六共和国倡议者关于第六共和国的内涵的表述具有许多合理的部分，例如限制总统的绝对权力，给予总理及其政府的真正意义上

的行政权,提高政治生活的透明度,扩大公民的参与制等,但第六共和国中的核心部分则是要将现行的半总统半议会制更改为纯粹意义上的议会制,从而使议会成为国家权力的中心。

历史学家和政治学家不会忘记,在现代和当代法国政治史中的第三共和国(1870~1940年)和第四共和国(1946~1958年)就是实行这样典型的议会制。在这种典型的议会制下,议会是国家权力的中心,总统是形式上的国家元首,并无实际权力。议会决定总理人选,批准内阁的组成,左右政府的内外政策,并通过质询倒阁、罢免总理。通过比例代表选举制所构成的第三和第四共和国议会党派林立,一旦意见分歧或者瓜分内阁肥缺不均,由议会中党派所组成的内阁就可能发生政治危机,甚至倒台。第三共和国历时65年内阁更迭107次,每届政府的平均寿命不足8个月。第四共和国存在的11年半中,内阁像走马灯似的更换了20届,每届政府的平均寿命不足6个月,其中最长的内阁不过1年多,最短的只有2天。第三和第四共和国内阁频繁更换,政策朝令夕改,造成政局动荡,导致第三和第四共和国发生政治危机。正是戴高乐以第三和第四共和国为鉴成立了第五共和国,建立起半总统半议会制,并采取多数两轮投票制选举总统和议会,从而降低政府更迭的频率,确保政局的稳定,使法国摆脱了"欧洲病夫"状态,成为名副其实的大国和强国。

如果第六共和国实行议会制并采取比例代表选举制,它不仅不能克服第五共和国及其政体的弊端,而且还可能会在当前法国社会更加分化、思潮更加复杂以及政党更加众多和变化莫测的条件下导致极右、极左等极端主义和民粹主义政党更加得势并上台执政,或者重蹈第三和第四共和国内阁更迭频繁和政局动荡的覆辙,从而导致第六共和国迅速走向崩溃。

(二)第五共和国必须在深刻的改革中才能继续生存和发展

虽然第五共和国及其政体经受了许多可能颠覆第五共和国及其政体事件的考验,但是随着时间的推移,第五共和国及其政体的弊端使得它抗衡和克服颠覆性事件的能力越来越差,所以第五共和国及其政体必须在深刻的改革中才能继续生存和发展。

根据法国政界、舆论界、媒体的表态以及民间的诉求，第五共和国及其政体的深刻改革应该包括如下的内容。（1）坚持半总统半议会制，坚持以总统为国家权力中心，同时解决权力过分集中的问题：限制总统的某些特殊权力，减少对总统（无论在职还是退休）在生活中的特殊照顾，减少爱丽舍宫的财政开支，加强议会、舆论和民间对总统的监督。（2）总理可以充当总统的"避雷针"，但要发挥总理在行政和政府方面的领导作用。（3）加强议会的权力，提高议会的地位和作用，特别是加强议会对总统及总理和政府的监督。改革议会的构成，使民选代表更具有代表性。对议员进行廉政建设。（4）坚持在选举中使用"多数两轮投票制"，同时适当地引进"比例代表制"，使民选代表具有广泛的代表性。（5）继续权力下放，加强中央与地方对话，使地方拥有更多的自治权限，从而化解中央与地方的矛盾。（6）扩大民众政治参与的范围，建立"公民倡议投票权"，发展直接民主。

现任法国总统马克龙承担着深刻改革第五共和国政体的重任。马克龙从政时间虽然不长，但在担任奥朗德总统府和瓦尔斯政府要职期间已经深刻认识到现行政体的弊端，锐意进行改革并已经树立起改革的形象，人气上升很快，一度超过时任总统奥朗德。他进行广泛和深入的调研，创建有别于传统政党的新型政党，体现他的创新意识。他以改革和创新为主要内容的竞选纲领获得选民支持而登上总统宝座。马克龙从政的经验为他今后履行总统职务打下了基础。他当政一年半以来紧锣密鼓地出台了一系列改革、创新和转型措施，其中包括前任总统想改而不敢改以及半途而废的重大改革措施。在"黄背心"运动的重压下，他在2018年12月10日的电视讲话中依然表达了改革、创新和转型的决心："政府有转型我们国家的雄心，这是人民在18个月之前共同选择的路径。"① 正当某些法国和国际舆论猜测马克龙可能放弃改革甚至唱衰马克龙之时，他却在2019年新年致辞时誓言他改革、创新和转型的立场不变，"不可能所有改革一蹴而就都能成功，但我们必须改

---

① 马克龙发表的电视讲话全文刊载于 *Le Monde*，2018年12月11日。

变",并强调"2019年将成为具有决定性的关键一年"。① 2019年1月13日,马克龙在"黄背心"危机情势下发表开启全国大辩论的《告国民书》中重申:"我没有忘记我是凭着一个竞选纲领当选的,对其中的大方向我始终忠诚不渝","我的改革决心没有改变"。他把改革作为全国大辩论三大底线之一,并要把"愤怒转化为解决方案"。新年伊始,马克龙总统和菲利普政府全力投入改革。马克龙改革、创新和转型的立场、理念、毅力和决心令人钦佩,因此,他被赋予极具抱负和战略眼光、不畏艰难险阻的"改革总统"的称谓当之无愧。为了改革顺利地进行,马克龙会吸取能源转型改革中的教训,诚心诚意地与民间对话和协商,认真地倾听民间的呼声,拉近与民众的距离,树立"改革+亲民总统"的形象,对在改革中受到冲击的利益集团或群体给予补偿。

在当政的未来几年中,马克龙将根据全国大辩论得出的结论确定对第五共和国政体改革的方向:(1)推出"公共改革路线图",缩编国家公务员,精简行政手续,提高解决问题的能力,打造"高效的国家";(2)改革议会体制,减少议员数量和任期时间;(3)在坚持多数两轮投票制的基础上适当引进比例代表制,使民选代表更具有代表性;(4)取消共和国法庭,改革法国最高司法委员会,缩减监狱规模,设立国家反恐检察官。相信通过马克龙对现行政体的改革,必将克服第五共和国政体弊端,提高第五共和国及其政体解决问题的能力和应变能力,促使法国经济和社会发展跃上一个新台阶。

---

① 马克龙于2018年12月31日晚发表新年致辞。

B.3
劳动法改革以来的法国社会运动

王　鲲*

摘　要： 相比于社会运动相对平和的2017年，自2018年春季开始，法国社会运动加剧，抗议和罢工接踵而至。年初以国营铁路公司工人反对改革方案的规律性罢工开篇。随后，社会上掀起了一波又一波运动浪潮，以反对政府采取的改革措施：取消巨富税、对资本收入征税封顶在30%、降低住房补贴、上调退休人员的社会普摊税、裁撤公务人员等。马克龙期待在当选后18个月内实现的主要改革目标无一例外地受到了阻挠或延迟。年底更是出人意料地爆发了"黄背心"运动，截至2019年2月运动仍未收场。为什么2018年如此不平静？2019年还有更重大的改革，马克龙领导下的菲利普政府是否能顺利闯关，继续前行？

关键词： 法国　马克龙　改革　社会运动　"黄背心"运动

自2017年秋天开始，马克龙将《劳动法典》改革作为他当选法国总统以来的改革项目之首。此举旨在利用最有力的时机，将劳动法改革推行下去。2016～2017年，在奥朗德总统时期，瓦尔斯政府推行劳动法改革，遇到了前所未有的阻力。虽然政府三次动用宪法49.3条款强行推进该项改革，但招致工会持久的反对罢工运动，且在议会中造成了多数派左翼社会党团的

---

* 王鲲，北京外国语大学法语语言文化学院副院长，讲师，主要研究方向为社会学、国际关系。

内部分裂，从某种意义上间接导致了奥朗德放弃竞选连任和社会党的彻底分裂。

马克龙深知此项改革的不易，希望借助最有利的时机完成这项改革。紧随总统大选后的议会选举中，复现了选民对马克龙的支持，共和国前进党获得了绝对多数席位，在国民议会中站稳了脚跟。趁着新一届议会锐意改革情绪十足，而各在野党派刚刚进入一个内部调整恢复期，无暇顾及总统新政，菲利普政府在广泛接触工会、逐一谈判之后，第一时间出台了劳动法改革法案，并以法令的形式直接生效。由于政府的时机选择正确，对反对党和工会之间的关系巧妙处理，该项改革顺利通过，没有出现2016年劳动法改革那样持久的反对声浪和大规模的工人罢工。部分工会和左翼政党虽然分头举行了抗议游行，但由于改革法令迅速在议会通过并开始实施，社会运动随之平息。

在劳动法改革的问题上，马克龙旗开得胜，尝到了短平快的甜头。他计划在18个月内迅速推出一系列改革举措，以彰显自己作为年轻总统锐意改革的决心，也让改革政策尽快收到成效，使法国经济、就业得到尽快提振，凭借这些成就巩固自己的政治地位。但是在两点上马克龙低估了接下来改革的难度，一是法国民众对共和国前进党政府改革的判断和态度，二是现有法国政治体制的稳定作用。

一 马克龙低估了改革的难度

（一）改革政策基本偏右

通过一年半的改革，法国民众有了一个基本判断，马克龙的改革基本是新自由主义的改革，这个中间派的总统其实路线偏右[①]。菲利普政府执政一年多来，为提振法国经济推出了多项改革措施，招致不少民众的反对。民众

---

① 彭姝祎：《法国总统及立法大选与法国政党格局》，《国际论坛》2018年第6期，第71页。

对总统和总理的信任度一路下滑。尽管民众对新总统的信任和支持总是随着改革的推进而下降，而且马克龙开局的情况比两位前总统略好，但到了2018年底的时候，已经完全比肩奥朗德，支持率跌至23%（见图1）①。尽管现任总统在2016年成立了中间党派并赢得了大选，议会和政府中吸纳了许多中左和中右翼的政客，但从执政一年多来的表现看，其立场更为偏右一些。主要表现在他的改革重心基本在经济上，带有鲜明的新自由主义色彩，削减社会福利（收紧家庭补贴、改革养老金、收紧失业保险、对外国人教育收费），缩减公共开支（上调退休人员社会普摊税，压缩教师、医生、护士等公务员的数量），开放市场竞争（国营铁路公司市场向欧洲其他国家开放），放宽解雇的条件（赔偿金封顶、可以绕开工会谈判等），试图通过减轻社会负担、减少税收提振企业的国际竞争力，吸引财富回流法国，通过提供贷款刺激创新创业，改善中小企业的状况，进而刺激经济增长和就业，从而提高家庭购买力，达到改善民生的目的。

然而，民众对此政策并不领情。马克龙被民众指责为"用右腿走路，忘了左腿"，甚至被冠以"富人总统"的称号。民众认为他并不了解法国底层人民的生活，忽略了新自由主义经济改革政策给传统福利国家法国的民众生活带来的困境。马克龙在公众中的形象也从一个年轻的、锐意改革的、走中间道路的总统，变为不了解民众疾苦的右派总统。执政一年后，民调显示50%的法国人认为共和国前进党是右翼政党，媒体经常爆料出马克龙说的引起公愤的话就足以证明这一点。例如，马克龙曾经在爱丽舍宫的会议上说法国在社会福利上花了"狂多的钱"（un pognon dingue），也曾经对一个年轻的失业者说过只要"走过街去，就能找到个工作"（trouver un travail en traversant la rue），还在公开的讲话中说过身处困境的人应当对自己负起责任来，因为有的人做得好，有的人"在胡闹"（y en a qui déconne）。总统在大选时提出了两个关键词："经济"和"安全"。现在在经济方面推出了不少

---

① 《马克龙竞选基础摇摆》，法国《回声报》2018年12月6日，https：//www.lesechos.fr/politique‐societe/emmanuel‐macron‐president/0600291380022‐sondage‐exclusif‐le‐socle‐electoral‐de‐macron‐vacille‐2227851.php，最后访问日期：2019年2月11日。

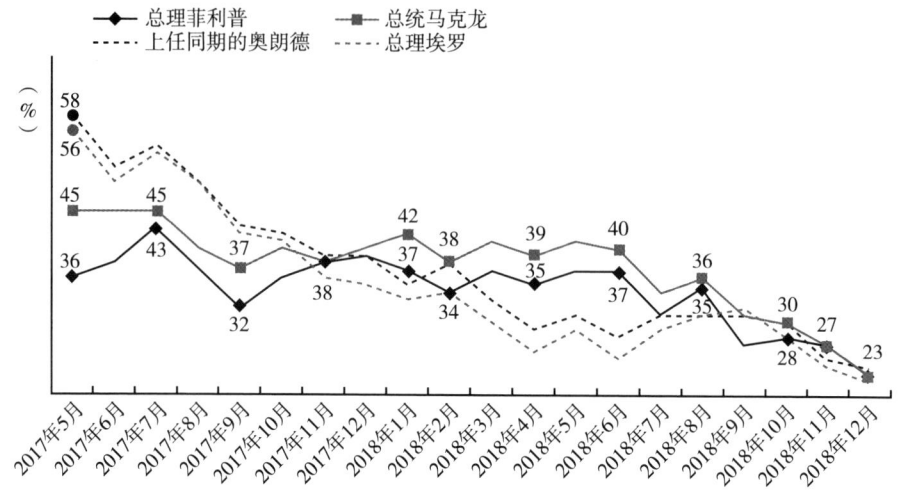

图1 行政长官信任率走势比较

新举措,而在福利保障、就业安全方面的举措却寥寥无几,这让议会多数派、智库和公众舆论都感到总统在当选后的政策偏右,忽视了民生福利和社会保障。这一点让左翼和中左翼的选民感到非常失望,也为日后的改革带来了许多阻力。

(二)现行政治社会制度发挥了制衡作用

马克龙忽略的第二点则是现行制度的稳定器作用。这里指的现行制度包括政治制度(行政、立法和司法)、行政制度(中央、大区和地方分权制度),也包括工会、社团等社会制度。这些制度设计之初就具有广泛的代表性,并且在一个总统执政过程中,起到分权、分责、监督和制衡的作用。马克龙在推行现有改革政策时,遇到了来自议会、地方政府和工会组织的多重阻力。这虽然看似降低了改革实施的效率,却同时限制了行政权力走得太远、太极端,对国家政治、经济和社会生活的长期稳定运行,有一定的保护作用。

首先,在议会斗争中,马克龙拥有绝对多数席位,故此拥有议会的强有力支持。然而,在总理菲利普2017年7月4日在议会宣布其改革内容和日程表时，有129名议员弃票，创下了第五共和国历史上国民议会最高的弃票率。同时，改革法案的提交、审议和通过有自身的程序周期，在野党可以通过一些宪法赋予的权力，质疑法案的合法性，拖延法案的立法进程。如，马克龙曾经在2017年信誓旦旦地在凡尔赛宫召集议会会议并发表演讲，宣布要修宪，进行大胆的议会改革，削减议会议席，适当引入比例代表制，提高议会合法性，提升立法效率，节约国帑。该项动议被反对党视为总统借机扩大自身行政权，打压议会权力。因此，2018年议会在野党先后两次提出政府不信任案，要求投票解散政府，其实际用意就是打乱议会议程，拖延修宪法案的审议期限。2018年7月26日，右翼共和党人就贝纳拉案件向议会提交不信任案，弹劾菲利普政府，左翼三个党团也同时提交了不信任案。12月13日，社会党团就"黄背心"运动向议会提交不信任案，弹劾菲利普政府。由于总统党派在议会占据绝对多数席位，不出所料，这两次不信任案都未获通过。但是这两次弹劾打乱了议会原有议程，使修宪的日程一拖再拖。

除了议会斗争之外，中央政府与地方政府之间也有相互牵制的互动。法国的市镇是最底层的民选机关，市镇政府每年从国家预算当中获得一定比例的财政拨款，用于维系基础教育，修缮基础设施，组织协会，活跃居民生活。自马克龙上台以来，为了节省公共开支，首先大幅度削减国家对市镇的拨款，使市长们苦不堪言，工作无法开展。同时，国家还削减偏远地区的公共服务，裁撤邮局、医院等公立机构。这让百姓生活变得越来越不方便，他们经常向市长表达不满。2018年2月和10月，分别有两所地区医院关闭，引发了轩然大波，先后有两批35名和69名市长集体辞职抗议国家的决定。地区卫生署做出一定让步，保留了Clamecy医院的夜间门诊，但是Blanc的妇幼保健院最终关门。面对市长们的不满情绪，以及后续在市镇层面自发发起的"黄背心"运动，马克龙意识到自己正在逐渐失去法国边远地区市镇的支持。在发起全民大讨论后，于2019年1月18日第一次讨论时，他首先选择召集了600名市长听取意见，进行辩论。而市长们也从各自市镇带来了当地居民希望进行大讨论的议题。从IFOP调查

统计来看,绝大多数市长认为市长"难当"(87%),只有15%的市长决定参加下一次将于2020年举行的市镇选举,而在"难当"的理由中排在第三位的就是"国家不支持"①。

在法国社会运行的层面,工会是一个不可或缺的角色。工会代表职工参与与资方和政府的对话和谈判,理性表达职工的不满和诉求,维护职工合法权益。工会的存在是为了让社会诉求能够有获得表达的渠道,把不满情绪转化为理性的谈判条件,开展有秩序的罢工和游行,避免盲目的暴力和泄愤。工会的角色受到法国宪法和法律保护,工会有权派代表参加劳资谈判,参与企业、机关重大事项的决策,工会代表在法国企业、公立机构中不会被轻易解雇。

然而,马克龙领导的政府为了给企业减负,需要简化员工解雇过程,降低赔偿标准,就要避免工会组织工人罢工和抗争。因此,新政府第一个推出的改革法案就是修改《劳动法典》,几个重要的变化包括企业职工代表机构三合一,允许中小企业职工直接和雇主谈判,行业工会制定的标准不再是唯一标准。这项改革明显削弱了工会在企业集体解聘劳资谈判中的不二地位,因此也加速了工会作为传统制度角色的衰落速度。正是因为有了这样的背景,我们才会看到"黄背心"运动的兴起。"黄背心"运动背景复杂,人员构成多元,以"反精英""反建制"为口号,自发组织起来,没有统一纲领,没有统一组织,没有一个领袖,无法开展谈判,在民主社会无法用国家暴力彻底镇压。这恰恰是传统工会制度衰落的表现。当"黄背心"运动参与者上街进行破坏,与警察发生冲突之后,才展现出工人运动是有组织、有规范、有明确诉求、有谈判对象,可以对话,可以解决矛盾的,工会组织的社会运动是现行制度框架的组成部分,是法国社会正常运作不可或缺的角色。

纵观2018~2019年的法国社会运动,我们可以发现以下两个特点。一

---

① 《为什么市长们不愿意参选》,法国雅虎新闻,2019年2月10日,https://fr.news.yahoo.com/municipales-lassitude-abandon-l-etat-151451665.html?guccounter=1。

方面，传统工会组织的工人运动虽然非常频繁，却越来越缺乏代表性和持久的影响力；另一方面，以"黄背心"运动为代表的社会运动出人意料地诞生，并进行得如火如荼。总统已经做出了初步的应对，提出开展全国大讨论，但法国人还不知道这每周六都要发生的社会运动到底会延续到什么时候。

二 社会运动频仍

在2017年反对劳动法改革颁布的过程中，部分工会在9月12日号召举行游行反对。但是政府在法令颁布之前，分头与各个工会进行了交涉谈判，达成了一定的妥协，因此各家工会行动步调不一致，与左翼党派行动步调也不一致。根据官方数据，人数最多的抗议活动日全国共有22万人参加，相比于2016年汇集了40万~50万人的反劳动法改革游行，声势小了许多。劳动法改革法令在2018年3月经过议会通过，正式成为法律。应用该法律达成的首个劳资《集体效益协议》在6月生效。随着后续其他改革法案的不断推进，关于劳动法改革的工会运动便告一段落。然而，2018年并没有因为劳动法改革的通过而变得更加平静。

（一）法航罢工

新年伊始，2月22日，近千名身着荧光外套或制服的人聚集在法国航空公司总部门前宣称要求增加工资。法航—荷航集团2017年营业利润增长42%至14.8亿欧元，其中法国方面为5.88亿欧元。管理层宣布，员工工资普遍调高1%，这是自2012年以来工资首次上调。根据警方和机场的统计，有700~1000名飞机驾驶员、空中乘务员和地面勤务人员参加了示威，包括飞机驾驶员工会（SNPL、Spaf和Alter）、空乘工会（SNPNC、Unsa-PNC、Unac、CFTC和SNGAF）和地勤工会（CGT、FO和SOUTH）在内的共11个工会参与组织了这次行动。这是1993年法航宣布削减4000个工作岗位以来，法航三类人员首次罢工，罢工者的要求是普遍加薪6%。在随后9个月的时间里，工会与资方谈判断断续续，飞机驾驶员、航空调度员等工种又相继发起了时长不等的罢工，每个罢工日都有至少20%~30%的航班被取消。9个月的时间里，经历了数轮谈判，方案几易其稿，法航—荷航集团总裁两次易主，这次罢工让法航共损失了3.5亿欧元。最终在法航新总裁本·史密斯上任后，劳资双方于10月19日达成协议，员工工资普遍增长4%，代表飞机驾驶员的两家工会拒绝签署，但至此，2018年法国航空业漫长的劳资斗争告一段落①。

3月22日，法国9大公务员工会中的7个联合发起游行，抗议政府出台缩减公务员人数的计划。2月1日，本年度首次公共转型部际委员会（CITP）公开发布了一项计划，为了国家管理更加现代化、数字化，削减公共支出，将于本届总统任期结束前（2022年），削减12万名公务员（其中5万名国家公务员）。这个由总理菲利普和公共行动与审计部长热拉尔·达尔马南（Gérard Darmanin）共同宣布的计划，被称为"2022公共行动"计划（CAP 2022）或"自愿离职计划"，旨在更加"灵活"地处理公务员身份，让它更好地适应岗位。计划要求简化公务员代表机构，增加转岗培训，落实奖励机制，用更多的合同制人员来满足需要，意即让更多非编制内人员承担现在专属于公务员的岗位。工会对此计划表示了强烈不满，认为公务员队伍从2000年以来购买力已经下降了16%，要求国家取消公务员2018年不涨工资的决定，取消病休补贴延迟启动时间，提高工资计算点值。比提高待遇更重要的是公务员对自己职业和未来的深度担忧。3月22日，有来自教育、医疗、国税、警察、司法等系统约10万名公务员参与此次罢工。此次罢工也得到了来自法国国家铁路公司（SNCF，简称"法铁"）、巴黎公交集团和法国航空公司（简称"法航"）的支持。尽管如此，政府并没有让步，于2019年1月30日再次确认了该

---

① 《法航与工会达成工资上涨协议》，《法兰西西部报》2019年2月1日，https://www.ouest-france.fr/economie/transports/air-france/air-france-pourquoi-les-salaries-font-greve-et-manifestent-5582484；https://pressfrom.info/fr/actualite/france/-157884-accord-sur-la-hausse-des-salaires-entre-la-direction-d-air-france-et-les-syndicats.html。

计划的实施，并称有关国家公务员改革法案将于3月底提交国民议会审议。由此可见，2019年关于裁减公务员的改革将会继续引发公务员的抗议活动。

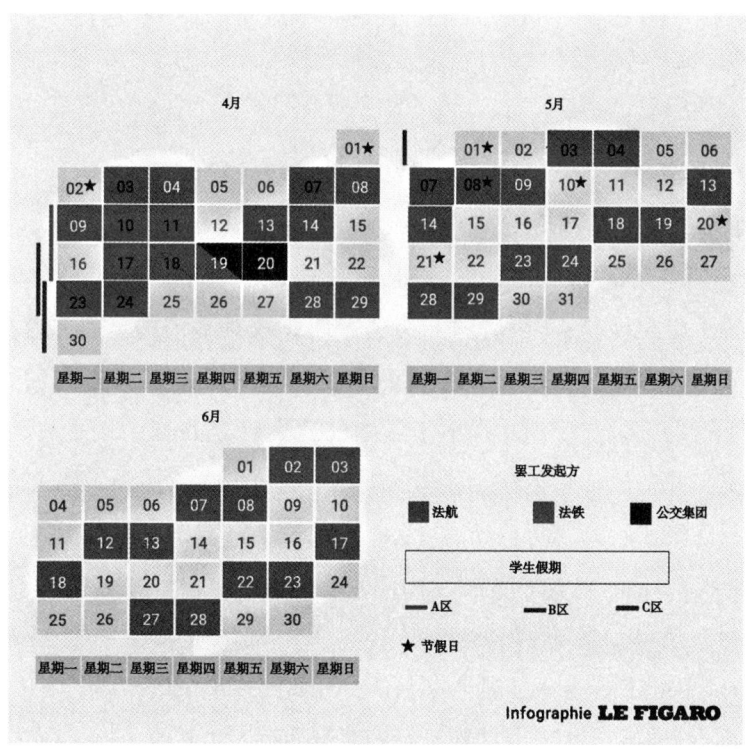

图2　2018年春季罢工时间

资料来源：法国《费加罗报》2018年3月16日，http://www.lefigaro.fr/societes/2018/03/16/20005－20180316ARTFIG00107－sncf－le－calendrier－des－jours－de－greve.php，最后访问日期：2019年2月11日。图中没有显示的是法航工会在5月份进行了15天的罢工。

（二）法铁罢工

2018年4月3日起，法铁工人开始了为期3个月的间歇式罢工，抗议政府的改革计划。交通部部长波尔内（Élisabeth Borne）在2月提出法国铁路的改革方案，方案提出取消新雇佣铁路员工的特殊身份（statut cheminot）和专享权利，解决低速区间列车运营维护高成本问题，根据欧盟规定开放法国铁路经营权，引入外部竞争，进行股份制改革（société anonyme à capitaux publics），解决法铁公司路网公司债务过重等问题①。虽然政府承诺保护15万名铁路职工的利益，不会引发大量裁员，但是铁路职工对这项改革方案表示强烈不满。四大工会（CGT、CFDT、Sud Rail和UNSA）商议决定举行间歇式罢工。罢工开始后，经过和政府接触，没有得到满意的答复，工会决定继续罢工。

间歇式罢工（见图2）顾名思义就是工作一段时间，罢工一段时间，循环往复。法铁的罢工是每工作三天罢工两天，工作时全体工作，罢工时全体罢工。这一安排是根据法律要求并参考铁路部门特点决定的。法国法律要求罢工必须提前48小时通知有关部门，铁路部门的运行规律则要求工作期间全员在岗。铁路职工总计罢工时间为37天，创下法铁30年来最久的罢工行动纪录。受到此次罢工影响的通勤旅客共有450万人。历时3个月的罢工共造成7.9亿欧元的损失，数量超过了法铁2017年的净利润。法铁改革法案②于6月27日经由议会投票通过，将于2020年1月1日生效。

此次罢工导致法铁的年收入相比2017年大跌，降低了90%。2017年法铁盈利15亿欧元，而2018年则只有1.4亿欧元。法铁总经理佩皮（Guillaume Pépy）认为罢工的影响从7月开始就逐步消失，工会则认为亏损并不能归罪于罢工，而正是政府推行的政策导致了法铁的亏损。法铁年度的盈利来自出售不动产和出让部分子公司所得，海外业务的提升也让法铁在2018年保持了盈利态势③。

法铁工人罢工在暑期前落幕。随着秋季开始，10月9日，以法国总工

---

① 《法铁5项建议引发职工怒火》，法国《费加罗报》2018年2月25日，http：//www.lefigaro.fr/societes/2018/02/25/20005－20180225ARTFIG00140－sncf－les－cinq－propositions－qui－suscitentla－colere－des－cheminots.php，最后访问日期：2019年2月11日。
② 《新铁路协议法》，法国司法部网站，2018年6月27日，https：//www.cjoint.com/doc/18_06/HFChEhra8wp_loireformesncf.pdf，最后访问日期：2019年2月11日。
③ 《法铁收入除以10》，法国电视台网，https：//www.francetvinfo.fr/economie/transports/sncf/greve－a－la－sncf/sncf－des－benefices－divises－par－10_3211917.html，最后访问日期：2019年2月1日。

会（CGT）和工人力量（FO）为首的工会联合发起的反对马克龙系列社会政策的罢工又在全法国汇集了16万人参加。这是一段时期以来，法国工会首次联合罢工。2017年菲利普政府上台以来，通过分头谈判、各给许诺等手段，试图在每次社会改革法案出台时分化工会的力量，导致社会运动乏力，人员减少。此次两大工会联手，也向政府传达了工会不可离间的信号。参加此次罢工的主要有公务员、教师、医护人员、大中学生、退休人员和失业者，针对的是马克龙当选以来出台的一系列社会政策，特别是削减公职人员的政策，以及2019年即将到来的削减退休金、失业保险金改革。游行活动波及巴黎及包括里昂、马赛、图卢兹、尼斯、格勒诺布尔、南特、图尔等地在内的外省城市。示威者打出口号：政府推行的政策旨在"摧毁法国的社会模式"。退休金长期未重新评估、马克龙新政中社会普摊税（CSG）的增加导致许多法国家庭的购买力降低，首当其冲的受害者便是无法通过劳动补足收入的退休人员。高中学生群体参加游行的主要目的是抗议政府推出的大学择校新平台（Parcoursup）。为了体现教育公平，法国大学普遍采用注册制，只要拥有高中文凭的毕业生都有资格注册。随着大学部分专业的学位不足，国家推出了择校新平台，变相实施择优录取，导致部分高中生无法进入自己希望的专业，产生不满情绪。在莱纳（Rennes）和巴黎部分大学生封堵了学校入口。教师对于政府在小学推行小班教学而不增加人手，且要削减2650名中学教师的做法表示不满。医护人员主要针对人员短缺、培训缺失、小型医院转型等政策表达不满。在即将到来的失业保险改革中，失业保险金的封顶数额将会下降，获得失业保险金、赔偿会越来越困难，领薪员工和失业人员对此表示出强烈的担忧。工会对政府投入企业的2亿欧元补贴创造就业的效果表示质疑①。未加入此次罢工的包括法国民主工会联盟（CFDT）在内的一些工会（FSU、CFE-CGC和CFTC）。其中法国民主工会联盟已经在2017年超越法国总工

---

① 《开学季反对政府游行再续》，法国电视台网，https://www.francetvinfo.fr/economie/emploi/carriere/vie-professionnelle/retraite/les-manifestations-contre-le-gouvernement-ont-fait-leur-rentree_2978861.html，最后访问日期：2019年2月1日。

会成为全法私营领域第一大工会。此次它期望通过与法国总工会的策略区别，在公有领域工会选举中，取代法国总工会的领导地位，占据第一工会的位置。

（三）其他反对政府社会政策的运动

在两大工会10月9日组织罢工后的一个月，法国国民教育部门的三大工会（FSU、CFDT和Unsa）于11月12日组织了本行业的游行和罢工[1]。其余的教育工会（CGT、Sud、FO和SNALC）也响应了此次号召。此次罢工是2011年以来教师工会的首次罢工。根据官方统计，11.3%的国民教育系统教师和公职人员参加了罢工，其中包括8.7%的小学教师和13.8%的中学教师。根据工会统计的数字，有25%的幼儿园、小学教师和50%的中学教师参加了罢工[2]。此次罢工的主要目的是要求教育部长布朗盖（Jean-Michel Blanquer）收回决定，此前的教育开支法案中决定2019年减少2650名中学教师职位（而2019年预计全国中学生数量将增加4万人[3]），私立学校裁撤500个职位，教育行政部门裁撤400个职位，同时在小学创立1800个职位来适应小班教学改革的需求。工会认为，这样的决定会"大大恶化学生的学习环境和教师的劳动条件"。与此同时，工会也质疑了高中改革、职业教育改革和公职人员身份改革[4]。参加游行的教师对于教育的未来表示担忧。此外，此次罢工也旨在影响即将于次日提交国民议会审议的下一年度

---

[1] 《所有国民教育工会参加游行》，法国电视台网，https://www.francetvinfo.fr/societe/education/refondation-de-l-ecole/education-manifestations-de-tous-les-syndicats-des-personnels-de-leducation-nationale_3030773.html，最后访问日期：2019年2月1日。

[2] 《工会代表洛朗·贝尔热表示：教师受够了》，法国电视台网，https://www.francetvinfo.fr/societe/education/direct-greve-dans-l-education-les-enseignants-n-en-peuvent-plus-assure-laurent-berger_3030225.html，最后访问日期：2019年2月1日。

[3] 《国民教育罢工的理由》，法国电视台网，https://www.francetvinfo.fr/economie/greve/greve-des-fonctionnaires/education-nationale-les-raisons-de-la-greve_3030461.html，最后访问日期：2019年2月1日。

[4] 《前所未有工会统一战线呼吁罢工》，法国电视台网，https://www.francetvinfo.fr/societe/education/appel-a-la-greve-un-front-syndical-inedit_3030751.html，最后访问日期：2019年2月1日。

教育开支法案。

紧随教师之后,护士行业于11月20日开展罢工行动。法国公立医院的护士人数奇缺,而政府给出的解决方案是增加4000名医疗助理,而非增加护士职位。16家护士行业工会组织联合签署了罢工号召,其中也包括自由职业、领薪人员、国民教育行业内的护士工会。全国护士委员会呼吁公权力倾听他们的呼声,更多承认护士在医疗护理体制改革和变迁计划中的角色。开展护士罢工活动主要是因为护士所承担的任务越来越多,收入却始终微薄。在政府"2022医疗计划"中,过度重视医疗核心,没有为护士的发展提供任何帮助,让护士行业彻底失望。110万医护人员中,有66万名是护士,只有22万名医生。护士为病人提供的服务是重要而独特的,需要获得更多的重视。对于慢病管理需求的增加,护士的能力领域越来越宽,而在法律地位和收入水平上均没有体现。根据经合组织的统计,法国住院护士的收入尤其低,29个国家护士平均收入是本国平均收入的1.14倍,而法国护士的收入比全国平均收入低5%,排倒数第四①。

12月10日,时近年末,法国巴黎南泰尔大学的学生会(Unef)一早就封堵了学校入口,以抗议政府宣布对非欧盟学生征收最高3770欧元的高额学费②。每个学校的楼宇前都有数十名学生阻挡教师和学生进入大楼。部分未能参加考试的学生们表示理解,并安静地在入口处等待,当天没有发生冲突。当天早上召开学生全体会议,示威学生表达了对政府针对非欧盟学生征收学费的不满,认为这是"排外排穷人"的政策,将逐步扩展到所有在校生,并希望加入中学生和"黄背心"的抗议队伍。

---

① 《护士被遗忘:黄马甲之后的周二街头白大褂运动》,法国《费加罗报》2019年2月1日,http://www.lefigaro.fr/conjoncture/2018/11/19/20002-20181119ARTFIG00268-infirmieresoubliees-apres-les-gilets-jaunes-les-blouses-blanches-dans-la-rue-ce-mardi.php。
② 《巴黎南泰尔大学被封锁,抗议非欧盟学生缴纳高额学费》,《法兰西西部报》2019年2月1日,https://www.ouest-france.fr/education/etudiant/universites/l-universite-paris-nanterre-bloquee-contre-la-hausse-des-frais-pour-les-non-europeens-6120252。

法国蓝皮书

（四）工会力量日渐衰落

从近二十年法国社会运动的发展可以看出，工会的组织力越来越弱，斗争虽然频繁，但是影响力低，收效甚微。工会入会人数渐少，各家工会之间的斗争加剧，无法团结力量一致对外，这也使工会与政府的谈判能力减弱。面对全球化带来的经济困境，在右翼仇外排外势力的夹击下，工会往往被迫在仇外和政府立场之间选边站队，而无法对跨国公司的剥削条款展开有效的斗争。从深层次看，工会遇到了意识形态危机，一方面，随着全球化的不断深入，新技术、外国廉价产品接踵而至，新自由主义经济改革导致的财政紧缩（教育、医疗公共开支减少）、削减福利（退休金、失业保险改革），工会既反对全球化造成的制造业退出发达国家和群众基础逐步削弱的现象，也反对新自由主义政府削减福利的改革措施。然而，与此同时，工会为了带着非政治性立场生存，又不得不与左翼反对资本主义意识形态以及右翼极端民粹仇外意识形态划清界限。这导致工会的行动空间大幅度缩减。2017年的劳动法改革对法国工会而言是一次伤筋动骨的改革。工会作为社会建制的重要组成部分，随着劳动法改革而逐步失去谈判中的优势身份。工会制度的衰落恰好也反映了法国当今社会的特点。

三 非传统社会运动

随着工会的衰落，在2018年的法国，还兴起了另一股社会运动的潮流，我们权且称之为"非传统社会运动"，这种运动既出人意料，又在情理之中，同时也让人不知所措。在几年之间，不借助传统社会组织建制的人民自发反思抗议运动开始兴起，尤以2016年的"暗夜站立"运动（nuit debout）为代表。2018年有两个非传统社会运动值得注意：其一就是年初的朗德圣母地区的占领运动，其二就是从2018年11月开始，到2019年第一季度仍未结束的"黄背心"运动。这两个运动的规模不同，涉及人群各异，造成的社会影响也不同。但是这两个事件有着明确的共同点，就是发起组织的方法完全是靠新媒体和互联网，而事件的处理、对话方式和结束手段也都是非传统的。

（一）朗德圣母地区的占领和清场

20世纪60年代，法国经济蓬勃发展。政府曾酝酿在西部城市南特附近的朗德圣母地区兴建一座新机场，并称之为"大西部机场计划"，以此缓解航空运输压力，为该地区发展提供助力。但后来遇到了1973年和1979年两次石油危机，此计划搁置。2000年此计划被重提，以"提振大西部在欧洲和国际的地位"。2008年宣布该规划用途，并规划了用地，称为"远期规划用地"（Zone d'aménagement différé），并组建了周边20个市镇地方的混合业委会。该计划获得了历届政府的支持，但是由于机场规划占地超过1650公顷，涉及农地面积众多，破坏自然林地约200公顷，且机场的经济效益并不明显，故此计划受到了来自农户、环保主义者、反建制人士、环境保护党派等多方的质疑。多年来，面对来自环保和农业领域的反对声浪，政界与公共舆论就此地块的命运争论不休。

2016年6月，在奥朗德执政期间，机场所在地区曾进行一次咨询性质的公民投票，结果是55.17%的投票者支持兴建机场。然而在此前几年间，该机场项目的反对者自发进入规划地块，并称之为"抵抗区"（Zone à défendre）。占领者在其中阻断公路交通，安营扎寨，开始从事宣传、建屋、农业活动。占领者宣称找到了摆脱俗世的世外桃源、新的生活方式、新的自由，并受到了舆论的广泛热捧。到决策前夜，有数百人滞留在该区域。

2017年马克龙执政伊始，于6月成立了调解委员会开始进行调查，并于2017年12月提交报告。政府召集各相关利益群体，进行了最后一轮咨询磋商。最终，总理菲利普在2018年1月17日的新闻发布会上明确表示，鉴于推进该机场计划的条件并不具备，而且引起极大分歧，政府决定"放弃"这一计划。与此同时，菲利普强硬表示，为抗议兴建机场而强行占据相关地块并阻断公路的反对者，最晚到2018年春天必须"自行撤离"，而且应当立刻停止封锁道路交通，否则警方将采取"必要行动"。2018年4月9日

法国蓝皮书

起,政府动用大量宪兵和重型装备对该地区进行了清场,摧毁占领者临时房屋,抗议者与宪兵发生冲突,并均有受伤。4月14日,南特市举行了抗议游行,警方使用型号为GLI-F4的催泪瓦斯弹致数人伤残,这一做法受到质疑。政府延迟了最终清场日期。至5月底,除被征地农业者获准回到该地区继续开发外,占领者被彻底清场。

这次朗德圣母地区的抵抗区运动有代表性。自2010年初建立以来,该区受到许多社会团体,特别是极端环保组织的支持。2012年秋天,奥朗德政府曾经试图清场失败,导致法国同样存在环保忧患和地方利益受损的其他公共用途大规模规划区纷纷涌现此类占领运动。此类运动的历史先例是20世纪70年代的拉尔扎克地区斗争(Lutte du Larzac)以及后续的反对核电站建设的斗争。抵抗区运动从地方保护运动变为极端环保主义和反资本主义运动的表达形式,其组织特点有着明显的自发性和意识形态色彩。由于缺乏组织建制,无法实现有效的对话,此类事件的解决方式往往需要通过政府强力部门的干预来实现,因而警察暴力也成为此类运动质疑和声讨的重点。

(二)"黄背心"运动

法国巴黎"黄背心"运动已导致巴黎50年来最大规模的骚乱,也是马克龙面临的上台以来的最大的政治危机。"黄背心"运动缘起于法国总统马克龙上调燃油税的决定。为履行《巴黎协定》,马克龙决定将柴油税每公升上调6.2%,导致油价上涨,法国部分民众负担随之增加,引发了广泛的不满和抗议①。

2018年11月17日,法国民众展开"黄背心"抗议活动。活动首日有逾28万法国民众参与了抗议示威。巴黎有大约8000人参加了抗议活动。活动首日造成600多人受伤,2人死亡。此后,每到周末,身穿"黄背心"的

---

① 法国巴黎"黄背心"运动,百度百科,https://baike.baidu.com/item/法国巴黎"黄背心"运动/23189528,最后访问日期:2019年2月1日。

抗议者们就涌向各种公共场所，抗议政府加征燃油税的决定，打、砸、抢行为愈演愈烈。11月30日，总理菲利普会见了该运动的代表。法国总统马克龙随后下令进行进一步谈判。因此，菲利普邀请抗议运动代表于2018年12月4日晚在其办公室会面。12月1日，即在第三个周末的"黄背心"抗议活动中，法国警方与抗议者发生激烈冲突，至少造成65人受伤，169人被捕。12月3日，"黄背心"运动代表表示出于"安全原因"，取消与菲利普的会面与对话。到2018年12月8日第四轮示威活动发起时，有12万人走上街头，警方共逮捕了1723名抗议者，其中有1220人被拘留。12月10日晚8点，法国总统马克龙发表电视讲话，对"黄背心"运动做出了一些让步，具体内容包括：（1）自2019年起，法国最低工资标准（SMIC）每月最低上调100欧元，且政府将确保这100欧元的增加将不会给企业主带来额外负担；（2）免除对加班所获收入的一切税收；（3）不再对月收入低于2000欧元的退休人员提升社会普摊税（CSG）的税率。除了上述几项主要让步措施，马克龙还呼吁企业主向员工发放年终奖金。这些措施旨在平息"黄背心"示威者关于生活水平和购买力下降的不满。12月15日，法国"黄背心"运动持续发酵，但相比于前四次，规模已经大大减小。同时，"黄背心"运动蔓延至欧美其他国家。

12月17日，法国总理菲利普在接受法国《回声报》采访时，公开承认法国政府在处理过去五周席卷全国的大规模"黄背心"抗议活动时犯了错误。12月18日，工会组织"法国警察联盟"（APN）向政府索要拖欠加班费，金额高达2.74亿欧元。两日后，法国政府宣布将逐步补偿全国警察加班费。2019年1月2日晚，法国警方逮捕并拘留了"黄背心"运动中公认的领袖和代表人物之一、卡车司机埃里克·杜洛埃（Eric Drouet），他被指控组织未经过政府授权的抗议活动。1月5日，法国首都巴黎发生了第八次"黄背心"抗议活动，参加者与警察发生冲突。1月6日，法国一位高层消息人士表示，法国总统马克龙已决定解职巴黎警察局长。1月7日，总理菲利普针对"黄背心"引发的公共秩序问题发表声明。他表示，法国政府将在骚乱问题上采取强硬态度，以非常坚定的立场应对全国范围内持续的暴力

行为。同时,今后法国将严厉打击未经授权的游行示威行为,加大对参与骚乱者的惩罚力度。1月10日有报道称,法国图卢兹的工程师洛朗在社交平台"脸书"上发起一项名为法国"红围巾"游行的活动,呼吁人们在1月27日下午2点走上巴黎街头举行游行示威,以抗议近几场"黄背心"游行中的暴力行为。

2019年1月13日,马克龙办公室发表公开信,呼吁民众参与全国大讨论,讨论税收制度等事宜,希望借助全国大讨论形式而非街头示威方式,将不满转化为解决问题的方案。法国政府计划于1月15日至3月15日举行全国讨论,在各地市政厅和互联网上征集民众意见,主要涉及税务制度、绿色能源、制度改革和公民身份四大主题。随后,马克龙在全国各地参加"全国大讨论"。1月31日,马克龙表示,"如果加入'黄背心'意味着想要更少的议员和工作赚钱更多,那么我也是'黄背心'的一员"。但他称,"黄背心"运动是一场没有"固定诉求和领导者"的社会政治运动。他认为,这场运动从一开始就"变了味",遭到"四五万名想要摧毁国家机构的武装分子渗透"。2月7日,法国召回其驻意大利大使,以表达对意副总理迪马约2月5日会见"黄背心"运动领袖的抗议。法国方面认为这是意大利政府自二战结束以来"未曾有过的"挑衅行为,不可接受。2月14日,法国《费加罗报》报道,一项民意调查显示,有56%的受访者希望"黄背心"运动停止,同比上升11个百分点;同时,支持"黄背心"运动的受访者人数同比下降了5个百分点。2019年3月9日,巴黎举行自2018年11月以来的第17轮示威,人数明显减少。当天示威者呼吁维护妇女权益,女性示威者的标志性服装从"黄背心"换为"粉背心",同时,"全民大讨论"也接近3月15日的结束时间。

作为非传统社会运动,"黄背心"运动首先是一次纯粹的平民运动。这样的运动在法国历史上发生过许多次。相似之处是平民阶层陷入经济窘境,起来抗争,最初目的仅仅是减少税负、改善境况。而此运动更为广阔的政治背景则是2017年马克龙的当选。马克龙的胜利代表着法国中左、中右政治精英群体的胜利,而当选的对立面则是支持过极左和极右政党的平民群体,他们失去了表达诉求的渠道。

从组织方式来看,"黄背心"运动有以下几个特点。

第一是组织效率的"短平快"。"黄背心"运动完全靠网络社交软件组织,人们自发响应,直接参与行动。这样的活动组织方式具有很高的时间效率,且相较于工会组织的运动,具有很强的不可预估性。即在事件发生前,无法预估有多少人、什么人将会参加。因此,这样的运动具有暴力特质的短板,即无组织、无纪律,很容易产生暴力行为而无法控制。

第二是组织目标的"模糊性"。平民运动诉求非常直接,此次运动就是因燃油税而起,故此燃油税问题的解决,让运动初起的诉求立刻消失了。而在随后的持续斗争中,非常需要新的诉求出现,而由于组织仅有平民参与,缺乏政治代表人物,没有更高、更清晰的政治诉求,同时平民又非常警惕,拒绝党派、工会、媒体的政治僭越,防止被贴上任何政治标签,因此"黄背心"运动表现出非常抽象的政治诉求:尊严、权益、社会平等的平民理想。遗憾的是,在解决这类问题的过程中,既无法找到合适的对话者,又无法将这些抽象的诉求纳入现有的政治话语体系,故而成为难以解决的问题。

马克龙在处理此次"黄背心"运动时,运用的手段非常理性。马克龙坚持了一"软"一"硬"两只手解决问题。首先,必须保持一部分强力。如对内坚决打击暴力行为,对此政府从未表示出让步。同时,对试图干预法国"黄背心"运动的企图给予严正的回击,不给舆论在境外发展的空间。其次,马克龙也保持了必要的政治灵活性,保持"和解"之门始终敞开。作为年轻的总统,马克龙非常了解社交网络的宣传规律,执政手段灵活。在第四次示威中,暴徒和警察发生激烈冲突,在此时间节点,他做出回应,及时表明立场,在严惩暴行的同时,给予民众诉求以积极回应,解决燃油税和平民生活问题,安抚社会情绪。紧接着在2019年新年的第二周,马克龙即发表致法国人民的公开信,宣布展开全国大讨论,表现出妥协的可能,把球踢回到示威者一方,转移对政府施政的压力。可以说,马克龙在处理这一非传统社会运动中,表现出了较为高超的政治智慧。

四 结论：新的社会组织结构正在诞生

从"黄背心"运动的发生和发展来看，传统的社会运动正在向新的方式转变。从斗争的人群组成到组织手段、组织形式都发生了变化。传统的工会力量被逐渐削弱，传统政治中的左、右翼政治斗争，逐步变成了精英与反精英平民之间的对立和斗争。互联网的诞生导致"黄背心"运动的参与人群构成非常复杂，且诉求难以统一，难以形成对话，故而持续出现，不易消弭。还有许多党派希冀能搭"黄背心"运动的"便车"，煽动群众情绪，煽动打、砸、抢。同时，其他行业也试图效仿"黄背心"运动，脱离传统框架表达政治诉求，如后续展开的教师罢工活动，就撇开工会采用了网络上宣传的"红圆珠笔"运动。

"黄背心"运动中，警察暴力再次成为焦点，但是政府始终站在警察一边，对于警察介入的手段，最高法院也给出了支持警察一方的裁决。这实际上让我们看到，在现代社会发展的过程中，新的技术引入会带来传统社会结构的失效和新社会运动规则的产生，同时产生的还有更高的不确定性。面对新的技术手段，传统社会组织方式正在逐步衰落，新的社会组织结构也逐渐诞生。互联网作为当代通信利器，给社会运动的组织者和国家的执政者提供了同样便利的平台。在这一平台上，平民能够更加迅速和直接地表达自己的诉求，政府一方也可以更加迅速地做出回应来平复不满情绪。这些方式降低了工会作为中介组织的作用，也让单独的个体与国家能够直接面对面对话或对立，大大增强了平民与政府直接互动中的暴力程度。作为维护传统社会秩序的手段，随着社会运动不确定性的提高，警察暴力不得不水涨船高。无论今天互联网和媒体如何控诉警察的干预行为，比起前现代社会的平民运动，在现在的科技手段条件下，警察维护社会秩序造成的损失已经被降到最低了。

2019年，政府将继续推进降低退休金、公职裁员、限制失业保险三项高风险改革。同时，在欧盟层面还有两件具有重大不确定性的事件将要发生：英国脱欧和欧洲议会选举。与此同时，马克龙为改革议会而设计的修宪法案还未启动。① 全球化推进的互联网式社会运动转型使马克龙支持率一再下降，不断有要员离开共和国前进党的阵营，如前内政部部长和环境部部长等。而作为这一波复杂社会运动的延续形式，"黄背心"运动还没有最终结束，且有可能死灰复燃。马克龙发起的全国大讨论结果有待观察。法国人如何达成共识、化解危机，仍旧是个未知数。而所有这些疑问都将在2019年有个答案，让我们拭目以待。

---

① 《马克龙选举基础摇摆》，法国《回声报》2019年2月1日，https：//www.lesechos.fr/politique－societe/emmanuel－macron－president/0600291380022－sondage－exclusif－le－socle－electoral－de－macron－vacille－2227851.php。

B.4
马克龙执政下的法国移民难民政策及前景[*]

罗定蓉[**]

摘　要： 2017年5月，法国第五共和国迎来史上最年轻的总统——埃马纽埃尔·马克龙。马克龙在参选期间涉及移民难民的政治纲领较为温和，他提倡促进合法移民融入，遣返庇护申请被拒的难民。在法国民族情绪高涨、社会矛盾冲突不断的背景下，马克龙开始了执政生涯及对移民难民政策的改革。2018年8月，新移民庇护法案获得通过，并在法国社会内部引起广泛争议。该法案的各项条款显示出马克龙执政后对待移民难民的态度逐渐强硬，法国短期内的移民难民接待政策可能持续收紧。

关键词： 马克龙　移民难民政策　新移民　庇护法案

法国处在欧洲的十字路口，历史上就是一个移民大国。周边国家的人在法国来来往往，一些人最终就在法国留了下来。20世纪90年代，为了驳斥极右翼政党"国民阵线"的排外政治口号，法国的科学家们做了一个国民DNA的试验，以证明法国是个多民族的移民国家。结果证明，80%以上的

---

[*] 本文受北京外国语大学一流学科建设项目"法国移民难民观察及分析"经费资助。
[**] 罗定蓉，北京外国语大学法语语言文化学院讲师，主要研究方向为法语教学法、法语国家与地区研究。

法国人上溯六代,家里一定有外国人的血脉。所以,法国人是高卢人后裔的说法只是一个传说。由于经济发展的需求,法国经历过几次移民高潮。法国有某种文化自信,认为法国文化可以融化这些移民,最终让他们变成法国人。但近年来,随着宗教激进主义运动的发展,在法国的穆斯林移民群体中出现了一些恐怖主义分子,制造了一些恐怖活动。这些恐怖活动引起了法国民众的分裂,有些法国人认为移民是恐怖活动增加的元凶。在这种背景下,如何解决移民问题成为法国政治中的重头戏。马克龙当选总统后,通过修改移民法,加强了对移民问题的管制。未来,加强管制移民的趋势可能会延续下去。

一 马克龙执政前法国移民难民状况

法国是欧洲历史最悠久的移民输入国家,自 19 世纪工业革命以来便是一个引进移民的大国。据法国国家统计局 2012 年公布的数据,目前法国的移民人口约 570 万(包括已获得及未获得法国国籍的移民人口),占据全国总人口 6500 万的 9% 左右。[①] 伴随国家经济发展的需求,法国历史上曾出现过数次较大规模的移民潮。第一次移民潮发生在第一次世界大战之前,移民主要来自与法国相邻的比利时、瑞士、意大利,用以满足工业革命对劳动力的大量需求。第二次移民潮发生在 20 世纪二三十年代,移民人群主要为意大利人、逃避内战的波兰人和西班牙人。第二次世界大战后,第三次移民潮开始,主体为波兰人和法国前殖民地的北非人,他们的到来填补了战争造成的人口损失,满足了"黄金三十年"经济发展的需要。20 世纪 70 年代以后,由于法国国内经济衰落、失业人口增加,政府开始收紧移民政策,但移民人数并未显著下降,来法家庭团聚的移民、来自东欧或非洲等战乱贫困地区的移民难民人数逐年上升,其中非法移民不在少数,法国国内出现了诸多社会问题,甚至多次爆发

---

① 法国资料网,http://www.ladocumentationfrancaise.fr/dossiers/immigration/chiffres.shtml。

激烈的冲突事件。

法国由移民输入导致社会矛盾的现象并非偶然。法国政府历来对本国的语言和文化极为自信，所以在引入移民的过程中均要求对方忘记原来的历史与文化，完全接受法兰西文化以融入法国社会。由于前两次的移民群体主要来自欧洲相邻国家，语言相同或相近，文化差异较小，所以这种共和原则实施得较为成功。但自第三次移民浪潮开始，移民群体大多来自距法国本土较远的地区，如北非信奉伊斯兰教的柏柏尔人等，文化与生活习惯同法兰西本土差异较大，这导致新移民融入时困难重重，再加上移民群体的后代常常难以接受良好的教育、失业率较高，使法国社会的族群矛盾越发尖锐。2011年利比亚战争及叙利亚内战开始之后，大量的战争难民涌入欧洲各国寻求庇护，法国也未能例外。难民潮在2015年达到顶峰，由此引发的法国社会问题也更加突出。加之法国积极参与中东维和行动，伊斯兰极端组织在法国制造了多起恐怖报复事件，如2015年1月7日《查理周刊》编辑部遇袭、11月13日巴塔克兰音乐厅事件、2016年7月14日尼斯卡车冲撞事件等，造成大量人员伤亡。法国因为国家安全及经济危机，社会主流意识逐渐右倾，民众排外情绪越发严重。在这样的社会背景下，马克龙走上了法国总统竞选的舞台。

二 马克龙竞选时期对待移民难民问题的态度

2016年4月，马克龙从法国社会党退出，成立了自己的政党共和国前进党。该党宣称自己"非左非右"（法国党派一般分为左派、右派两大派别），属于"中立派"，政治上要求比较温和。马克龙在竞选期间关于移民难民的主要政治纲领是：

（1）首要之重是促进合法移民的社会融入；

（2）简化行政手续，提升法国吸引力，吸引更多精英人士来到法国；

（3）法国在承担难民接待任务的同时，遣返申请被拒的难民；

（4）加强对欧盟边界的管控，帮助提升难民来源国发展，努力从源头

马克龙执政下的法国移民难民政策及前景

解决难民问题。①

在竞选期间,马克龙曾多次在公开演讲中许下承诺,如果自己当选将改革现行的移民庇护法,提高在法申请庇护的外国人行政审批效率,并呼吁抵制民族排外主义。2017年1月10日,在距法国总统第一轮竞选仅余三月之时,马克龙在柏林发表演讲,公开赞扬德国总理默克尔对移民的开放政策:"我想要致敬(默克尔)总理所做的一切。对欧洲来说,这是一种骄傲、一种力量。"他认为,当数百万难民出现在欧洲边界时,"欧洲没有做到她应该做的事情",没有完成她的接待"义务"。他还表示:"将恐怖分子同难民、申请庇护者及其他所有形式的移民混为一谈,这是一种深刻的道德、历史、政治错误。"②此时马克龙对待移民,尤其是对待难民的态度还是较为温和甚至积极的。

2017年5月,马克龙与另一位候选人玛丽娜·勒庞进入法国总统大选的第二轮。她是法国极右翼政党"国民阵线"的领导人,仇视外来移民,认为法国目前受到了宗教激进主义的威胁,国家处于危险境地。她号召法国民众驱逐移民难民,被外界誉为"法国的女版特朗普"。勒庞进入总统竞选第二轮使得全法国乃至世界为之震惊,这说明法国民众的排外情绪已绝非个例。在第二轮竞选中,左右两派第一轮的败选人分别号召选民支持马克龙,以避免极右势力人物当选,使法国从一个尊崇自由博爱的民主大国沦为仇外排外的极端国家。马克龙最后不负众望赢得选举,成为法兰西第五共和国历史上最年轻的总统,但竞选的整个过程揭示出法国当今社会对移民难民问题的极度敏感与极高关注度。

2017年5月17日,马克龙就任法国总统。两个月后,巴黎政治学院(Science Po)联合益普索市场研究集团(IPSOS)及《世界报》(Le Monde)

---

① 马克龙竞选总统官方网站,https://en-marche.fr/emmanuel-macron/le-programme/immigration-et-asile。
② «Emmanuel Macron et l'immigration: quel est son projet?», 2017/05/06, https://www.linternaute.com/actualite/politique/1376932-emmanuel-macron-et-l-immigration-un-projet-ferme-ou-laxiste/。

发布了法国社会对移民态度的年度民意调查。调查结果显示，法国人对目前移民的主体——穆斯林人群及其信奉的伊斯兰教的观感进一步恶化。只有不到一半（40%）的受访者认为穆斯林的宗教信仰和法国的核心价值可以兼容，认为伊斯兰教是一个缺乏包容性的"暴力宗教"的受访者比例从2015年的33%升至当年的46%。有85%的受访者认为宗教问题逐步成为法国社会的首要矛盾。①

在马克龙就任之初，法国国内由难民引发的冲突事件也接连不断。一些自发形成的难民营被政府强令疏散，大量难民汇聚到巴黎，导致巴黎社会治安不稳，犯罪率上升。法国各地的临时收容中心爆满，难民终日在城区游荡，打架抢劫事件时有发生。以难民较多的加来为例，2017年8月21日晚到22日下午，加来A16公路和港口等地就发生了6起难民群殴事件，参与人数达200多人，共造成21人受伤，5人被警方拘留。② 在这样严峻的国内形势下，新总统马克龙开始了对移民难民政策的正式改革。

三 马克龙当选后的具体举措

马克龙就任后不久，总理菲利普便在2017年7月12日宣布的法国政府难民接待计划中指出，法国在2018年将为申请避难者设立4000个接待位子，2019年设立3500个位子以协助难民拥有住所。他同时表示法国政府将竭力缩短审理难民庇护申请的时限，加强对难民的语言培训，延长或增加培训时间，促进其在法国的社会融入，不过这些优待政策只针对庇护申请获得官方承认的难民。菲利普还同时强调，如果难民的庇护申请被法国政府拒绝，申请人将被马上遣送出境。菲利普的态度与政府计划表明了马克龙执政后对移民难民问题的总体政策方向：一方面，严格控制与甄别

---

① 《欧洲大陆唯一的移民国家：法国的移民都来自哪里？》，2017年10月27日，http://news.163.com/17/1027/09/D1OB2QG2000187UE.html。
② 王战涛：《法国加来发生多起难民群殴事件》，环球网，2017年8月23日，http://world.huanqiu.com/exclusive/2017-08/11166738.html。

避难申请者，立刻遣返不合格者出境，收紧移民难民接待；另一方面，促进境内合法移民的社会融入，马克龙在多个场合曾公开表明自己对此坚定不移的态度。

2017年10月，马克龙在对联邦警方的发言中呼吁打击非法移民犯罪行为。他说："我们不太欢迎移民，我们的程序太久了，我们不能使移民妥善融入，也不能把足够的移民遣返。……我们应该公平分享，但我们不能一味欢迎世界各地的穷人。"① 2018年1月16日，马克龙访问了位于加来附近的一个难民接待中心。马克龙询问一位25岁的苏丹青年艾哈迈德是否希望留在法国生活。"是的。"艾哈迈德回答，"我想学习法语，找个机械师的工作"。艾哈迈德解释说，他的母亲在祖国被屠杀，家人也都失踪了。马克龙当即表示他这种情况符合难民接受条件，其材料将很快被处理。但在同一天晚些时候发表的演讲中，在提及难民们需被人道对待的同时，马克龙再次重申那些庇护申请没有被批准的难民必须很快被遣返出境。他说："过去这些年，我们都做了相反的事情。我们对所有难民不加区分地接待，材料处理期限漫长。我们对那些取得庇护权的民众没有给予足够的融入帮助，我们也没有驱逐那些非法定居者。"②

与对难民的态度分门别类不同，马克龙自上任以来对经济移民一直采取严厉立场。与因战乱而逃离祖国的难民不同，经济移民往往是因为本国贫穷落后而移民他国。马克龙曾表态，"世界上没有国家能接纳所有的经济移民"。③ 2017年11月，马克龙前往巴黎第十区访问当地慈善团体"爱心餐厅"。一位摩洛哥裔妇女向其抱怨在法国生活困难，长期无法获得居留身份，马克龙在一众媒体面前并没有对其许下入籍承诺，而是说："如果你不

---

① 王战涛：《法国加来发生多起难民群殴事件》，环球网，2017年8月23日，http://world.huanqiu.com/exclusive/2017-08/11166738.html。

② A Calais, Macron donne sa vision de l'immigration, 2018/01/16, http://www.europe1.fr/politique/emmanuel-macron-a-calais-pour-parler-immigration-3547430.

③ 《加快审批强化遣返 法国将在利比亚设难民甄别中心》，搜狐网，2017年7月28日，http://www.sohu.com/a/160549791_119562。

是处于危险当中,你该回到你的国家去。"① 此言论曾在法国引起不小的争议。在收紧经济移民政策的同时,马克龙也倡议促进移民来源国的政治经济发展,推动来源国创造就业机会,留住想要出走的国民,并鼓励已抵达法国的移民在安全的情况下回到自己的国家。2018年7月5日,马克龙在参加一个经济活动时,对300多位尼日利亚企业家说道:"我们需要更多的非洲人在非洲获得成功!让我们一起帮助非洲成功,让我们为非洲的年轻一代提供希望,让我们一起告诉欧洲人,什么叫共同的命运。因为我相信,这是一种共赢。"②

在马克龙的主导下,2018年4月22日,法国国民议会在长时间的激烈讨论后,以228票赞成、139票反对、24票弃权的表决结果通过了由内政部部长科隆提出的新移民庇护法案。该法案贯彻了马克龙在移民难民方面的一贯理念,是他对自己在竞选期间许下许多诺言的践行,其主旨便是严格甄别难民,尽快遣返庇护被拒移民,方便申请合格者尽快获得居留并融入法国社会,但其中的具体条款体现出强硬风格。该草案在2018年8月正式获得通过。马克龙认为这项法案兼具"人道"与"效率"两项原则,一方面可以严控移民难民输入,另一方面能更好地接待获准避难者或合法移民。

新法案在收紧移民难民接待方面的主要条款包括:

(1)将政府机构审批庇护申请的行政期限缩短至6个月(目前约为12个月),难民局不再只以邮寄方式向申请人寄发通知,而是可以通过电子邮件在内的其他方式寄发通知。

(2)庇护申请被拒的难民依然可以向法庭提出上诉,但上诉期限从30天缩短为15天;庭审可以采用远程视频庭审模式进行。

(3)简化避难申请被拒者遣返出境的手续,当局可以在当事人上诉之

---

① 童黎:《"若不危险,回你国家去"马克龙移民立场引争议》,观察者网,2017年11月23日, https://www.guancha.cn/global-news/2017_11_23_436194.shtml。
② 徐乾昂:《马克龙称移民问题还需非洲带头:"非洲人就在非洲好好干!"》,观察者网,2018年7月5日, https://m.guancha.cn/internation/2018_07_05_462876.shtml?fixcomment=9425152。

前把当事人强制驱逐出境。

（4）如果非法移民阻挠当局对其的驱逐程序，该非法移民的行政拘留期限可从现在的 45 天延长为 90 天，特殊情形下甚至长达 135 天。

（5）如果有非法移民不经现有的官方过境站入境，有可能被处以 1 年监禁及 3750 欧元罚款。

法案有利于合法移民或庇护申请被批难民的条款包括：

（1）扩大人才签证范围，增设其他工作类别的受益者；向拥有研究生学历的外国定居申请者提供居留方便；向遭受家暴的外国妇女提供特殊保护。

（2）对符合某些特定要求的合格庇护者（如无国籍难民）发放 4 年居住证（过去是 1 年）。

（3）提供给合法移民或合格庇护者融入法国社会的更多途径，如创造就业机会、提供法语强化培训等。

（4）未成年移民的家庭团聚范围扩大到与兄弟姐妹团聚。

（5）被行政拘留的移民或难民如果自愿返回来源国，法国当局将给予一定资助。

新移民庇护法案在法国国民议会通过之前，曾历经 61 个小时的多方讨论，议员们共提出上千条修改意见，有部分修改意见在最后通过的法案中得到体现，但新法案在国民议会仅得到 58% 的支持率，是马克龙上台以来获得支持最少的法案。即使法国政府做出了相应让步，新法案出台后依然引发法国国内广泛热议。当然，其中不乏对该法案的肯定与支持，如里昂市前市长就强调该法案可以使法国某些地区免于"被庇护申请者的浪潮所淹没"。[①]不过，反对的声音似乎更多。包括法国社会党、共产党在内的诸多左翼党派人士及人权组织认为该法案过于严厉，是在对来法移民进行"遏制与挑拣"，损害了申请庇护者的基本人权甚至忽略人权。在议会投票仅数分钟之

---

① Olivier Liffran, «France: ce que contient la nouvelle loi 'asile-immigration'», http://www.jeuneafrique.com/554101/societe/france-ce-que-contient-la-nouvelle-et-controversee-loi-asile-immigration/.

后，世界性民间人权组织大赦国际（Amnesty International）便发布公报，认为该法案"没有真正解决身处法国的移民及避难申请者所面临的种种困难"。① 法国另一人权组织难民救济会（la Cimade）也认为该法案将"极大地恶化大量外国人的处境，他们的保障和基本权利被削弱"。该组织认为该法案只包含"极少量的保护措施"，并且会建立"更严格的管控、挑选，其目的就是阻止入境、驱逐与流放"。难民救济会同时担心增加行政拘留天数对于驱逐人数毫无意义。2011年，非法移民的拘留时间从32天增加到45天，并没有起到任何效用，最后被遣返的人数还减少了，"大部分人只是无端承受了一段没有自由的愚蠢时光"。② 与此相反，包括右翼与极右翼"国民阵线"在内的政党则批评新法案的举措过于温和，没有充分考虑目前法国所面临的压力与危机，无法实现移民难民控制目标，不足以应对当前严重的难民危机。"在马克龙的领导下，移民运动正在前进。"（此言是在借马克龙的党派名称"共和国前进党"进行讽刺）法案通过后，法国右派领导人劳伦·瓦奎兹（Laurent Wauquiez）在其个人社交网页上这样写道。总统马克龙的"中间路线"并没有取得调和左右两派矛盾的效果，反而遭到了左右两派许多人士的质疑，甚至就在其政党共和国前进党内部也出现了不少反对声音。

四 身处欧洲移民难民大环境中的法国

国际移民组织当时在瑞士日内瓦发布的报告显示，2017年通过海上通道进入欧洲的难民数量比2016年减少了一半，为2015年欧洲爆发难民危机以来的最低值。③ 目前来看，欧洲在二战结束以后所遭遇的最大规模的难民

---

① Olivier Liffran, «France: ce que contient la nouvelle loi 'asile–immigration'», http://www.jeuneafrique.com/554101/societe/france–ce–que–contient–la–nouvelle–et–controversee–loi–asile–immigration/.
② Olivier Liffran, «France: ce que contient la nouvelle loi 'asile–immigration'», http://www.jeuneafrique.com/554101/societe/france–ce–que–contient–la–nouvelle–et–controversee–loi–asile–immigration/.
③ 任彦：《难民危机仍在"折磨"欧洲》，《人民日报》2018年1月16日，第21版。

潮已得到初步遏制，但本次难民危机的根源并未得到根本解决。难民人数虽然有减少的趋势，但难民依然在不断涌向欧洲各国，而已经入境的大量难民的甄别、遣返、融入都给包括法国在内的欧洲国家带来严峻考验。

为解决难民潮问题，欧盟同移民难民的来源国及过境国曾数次举行会议讨论，希望从难民的产生、迁移过程等阶段解决问题，欧盟内部也曾多次就此问题召开会议，并在2015年达成欧盟各国接受16万难民的配额制度。但大部分国家并没有接受足量的难民，各国之间互相指责、相互推诿，甚至影响欧盟内部的团结。以法国和意大利为例，两国曾因难民接待问题互相公开指责。2018年6月10日，一艘载有600多名难民的船只被意大利政府拒绝进入该国南部所有港口，法国总统马克龙12日公开批评"意大利政府厚颜无耻、不负责任"，这一言论引发意大利国内一片哗然。意大利副总理萨尔维尼嘲讽法国政府根本没有指责意大利的资格，因为法国自己便违背2015年欧盟指定的配额方案，这三年时间当中不仅没有接待到允诺的难民人数，甚至还在法意边界设立关卡阻止难民进入法国。① 两国的嘴仗最终以难民船得以停靠西班牙巴伦塞港而告一段落。事实上，在面临难民潮危机的时候，欧盟国家之间互相推诿指责的事件并非少数。2018年8月10日，搭载141名难民的"水瓶座"救援船再次在欧洲靠岸时频频碰壁，经过几天的僵持与谈判后，最终德国、法国、西班牙和葡萄牙表示将分摊船上的难民。联合国难民事务高级专员格兰迪表示各国政府拼命推卸责任，让满载难民的救援船在海上滞留，"这是错误的、不道德的，也是非常危险的做法"。②

面对移民难民涌入的压力，欧洲国家中也并非只有法国在不断加强对移民难民的甄别和管控，德国、意大利、英国等移民输入大国近年来无不面临因难民涌入而导致的社会矛盾尖锐、治安事件频发、恐怖组织威胁等压力，因而不断收紧移民难民接待政策。虽然欧洲各国面对难民危机都在本国内部采取了相应举措，但马克龙本人也承认近年来欧洲在应对难民问题上缺乏团

---

① 董铭：《马克龙批意政府"厚颜无耻"，意法两国为难民问题吵翻天》，《环球时报》2018年6月15日，https://m.huanqiu.com/r/MV8wXzEyMjYwNTQzXzEzOF8xNTI5MDAwODIw。

② 联合国官网，https://news.un.org/zh/story/2018/08/1015592。

结和效率,这是欧洲亟待解决的一个挑战。① 不可否认,只有欧盟成员国摒弃无谓争执,加强边界管控合作,共同协商处理难民问题,并帮助解决难民来源国的政治危机,才能真正地解决所有国家所面临的难民涌入难题。

五　结论

马克龙曾在多个场合表示对合法移民持欢迎态度,他认为在法国老龄化严重、经济低迷的今天,合法的、有资质的移民可以促进法国经济发展,改善人口结构。2018年5月26日,一名叫加萨玛的马里小伙提升了许多法国人心中的移民形象。这名非洲小伙当天徒手爬上巴黎市一座四层楼高的公寓,救下一名悬挂在阳台上的小孩。5月28日上午,马克龙在总统府接见了加萨玛,并宣布授予其法国公民身份。不过这种英雄事例仅是少数,也绝不会改变马克龙在制定移民难民接收政策时的总体方针。在当今法国意识形态右倾化、反移民浪潮兴起的大背景下,法国政府对待移民难民的态度日趋强硬。

马克龙及其政府在执政第一年就移民难民问题做出诸多尝试,并在与多方的协商讨论后最终提出了新移民庇护法案并获得通过。虽然马克龙强调该法案是人权与管控并重,但总体来说依然比其在竞选期间的主张严厉了许多。但即使如此,该法案依然招致左右两派的不少指责,这与法国社会目前意识形态差异严重与矛盾尖锐化有密切关系,这是即使标榜自己为中间派的总统马克龙也是难以调和的。2018年7月,Ifop市场调查研究所邀请法国人在五个方面给总统马克龙第一年的执政表现打分(满分10分),被采访者在移民问题上给了新总统一个最低分3.74分,比安全政策、失业问题、法国全球化和法国海外形象等其他四个领域分别低了0.7~2分。② 看来新总

---

① 韩冰:《马克龙说欧洲在应对难民问题上缺乏团结和效率》,新华网,2018年6月16日,http://www.xinhuanet.com/world/2018-06/16/c_1122993991.htm。
② «Immigration, sécurité…: le sondage catastrophique pour Macron», 2018/07/18, http://www.valeursactuelles.com/politique/immigration-securite-le-sondage-catastrophique-pour-macron-97100.

统马克龙任期第一年在移民难民应对上的表现并没有让法国人完全满意,他在移民难民相关政策上依然任重而道远。

法国媒体评论员阿尔贝·泽努表示:"马克龙可以相对容易地实现经济改革、社会改革,但是在移民问题上,如何回应政界和民众对于非法移民和身份认同的焦虑,将是一大严峻的考验。"① 在其未来的任期内,相信马克龙会加强与欧盟其他国家的边境合作,严格管控入境移民难民的人数,推动移民难民来源国的和平与经济进程,减少来自安全国家的经济移民,鼓励高层次新移民,加强法语培训并促进合法移民的社会融入。从欧洲目前整个民族情绪高涨的大背景及法国的低迷经济与社会矛盾看来,即使难民潮人数已经得到相应管控,曾经对移民难民态度温和的中间派总统马克龙也将不得不从国家利益出发,在自己的竞选纲领基础上,施行更严厉的具体法案,法国移民难民接待政策更趋强硬在所难免。

---

① 龚鸣:《法国新移民法案饱受争议》,法国中文网,2018 年 4 月 27 日,http://www.cnfrance.com/info/yiming/20180427/16885.html。

B.5 法国环境气候政策

孟子祺　张　敏*

摘　要： 法国是全球气候治理的积极参与者。在积极推动国际气候谈判的同时，持续推进国内能源和生态转型。自2015年起，围绕第二十一届联合国气候变化大会和《巴黎协定》的签署，奥朗德和马克龙两任法国总统都将环境气候政策作为外交和内政的重点。尤其是马克龙总统，在竞选期间和当选后，发表了不少主张环保的言论，表达他在环境气候问题上雄心勃勃的设想。然而，国内阻力重重，他的多数环保主张和承诺不能真正兑现，并遭到学界、媒体和民众的质疑与批评。法国的环境气候政策存在很大的不确定性。

关键词： 法国　环境气候政策　气候变化

引　言

法国在全球气候治理中占据着重要的地位，是国际气候变化谈判的积极参与者，也是能源和生态转型的重要推动者。法国在气候治理中的自身优势在于其核能大国的地位，对化石燃料依赖性较低，所以相对其他国家自身减排压力较小。此外，法国国内的环保力量和政党一直有较大影响力，并努力

---

* 孟子祺，北京外国语大学国际组织学院硕士研究生、巴黎政治大学硕士研究生；张敏，北京外国语大学法语语言文化学院副教授。

促使政府将环保政策纳入内政外交,尤其从21世纪初以来,减少温室效应和应对气候变化长期被法国政府列为国家优先级事务。2015年,第二十一届联合国气候变化大会在巴黎成功举办,通过了具有里程碑意义的《巴黎协定》,确定了2020年后全球气候治理的制度框架。自2009年哥本哈根气候变化大会惨淡落幕之后,一直未通过一项能够承接《京都议定书》的具有法律约束力的国际气候协议。因此,为了能够推动各国在巴黎气候大会上达成共识,为后京都时代的全球气候治理奠定法律基础,法国政府官员不仅在大会筹备时期多次访问各国进行游说,更在大会举办期间灵活斡旋,争取最大限度地减少分歧、谋求共识。巴黎气候大会的成功举办,法国功不可没,可谓其当代外交史上浓墨重彩的一笔。美国前副总统戈尔更是评价说,法国在巴黎气候大会上的表现是他出席这类会议20多年里见过的"最高超的外交技巧"。① 积极参与全球治理、推动能源转型成为法国追求大国地位和增强国际影响力的重要途径。法国通过开展气候外交,积极参与气候谈判、气候援助等,力求在全球气候治理领域抢先占领高地,从而提升国际话语权和影响力。

在内政层面,法国政府主要是运用税收、政府投资等措施动员国家各领域、各部门进行减排和能源转型,提高生态系统的固碳潜力,最终实现碳中和。然而,在目标设定和具体实施之间,往往难以找到理想路径。

一 法国环境气候政策的形成与发展

应对气候变化是历届法国政府都会提及的一项议题,但在奥朗德政府之前,法国国内鲜有具体的减排政策出台。前任总统萨科齐曾于2007年底在格勒纳勒环境圆桌会议(Grenelle de l'environnement)上发起一项环保倡议,计划对3.5吨以上的载重卡车征收"生态税"(Ecotaxe),每百公里预计征

---

① 赵灵敏:《巴黎气候会议为何能达成协议》,《华夏时报》2015年12月26日,http://www.chinatimes.net.cn/article/52718.html,最后访问日期:2018年9月26日。

税税费8~14欧元。此举的目的不仅在于迫使法国企业优先选择相对低污染的交通方式运输货物，同时每年又能增加近10亿欧元的税收。法国议会在2009年已表决通过设立"生态税"这一政策，最初计划于2011年开始实施，之后宣布延期至2014年1月1日。然而，2014年10月，奥朗德政府却宣布无限期暂缓实施载重卡车生态税，这一政策自出台以来从未真正得以实施。

奥朗德总统曾在竞选中承诺，将使法国成为"在环境领域表现最突出的国家"（la nation de l'excellence environnementale）。在他为期五年的总统任期内，最令人瞩目的成就毫无疑问是成功组织召开了第二十一届联合国气候变化大会，促使各国在减排方案的问题上达成一致，《巴黎协定》成功签署是法国外交的亮丽一笔。在巴黎气候变化大会前夕，为了促进全球各国在应对气候变化问题上达成共识，法国以身作则，于2015年8月通过了《绿色增长能源转型法》（*Loi de transition énergétique pour la croissance verte*，简称"能源转型法"），展现了法国为促进能源转型做出有效行动的决心。这项法案是奥朗德总统在任期内为推动法国环保进程、促进绿色经济增长迈出的重要一步，设定了中长期的温室气体减排目标，主要包括：以1990年为基准，温室气体排放量到2030年减少40%，到2050年减少75%；以2012年为基准，化石燃料消费减少30%，最终能源消费到2030年减少20%，到2050年减少50%；到2030年，可再生能源在最终能源消费中占比达到32%，在总发电量中占比达到40%；到2025年，核能在总发电量中占比减至50%。在2025年前后将核电在法国电力供应中的占比从75%减少到50%，也是奥朗德在竞选中的承诺之一。

为实现上述低碳经济目标，根据"能源转型法"的规定，法国政府引入了两个气候与能源政策规划工具：国家低碳战略（Stratégie Nationale Bas-Carbone，SNBS）和多年度能源规划（Programmations pluriannuelles de l'énergie，PPE）。法国生态转型部（Ministère de la Transition écologique et solidaire）于2015年11月公布了"国家低碳战略"，以到2050年实现"碳中和"为最终目标，提出了2015~2018年、2019~2023年和2024~2028

年三个阶段的碳预算期，设定了交通、建筑、农林业、工业、能源和废弃物等各部门的温室气体排放上限及减排措施，以降低国家碳足迹，向低碳经济转型。"多年度能源规划"于2016年10月正式公布实施，必须与碳预算及部门目标一致。依据"能源转型法"的长期目标，最初提出了2015~2018年和2019~2023年两个中期计划目标与行动，之后每五年修订一次能源供需目标，并且在每个五年结束之际，政府必须提交一份能源转型进展的评估报告。这一规划将现有的独立的政策工具合并、扩展并统一运用，涵盖电力生产的方方面面，包括可再生资源、供需平衡、能源效率及供应安全。其主要规划目标一方面是大幅降低能源消费，另一方面是大力发展可再生能源。

除此之外，与前任政府相比，奥朗德政府的另一成就是成功从2014年开始对化石燃料征收"碳税"（Contribution climat énergie，CCE），以补贴可再生能源，推动国内能源转型。马克龙上任后，继续实施"国家低碳战略""多年度能源规划"和碳税政策。2018年12月6日，生态转型部公布了最新的"国家低碳战略"修订草案，预计将于2019年第二季度通过。该草案提出了停止温室气体排放量继续增加的目标，对各领域都是一个重大的挑战，生产和消费模式将会产生巨大的改变。2019年1月25日，生态转型部公布了于2018年底修订的第二个"多年度能源规划"，涵盖了2019~2023年及2024~2028年两个阶段。

奥朗德政府在环境气候议题上做出了一些成就，但也有很多承诺并未履行。奥朗德曾在竞选期间承诺，为推动去核化进程，将关闭全国现存最老旧的费斯内姆（Fessenheim）核电站，但其在任期内并未完成这项任务。受到格勒纳勒环境圆桌会议的启发，奥朗德也曾在竞选期间承诺每年召开一次环境会议，召集政府代表、议员、企业、工会等相关领域代表，讨论法国的环保进程。但由于频率过于密集、讨论过程过于仓促、议题提前被政府部门框定，各界人士均对这个环境会议兴致寥寥，一些环保组织拒绝参加这个活动，因此从2012年召开过一次会议之后便不了了之。奥朗德主张建设南特的Notre-Dame des Landes机场，虽然2016年6月的公投结果表明大多数民众支持这一项目，但由于持续不断的抗议游行活动，这个项目也被搁置。

法国蓝皮书

2017年2月,面对美国总统特朗普从竞选期间就多次宣扬气候变化怀疑论、就任之后便削减相关预算和项目、实施"去气候化"① 政策的行为,尚未当选总统的马克龙曾在推特上发布英文演讲视频,邀请包括可再生能源等气候变化相关研究领域的美国专家到法国从事研究和生活。这个视频一经发出,便得到国际社会广泛关注。马克龙当时作为总统候选人,这一大胆的表态给人留下深刻的印象。

2017年6月1日,特朗普宣布美国正式退出《巴黎协定》,并称要重新开启谈判,因为他认为《巴黎协定》对美国不公平,束缚了美国的经济发展,减少了就业机会。美国这一逆势而行的做法反而给了法国一个表态的机会。美国宣布退出的几小时后,马克龙便再次发表了英文演讲,批评特朗普的行为,强调应对气候变化的重要性并提出"让地球再次伟大"(Make our planet great again)的口号。此外,他再次重申了法国欢迎美国气候科学家的态度。马克龙是第一个针对美国退出《巴黎协定》发表观点的国家元首,之后还同德国、意大利发表联合声明驳斥了特朗普重新谈判《巴黎协定》的提议。一周后,法国政府设立专门的网站,发布了具体的人才引进项目规划:计划引进约50名高水平外国气候科学家,为每人提供3~5年资助,每人总计约合150万欧元的直接资助,还有其他实物支持。一个月后,马克龙在德国汉堡出席二十国集团(G20)峰会期间提出在巴黎举行纪念峰会,以进一步推动落实《巴黎协定》,尤其需要商讨如何具体进行气候融资的问题。

2017年12月12日,在巴黎气候大会成功召开两周年之际,由法国提议,和联合国与世界银行一起举办了"一个星球"气候峰会(One Planet Summit)。法国邀请了60多位国家元首和政府首脑以及来自国际组织、非政府组织、企业、研究机构、地方政府的近4000名代表到巴黎参会。马克龙在峰会的开幕式上表示,我们正在输掉这场"斗争",呼吁所有人迅速行动

---

① 柴麒敏等:《特朗普"去气候化"政策对全球气候治理的影响》,《中国人口·资源与环境》2017年第8期,第1~8页。

起来，为气候变化问题做出努力。① 与会各方在这次峰会期间共同达成了12项行动决议，为气候融资找寻到更具体的解决途径。"一个星球"气候峰会的成功举办引起了世界的关注，马克龙借助特朗普坚持气候变化怀疑论和德国总理默克尔在国内政治地位处于弱势的契机，试图进一步稳固法国在全球气候治理中的领导者地位，在国际舞台上重新夺回气候环境问题这块高地。

就在"一个星球"气候峰会召开前夜，法国政府宣布了引进人才名单，共有18位来自美国、加拿大、印度和欧洲国家的应对气候变化相关领域的专家到法国进行研究和生活，其中多数来自美国的学术机构或隶属联邦政府的实验室。法国格勒诺布尔环境地球科学研究所（LGGC）的古气候学家弗雷德里克·帕勒南（Frédéric Parrenin）指出，尽管18位科学家不会创造一场"革命"，但这个项目具有高度的象征意义，即法国在推动气候政策方面发挥了主导作用。②

二 法国环境气候政策的落实

2017年2月，马克龙在竞选期间宣布了对环境和气候政策的六点主张。③

第一，将减少温室气体排放作为能源政策的首要目标，逐步减少对化石燃料的依赖。五年内关闭所有燃煤发电站，进行产业转型；禁止页岩气勘探和开采；不再为石油、天然气等碳氢化合物的勘探和开发颁发新的许可证；提高碳税，目标是到2030年达到100欧元/吨。

---

① Macron E., «Discours introductif du Président de la République au One Planet Summit», Elysée, 2017/12/12, http://www.elysee.fr/declarations/article/discours-introductif-du-president-de-la-republique-au-one-planet-summit/，最后访问日期：2018年9月26日。
② 张章：《法国气候项目吸引大量国外人才》，科学网，2017年12月13日，http://news.sciencenet.cn/htmlnews/2017/12/397075.shtm，最后访问日期：2018年9月26日。
③ Macron E, «Le programme d'Emmanuel Macron pour l'environnement et la transition écologique», En Marche, https://en-marche.fr/emmanuel-macron/le-programme/environnement-et-transition-ecologique，最后访问日期：2018年9月26日。

第二,加快发展可再生能源,均衡产能比例。到2022年实现风力发电和太阳能光伏发电量翻番;鼓励私人领域投资以缩短和简化可再生能源推广的过程,尤其关注能源储存和智能电网领域的研究、开发和投资,目标是动员300亿欧元私人投资;减少核能比重,关闭费斯内姆核电站,坚持落实到2025年将全国核能发电的比例减少至50%的目标。

第三,将循环经济作为新的经济发展模式。逐步增加对垃圾焚烧和填埋等污染活动的税收;支持垃圾分类技术现代化;到2025年之前实现所有塑料产品的回收再利用。

第四,保护法国人的健康和生活环境。五年内逐步提高柴油税,直到与汽油税持平,以减少大气中细颗粒污染物;发展生态农业,逐步减少使用杀虫剂、草甘膦除草剂等农药,开发不会威胁人体健康和生物多样性的替代品。

第五,动员其他领域配合生态和能源转型。给各地区提供资金支持以落实环保措施,同时为因产业转型而失业的公民提供就业机会;加快电动汽车的普及,不但给购买电动汽车的民众予以奖励,同时完善充电桩等基础设施建设;家用汽车的制造日期在2001年以前的民众若置换能耗相对较低的汽车将可以享受1000欧元的补贴;帮助中小企业减少能源和资源消耗,降低成本;在欧盟共同农业政策的框架下,每年提供高达两亿欧元的资金奖励落实环保措施的农民,例如减少放牧、维护自然景观等;五年内提供50亿欧元的财政支持用于农场现代化项目。

第六,保护地球。保护生物多样性,在法国海外领地设立生物多样性保护机构;呼吁全球国家元首和企业关注气候变化问题;将落实《巴黎协定》作为法国国际事务的优先事项之一,在欧洲层面对不遵守条约规定的国家实施贸易制裁,同时联合其他欧洲国家给美国施压促使其留在《巴黎协定》的框架中,承担减排责任。

为实现上述目标,马克龙在2017年5月就任法国总统之后,除了在国际舞台上为巩固《巴黎协定》的成果做出一系列努力之外,也试图在国内推行改革。

首先，在马克龙的任命下，法国著名环保专家尼古拉·于洛（Nicolas Hulot）于新总统上任同月出任法国生态转型部部长，被认为是本届内阁第三号人物，仅次于总理与内政部部长。于洛长期工作在环保领域，在法国声望颇高，其著作和电视节目广为民众熟知且深受欢迎。马克龙通过这一任命向社会传递出对环保议题的重视，增强了民众对环保事业的信心。

生态转型部的财政预算在连续几年不断缩减之后，于2018年重新开始提高，相比2017年增加了9亿欧元。2019年的财政预算将继续增加10亿欧元，预算总额达342亿欧元。[①] 根据财政规划，到2020年，支持可再生能源发展的资金将从目前的55亿欧元上升到65亿欧元；到2022年，碳税将从2017年的30.5欧元/吨上升到86.2欧元/吨。[②]

法国在全球应对气候变化的进程中始终表现出较高的热情，其能源气候政策也制订了积极的计划和目标。但以往由于缺乏具体行动纲领，减排目标常常无法真正落实甚至变为空谈。因此，马克龙政府决定重新调整气候政策。2017年7月6日，于洛推出了"气候计划"（Plan climat），对内加快能源转型进程，对外旨在通过开展气候外交推进《巴黎协定》在国际上的落实、巩固《巴黎协定》的成果。这份计划明确了六大目标：推动环境立法并动员社会各界以贯彻落实《巴黎协定》中的目标；鼓励全民实行低碳生活方式，发展循环经济；终止化石燃料的使用，到2050年实现"碳中和"；发展绿色金融，使法国成为绿色经济第一大国；提高生态系统和农业应对气候变化潜力；促进全球气候外交，鼓励非政府组织参与，援助发展中国家。

在上述行动纲领的指导下，一些环境议题在缓慢推进、逐步落实，但实

---

① Ministère de la Transition écologique et solidaire, *Communiqué de presse-Projet de loi de finances 2019：Un budget en augmentation d'un milliard pour inscrire la transition écologique dans la durée*, 2018/9/24, https：//www. ecologique – solidaire. gouv. fr/communique – presse – projet – loi – finances – 2019 – budget – en – augmentation – dun – milliard – inscrire – transition，最后访问日期：2019年2月8日。

② Dagorn G., «Écologie：les paroles et les actes de Macron», *Le Monde*, 2017/12/12, https：//www. lemonde. fr/les – decodeurs/article/2017/12/12/ecologie – les – paroles – et – les – actes – d – emmanuel – macron_ 5228561_ 4355770. html，最后访问日期：2018年9月26日。

际仍然困难重重。例如，马克龙承诺禁止在法国本土开采石油、天然气等化石燃料，2017年10月，虽然法国议会通过了2040年以前停止开采碳氢化合物的法律，但是该法律却并非十分严格，还是存在一些特殊条款使碳氢化合物的开采仍然可以继续。此外，法国政府宣布决定彻底关闭剩下的几座燃煤电站，2017年底宣布住宅楼节能改造计划。

从竞选时期开始，马克龙就一直筹划在南特附近的朗德圣母地区兴建一座新机场，这一计划早在前任总统奥朗德任职期间就已提出，但遭到环保人士的反对。马克龙政府在经过权衡之后，最终放弃了该机场的建设。此外，马克龙在2018年11月宣布将于2020年之前关停奥朗德未成功关闭的费斯内姆核电站。法国生态转型部宣布准备进行三部法律的修订，包括《食品法》《交通法》和《能源法》，分别涉及禁用杀虫剂和发展生态食品，发展清洁交通工具和关闭核能电厂。① 其中，关闭核能电厂是法国环境气候政策中最具有标志性的政策措施。

众所周知，法国是核能大国，对核能的依赖程度高。对核能的广泛使用使法国能够将温室气体排放量长期维持在较低的水平，所以减排压力小，在国际气候谈判中更加游刃有余。即使是相对严格的减排要求，法国也能爽快承诺，为其他国家做出表率，表现出负责任的大国姿态。而且，核能不仅是法国应对气候变化的手段，核能出口也是法国财政收入的重要支柱之一。② 考虑到法国经济对核能的依赖程度之高，历届政府都鲜少在核能领域进行大刀阔斧的改革，即使明白核能的污染与潜在危险，也难以摆脱对它的依赖。但2015年奥朗德政府时期出台的《能源转型法》则制订了一个重大的计划，要求法国到2025年将电力生产中的核电比例从75%降低到50%。但就在2017年11月7日，于洛宣布这个目标在2025年之前无法完成。如果坚

---

① Garin V., «Un an de Macron à l'Élysée: tout reste à faire en matière d'écologie», *RTL*, 2018/5/9, https://www.rtl.fr/actu/politique/un-an-de-macron-a-l-elysee-tout-reste-a-faire-en-matiere-d-ecologie-7793316775, 最后访问日期：2018年9月26日。

② Szarka J., «Climate policy in France, between national interests and global solidarity?», *Politiques européennes*, 2011, Vol. 1, No. 33, p. 169.

持这一目标,则必须关闭 17~25 个核反应堆。① 这一目标极不现实,不仅无法达到推广清洁能源的目的,反而极易导致对化石能源的需求出现新的回升,必然增加温室气体的排放。因此,在最新的"多年度能源规划"中,法国政府将这一目标的预期达成时间推迟到了 2035 年。

　　法国同时也是一个传统的农业大国。近年来,马克龙政府致力于减少农业对农药产品的依赖,特别是在 2017 年承诺将在三年内彻底禁止内分泌干扰素和草甘膦的使用。于洛曾主张通过立法禁止草甘膦的使用,曾提出过法律修正条款,却被国民议会投票驳回,所以到现在为止还没有任何一项法律明确这项规定。此外,法国农业的前景在很大程度上也取决于欧盟整体的政策与行动。《欧盟与加拿大全面经济和贸易协定》(CETA)于 2016 年 10 月签署,2017 年 9 月正式开始生效,欧盟与南美洲国家的自由贸易协定也已在商讨进程中,法国农民对此颇为不满。因为即使实施配额制,法国农业尤其是畜牧业面临的竞争将会更加激烈。以上种种都加大了环境政策的不确定性。

三　法国环境气候政策面临的挑战

　　2018 年 8 月 28 日,法国生态转型部部长于洛任职 15 个月后在接受电台采访时突然宣布辞职。他一直颇具威望,辞职消息一出,引发了社会各界的广泛关注。于洛解释称,马克龙与法国政府虽对他十分倚重,但从未优先对待环保议题,作为环保理想主义者的他深感无力和挫败。法国环境政策的落实情况不尽如人意,于洛的离职使本就受到质疑、困难重重的能源转型和环保进程的未来走向更加不明朗。

　　为履行《巴黎协定》,马克龙政府于 2018 年上调了一次燃油税,又在

---

① Radisson L., «Nicolas Hulot fait le choix du long terme», *Actu Environnement*, 2018/05/07, https://www.actu-environnement.com/ae/news/Nicoals-Hulot-bilan-un-an-pouvoir-ministere-Transition-ecologique-31229.php4, 最后访问日期: 2019 年 2 月 8 日。

法国蓝皮书

生态转型部2019年财政预算中拟定了于2019年1月1日再次上调燃油税的环保政策，柴油税每公升上涨6.5欧分，汽油税每公升上涨2.9欧分，① 并计划在未来几年将继续提高燃油税，以减少碳排放，发展清洁能源。燃油税上调导致油价上涨，法国民众的燃油成本大幅增加，引发了广泛的不满和抗议。2018年11月17日，法国"黄背心"运动拉开序幕，首日即有超过28万法国民众走上街头游行，② 以抗议政府加征燃油税的决定。这场运动很快从首都巴黎蔓延到法国其他城市，甚至有蔓延到意大利等其他欧洲国家之势，暴力程度与日俱增，诉求议题也从反对增加燃油税逐渐扩大到其他领域，甚至喊出"要求马克龙下台"的口号。面对来势汹汹的"黄背心"示威者，马克龙政府做出了一些让步：法国总理爱德华·菲利普（Édouard Philippe）于2018年12月4日宣布将延期6个月上调燃油税、暂缓征收统一柴油税和汽油税；③ 次日，法国总统府在声明中做出了进一步妥协，表示将取消2019年预算案中预计增加的碳排放税。12月10日，马克龙在爱丽舍宫发表了近13分钟的全国电视讲话，宣布法国进入经济和社会紧急状态，公布了新税改方案。④ 这些措施代表马克龙政府对"黄背心"示威者的一次重大让步，但民众似乎并不买账。多数抗议者表示对此感到失望，认为总统做出的承诺远远不够，将会继续抗议活动。截至2019年2月9日，法国"黄背心"示威者已连续第13个周末在全国多个城市举行示威抗议，且未有平息的趋势。这场被称为"法国50年来

---

① Ministère de la Transition écologique et solidaire, op. cit.
② Feertchak A., «De l'acte I à l'acte XII, la mobilisation des "gilets jaunes" en chiffres», Le Figaro, 2019/02/05, http：//www.lefigaro.fr/politique/2019/01/12/01002 – 20190112ARTFIG00126 – de – l – acte – i – a – l – acte – ix – la – mobilisation – des – gilets – jaunes – en – chiffres.php，最后访问日期：2019年2月8日。
③ Philippe E., «Édouard Philippe annonce un moratoire sur la hausse de la taxe carbone», Gouvernement.fr, 2018/12/04, https：//www.gouvernement.fr/partage/10768 – le – premier – ministre – annonce – un – moratoire – sur – la – hausse – des – taxes – des – carburants，最后访问日期：2019年2月8日。
④ Macron E., «Adresse du président de la République Emmanuel Macron à la nation», Élysée, 2018/12/10, https：//www.elysee.fr/emmanuel – macron/2018/12/10/adresse – du – president – de – la – republique – du – lundi – 10 – decembre – 2018，最后访问日期：2019年2月8日。

最严重的社会政治危机"的运动不仅危害了社会秩序，也对法国经济造成了重创。

上调燃油税这项环保政策是"黄背心"运动的导火索。法国可持续发展与国际关系研究所（IDDRI）在2018年10月16日公布的一份低碳发展进程评估报告显示，法国在能源、交通、建筑、农业等多个关键领域的减排成果都未达到"国家低碳战略"（SNBS）与"多年度能源规划"（PPE）中定下的气候目标，而且目标与现状的差距仍在进一步扩大。[1] 自2015年以来，法国温室气体排放量不但没有下降，反而呈上升趋势。马克龙先前对征收燃油税态度坚决，其目的就是减少法国对化石燃料的依赖，减少碳排放，并为可再生能源投资提供资金，加快推进能源转型。但在国内购买力不足的情况下，提高化石燃料的使用成本直接导致民众生活成本上涨，不可避免地会引发社会不满。虽然菲利普总理宣布了推迟上涨燃油税的决定，但这个回应出现得太晚，而且推迟不代表取消，调整幅度太小。民怨并未因为政府的让步而平息，抗议诉求扩大至要求更多直接民主、社会公正、赋税公平等。

结　语

保护环境与应对气候变化是全球治理的重要议题，但远非首要议题。法国总统和政府官员在对外讲话中始终宣称应对气候变化是法国的重要任务，并为此频频奔走发声，但目的更多在于利用这一议题在国际社会中推销法国，并未真正将其作为法国国际和国内事务中的首要任务来对待。特别是在美国退出《巴黎协定》之后，法国更加希望抓住机会，扩大影响力和号召力，提高在全球治理中的地位，实现一直以来所追求的外交目标。环境气候政策正是为这一目标服务。

---

[1] Rüdinger A. et al., *Évaluation de l'état d'avancement de la transition bas-carbone en France*, Institut du développement durable et des relations internationales (IDDRI), octobre 2018.

因此，为了履行国际承诺，树立形象，法国在国内描绘出一系列雄心勃勃的规划愿景，推广低碳生活，促进发展低碳经济。然而，这些规划蓝图往往是"雷声大，雨点小"。落实到具体法律政策时，不论是"去核化"还是"征收碳税"，都面临巨大的质疑和反对，使马克龙总统和菲利普总理面临民意支持率下降的巨大压力。当前法国经济增长乏力，经济和社会改革进展缓慢、社会矛盾突出，民生问题、经济发展、社会稳定等议题比环保更紧迫，法国政府无法将更多的精力放到环境气候领域。环境气候政策的实施落地，需要平衡利益冲突，并与其他各项政策措施协调运行，通盘考虑，缓步推进。

参考文献

1. 中文文献

柴麒敏、傅莎、祁悦、樊星、徐华清：《特朗普"去气候化"政策对全球气候治理的影响》，《中国人口·资源与环境》2017年第8期，第1~8页。

张章：《法国气候项目吸引大量国外人才》，科学网，2017年12月13日，http://news.sciencenet.cn/htmlnews/2017/12/397075.shtm，最后访问日期：2018年9月26日。

2. 外文文献

（1）专著

Benedick R., *Ozone Diplomacy*, Cambridge: Harvard University Press, 1998.

（2）期刊文章

Szarka J., Climate Policy in France, between National Interests and Global Solidarity?, *Politiques Europeéennes*, 2011, Vol. 1, No. 33.

（3）报告及法律条文

Loi n° 2015 – 992 du 17 août 2015 relative à la transition énergétique pour la croissance, 《绿色增长能源转型法》。

Stratégie française pour l'énergie et le climat-Programmations pluriannuelles de l'énergie, 《多年度能源规划》。

Projet de Stratégie Nationale Baas-Carbone-La transition écologique et solidaire vers la neutralité carbone, 《国家低碳战略》。

Rüdinger A. et al., *Évaluation de l'état d'avancement de la transition bas-carbone en*

France. Institut du développement durable et des relations internationales (IDDRI), octobre 2018.

（4）电子文献

Carmarans C., «Environnement：Emmanuel Macron, un président vert pâle», *RFI*, 2018/05/06 – 2018/09/26, http：//www. rfi. fr/france/20180506 – macron – bilan – environnement – hulot – deception – lobbies – climat – ecologie – lrem – eelv.

Dagorn G., «Écologie: les paroles et les actes de Macron», *Le Monde*, 2017/12/12 – 2018/09/26, https：//www. lemonde. fr/les – decodeurs/article/2017/12/12/ecologie – les – paroles – et – les – actes – d – emmanuel – macron_ 5228561_ 4355770. html.

Feertchak A., «De l'acte I à l'acte XII, la mobilisation des "gilets jaunes" en chiffres», *Le Figaro*, 2019/02/05 – 2019/02/08, http：//www. lefigaro. fr/politique/2019/01/12/01002 – 20190112ARTFIG00126 – de – l – acte – i – a – l – acte – ix – la – mobilisation – des – gilets – jaunes – en – chiffres. php.

Garin V., «Un an de Macron à l'Élysée：tout reste à faire en matière d'écologie», *RTL*, 2018/05/09 – 2018/09/26, https：//www. rtl. fr/actu/politique/un – an – de – macron – a – l – elysee – tout – reste – a – faire – en – matiere – d – ecologie – 7793316775.

Le-Hir P., «La France vreuse son retard sur ses objectifs climatiques», *Le Monde*, 2018/10/16 – 2019/02/08, https：//www. lemonde. fr/climat/article/2018/10/16/la – france – creuse – son – retard – sur – ses – objectifs – climatiques_ 5370093_ 1652612. html.

Macron E., «Adresse du président de la République Emmanuel Macron à la nation», *Élysée*, 2018/12/10 – 2019/02/08, https：//www. elysee. fr/emmanuel – macron/2018/12/10/adresse – du – president – de – la – republique – du – lundi – 10 – decembre – 2018.

Macron E., «Discours introductif du Président de la République au One Planet Summit», *Élysée*, 2017/12/12 – 2018/09/26, http：//www. elysee. fr/declarations/article/discours – introductif – du – president – de – la – republique – au – one – planet – summit/.

Macron E., «Le programme d'Emmanuel Macron pour l'environnement et la transition écologique», *En Marche*, 2017 – 2018/09/26, https：//en – marche. fr/emmanuel – macron/le – programme/environnement – et – transition – ecologique.

Ministère de la Transition écologique et solidaire, *Communiqué de presse-Projet de loi de finances 2019：Un budget en augmentation d'un milliard pour inscrire la transition écologique dans la durée*, 2018/09/24 – 2019/02/08, https：//www. ecologique – solidaire. gouv. fr/communique – presse – projet – loi – finances – 2019 – budget – en – augmentation – dun – milliard – inscrire – transition.

Philippe E., «Édouard Philippe annonce un moratoire sur la hausse de la taxe carbone», *Gouvernement.fr*, 2018/12/04 – 2019/02/08, https：//www. gouvernement. fr/partage/1076 8 – le – premier – ministre – annonce – un – moratoire – sur – la – hausse – des – taxes – des – carburants.

Radisson L., «Nicolas Hulot fait le choix du long terme», *Actu Environnement*, 2018/05/07 –

2019/02/08, https：//www. actu – environnement. com/ae/news/Nicoals – Hulot – bilan – un – an – pouvoir – ministere – Transition – ecologique – 31229. php4.

Toussay J., «Emmanuel Macron joue au leader écolo à l'international, mais que vaut-il en France sur ce sujet?», *Huffpos*, 2017/12/10 – 2018/09/26，https：//www. huffingtonpost. fr/2017/12/10/emmanuel – macron – joue – au – leader – ecolo – a – linternational – mais – que – vaut – il – en – france – sur – ce – sujet_ a_ 23300320/.

B.6
"黄背心"运动：根源、发展与影响

宋 卿*

摘　要： "黄背心"运动的爆发源于燃油税上涨，背后反映出法国社会经济效率和高福利间的悖论、精英与大众间的隔阂以及全球治理和国家治理间的失衡。"黄背心"运动无中心、无组织的自发性特征注定其会慢慢退出历史舞台，但这一运动"倒逼"马克龙优化其改革节奏和方式。在没有其他政治对手且支持率回升的情况下，马克龙将进一步推进结构性改革，同时"剑指"欧洲议会选举，在欧洲层面继续推行"开放的独立外交"，阻击民粹主义，并进而成为欧盟一体化进程以及"法德轴心"中的实际领袖。

关键词： "黄背心"运动　结构性改革　全国大辩论　民粹主义

2018年11月以来，法国爆发了持续数周的"黄背心"运动，并迅速席卷全国。其自发性、暴力性、扩散性惊人，被认为是法国自1968年"五月风暴"以来最为严重的抗议运动，造成了严重的社会危机。"黄背心"运动是法国进入"后现代社会"各种结构性矛盾的体现。抗议人群通过社交媒体等非传统渠道组织起来宣泄不满。那么，"黄背心"运动将对马克龙的内政外交产生什么影响呢？

---

* 宋卿，上海国际问题研究院助理研究员，上海外国语大学博士生，研究方向：法国内政与外交、中法关系等。

一 "黄背心"运动的起因、发展及特点

(一)"黄背心"运动起因

2018年11月中旬,法国政府宣布,为履行《巴黎协定》,实现减碳减排、发展低碳经济的目标,将于2019年1月起征收碳税,提高燃油税,即对每升柴油和汽油分别征收6.5欧分以及2.9欧分的二氧化碳税,相当于平均每升燃油加税人民币0.5元。这一决定引发了中下层民众的极大不满。2018年5月,网上已出现针对燃油税上调的抗议请愿。一位名叫普莉西亚·罗多斯基(Priscilla Ludosky)的司机在"脸书""推特""Youtube"上各发表了一份公开信,要求免除新征的0.76欧元柴油税。此信在网络上征集到23万个支持者签名。同年10月,一位名叫雅克琳娜·莫罗(Jacqueline Mouraud)的女子发布短视频,不仅抗议柴油税价上涨,而且质疑国家额外收取的燃油税流向何处,并要求马克龙总统对此做出明确回答。莫罗的视频在网络上引发了更为强烈的反响,数周之内点击量超过600万,而且几乎一边倒地支持她。

2018年11月,真正有组织的"黄背心"运动出现在法国北部诺曼底地区的海滨城市Dieppe。"黄背心"一词来源于法国法律,规定每位司机必须准备一件黄色反光背心,紧急情况时穿上可减少交通事故发生,如今被不满燃油税上涨的外省司机视为抗议符号。他们在网上组建"黄背心"群,呼吁11月17日进行抗议示威,很快该群就有了16000名参与者。17日当天,小城果然爆发了"黄背心"示威,几乎所有十字路口都被身着"黄背心"的抗议者堵塞。很快,运动在法国各大城市蔓延开来。

(二)"黄背心"运动发展

"黄背心"运动自爆发起大体分为三个阶段,呈现出从原本诉求单一、行为理性的抗议活动演变为目标泛化、政治化以及行为暴力化的反政府、反

体制运动。具体而言，第一阶段，抗议政府增收燃油税导致购买力下降。在全球原油价格上涨的背景下，法国在2018年柴油和汽油价格已经分别上涨23%和15%，每升达到1.46欧元和1.55欧元，超过欧盟均价。而且据法国政府规划，到马克龙第一个任期结束（2022年），法国柴油、汽油价格均将超过2欧元。法国普通驾车人，尤其是需要长时间开车通勤的低收入人群，首当其冲成为燃油税上涨的受害者，因此前两周的抗议集中在燃油税议题上。

第二阶段，抗议社会不公。在第三、第四周的抗议活动中，"黄背心"成为一种身份认同，越来越多的社会群体自称"被共和国遗忘的人民"。民众认为，燃油税只是"冰山一角"，希望政府能正视"冰山被淹没的部分"，即法国社会不断扩大的不公现象。根据法国统计局报告和法国《世界报》统计数据，2008~2016年，法国家庭平均购买力下降1.2%；1996~2016年，法国人均月收入的中位数仅从1440欧元升至1730欧元，且目前大部分农民、手工业者、工人、公司普通领薪者、小业主收入均低于该中位数；10%最富有人群在20年间月收入增长近1000欧元，而10%的最穷人口月收入仅增长约100欧元；收入最高的1%的人口拥有的财富占全国总财富的20%以上。在该阶段，"黄背心"已将诉求"倾听我"发展到"满足我"，将运动推向高潮。

第三阶段，抗议法国政治制度安排。运动的转折点出现在马克龙总统12月10日的电视讲话。他对"黄背心"运动最初提出的目标做出了全面让步：除取消预定新增燃油税、冻结电费与煤气费外，还包括：给最低工资领薪者每月增加补贴100欧元；对低收入退休者免除普遍化社会捐金征收率提高措施；加班费不纳税；鼓励企业发放年终奖等。然而，"黄背心"运动参与者却并未妥协，运动呈现出"星星之火，愈演愈烈"之势。一方面，诉求发生质变，强调"公民自主公决"（Référendum d'initiative citoyenne）。部分"黄背心"运动参与者在凡尔赛宫网球厅召开新闻发布会（1789年6月20日法国第三等级代表在此签署"网球厅誓言"，拉开了法国大革命序幕），抱怨"民众无法控制自己的国家"，希望建立"第六共和国"。另一方面，

形成示范效应。"黄背心"运动已外溢到保加利亚、克罗地亚、芬兰、德国等 10 多个欧洲国家，乃至欧洲以外的加拿大。

（三）"黄背心"运动主体

"黄背心"运动的主要成员是分布在法国巴黎以外的生活水平正在不断下降的广大白人中产阶级和无产阶级群体，属于中低收入阶层。该阶层的购买力逐年下降，幸福指数大大降低。一方面，他们不属于收入最低的 10% 人口，因而无法享受更多的国家福利救助；另一方面，法国长期以来存在的巨大的城乡地理距离使得汽车成为主要交通工具，这也就使他们成为燃油税上涨的直接受害者。他们占到法国总人口的一半以上，几乎覆盖了法国整个政治光谱，既有支持法国共产党、法国社会党的传统左翼选民，也有支持传统右翼的选民。同时，极左翼选民和极右翼选民也在坚定联手抗议。① 法国咨询电视台（BFM TV）民调显示，91%极左翼"不屈法国"的选民和86%极右翼"国民阵线"的选民支持"黄背心"运动。随着抗议推进，一些"无政府主义者"和"打、砸、抢分子"混入抗议群体并肆意破坏商店、银行、餐厅等公共设施。

（四）"黄背心"运动特点

首先，该运动"无领袖""无组织"，没有接受任何工会与政党的直接领导，甚至连"发言人"也在不断变化，以至于法国总理菲利普在抗议初期介入调停却遭遇"对话无门"的尴尬境地。其次，该运动具有鲜明的民粹主义色彩，特别是激烈反对金融资本对法国经济的控制，以至于在抗议活动后期被认为是"反犹"运动。同时，民粹主义还体现在民众的空前团结。有"重型吉卜赛人"之称的前法国拳王克里斯托弗·德廷格（Christophe Dettinger）因出拳击退警察的行为被判处 12 个月有期徒刑和 18 个月缓刑，却被示威者视为"英雄"。支持者甚至在网上举办了一个众筹募捐活动，帮

---

① Joseph Confavreux, *Le fond de l'air est jaune*, Edition du Seuil, janvier 2019, p. 6.

助德廷格募集律师费，众筹数额就达到11.7万欧元。再次，该运动呈现出极端化。一方面是行为极端化，如损坏香榭丽舍大街沿街商铺及凯旋门底部头像，撞击总统府发言人格里沃（Benjamin Grivaux）办公室大门，破坏国民议会外墙，甚至连国民议会议长费朗（Richard Ferrand）的住所也被蓄意纵火破坏。整个政治层对此表示愤慨，法国内政部部长卡斯塔内（Christophe Castaner）在推特上宣称"这类恐吓是没有任何道理的"。[1] 值得一提的是，自1934年2月6日以来，禁止游行的香榭丽舍大街第一次被街垒和催泪弹淹没。[2] 马克龙给警察的指示是进行有系统的暴力镇压。另一方面是信息极端化，新媒体冲击整个舆论，正在成为法国民众的重要信息来源。网民站在"黄背心"一边，比如某抗议者在国民议会前因自身问题导致断指，网上却大肆渲染向政府施压。此外，新媒体对马克龙的言论断章取义从而煽动民众愤怒情绪，如"高卢人拒绝变化"[3] "大把银子"[4] 等。这显示出在信息时代主流媒体的影响力被大大削弱，社交媒体则蕴藏着强大的政治动员能力。

二 "黄背心"运动背后的三对错位

此次危机背后蕴藏着深刻的国内国际原因和矛盾。

第一，经济疲软和高福利之间存在结构性错位。从历史上看，法国政府在二战后对制造业实行重点扶持政策，做大做强了一批国际知名的大企业，如雷诺、标志、道达尔等，在世界经济舞台上占据了一席之地，同时也迎来了"辉煌30年"。但两次石油危机打断了法国良好的发展势头，法国开始

---

[1] Christophe Castaner, «Rien ne justifie ces intimidations».
[2] Joseph Confavreux, *Le fond de l'air est jaune*, Edition du Seuil, janvier 2019, p. 6.
[3] 《马克龙外访抱怨"法国人拒绝变化"》，http://dy.163.com/v2/article/detail/DQGIAJKG0514BIJT.html, 最后访问日期：2019年4月2日。
[4] 马克龙6月13日在Congrès de la Mutualité上发表关于社会补助的演讲，反复出现了"pognon de digue"（pognon 为"金钱"的俗语），以抨击当下社会福利政策的弊端，并号召穷人和社会各界群体要多点责任心，不要光安逸地依赖国家补助。

关注金融、保险等经济产业，弱化了对实体制造业的支持，结果导致政府深陷债务无法自拔。随着全球生产格局的变迁，法国只在本土保留了最具竞争优势的产业。产业空心化导致法国经济主权被削弱，全球竞争力衰弱。法国制造业增加值占GDP的比重由20世纪80年代的18%左右持续下滑到10%左右。失业率高企、民众购买力持续下降、生活水准日益滑坡等各种问题交织在一起，这是"黄背心"运动爆发的深刻经济原因。

马克龙在上任后所推进的一系列提振法国经济的结构性改革。无论是取消"富人税"和居住税，还是推动《劳动法》和国营铁路改革，措施都有落地实施，法国财政状况因此有所好转，2018年经济增长为2%，财政赤字回落至2.6%。

尽管如此，改革的民生红利尚未充分释放，社会高福利难以维系。法国福利制度坚持"普遍化"原则，几乎无死角覆盖公民社会生活各方面，尤其为失业、伤病、年老等弱势群体构建起严密的"保护网"。但随着经济增速放缓，老龄化加剧，过高福利制度使法国陷入"高税收—高福利—高负债—高成本—高失业率"和"低投资—低效益—低增长"的恶性循环。马克龙虽然锐意改革，无奈法国社会积重难返，民生福利有滞后性，且25岁以下青年人失业率仍维持在20%以上的高位。

法国的困境并非单纯的经济和体制问题，还根植于社会文化和大众心理。一部分底层法国民众强调片面的平等性，认为富人应该多缴税，却没有反思自己"因懒致贫"和想"不劳而获"的错误心态。几十年的高福利养成了一部分法国人"会哭的孩子有奶吃"的投机心理。他们过度依赖政府，希望总统是"救世主"。当总统无法兑现承诺甚至拒绝成为他们的代言人，他们的无力感会渐渐转变成抗争力和破坏力，倾向于诉诸革命而非改革的方式来解决问题，结果导致街头暴力。法国又自诩民主先锋，倡导文化多元，街头政治威力不可小觑，因此当经济下行，社会共识难以实现的时候，任何改革都会遭到反对。① 可以说，法国政府高估了改革成效，低估了民众对改

---

① 宋卿：《大辩论：马克龙的"缓兵之计"？》，《世界知识》2019年第7期，第51页。

革对眼前利益的影响。

第二，精英阶层与大众阶层难以弥合鸿沟。"黄背心"运动从最初抗议购买力下降演变为抗议代议制，反映出以代议制为代表的法国政治制度安排存在不足。奥朗德在任时取消双重职位制，初衷是避免权力过于集中，但副作用是造成中央和地方之间缺少了沟通渠道，即无法在地方兼任职位的议员们无法有效地体察民情。这无疑让原本精英和民众之间的断层更加严重。此外，马克龙所在的前进党在国民议会占据绝对多数，而党内的所有议员都是马克龙亲自挑选的，这意味着爱丽舍宫缺乏制衡力量。

因此，对政府以及左、右翼各类传统政党丧失信任的"黄背心"们要求"公民自决"（RIC），即挑战代议制本身。示威者非常清晰地提出，"我们选出的代表投票做出的是反对我们利益的决策"，比如征收燃油税。所以，"黄背心"运动要求法国当局进行一系列公民投票，对涉及民众整体利益的决策进行公决，而投票议题也要由公民直接提出。一些运动参与者甚至直接提出要将议会普选制部分改为抽签制，以抽签的形式选出部分代表人民的议员，以避免选举出来的议员都是政客的结果。理由是这种形式将给予被选中者绝对的做出任何决策的自由，无须顾及党派利益、选举利益等，这反映出法国民主选举体制本身在这场运动中遭到几乎全面的质疑。

同时，马克龙个人的精英形象也成为"黄背心"的众矢之的。其一改奥朗德的平民化形象，风格上有意树立总统权威，曾对法国三军参谋长皮埃尔·德维里耶（Pierre de Villiers）放话称"我才是老板"[1]。这种高高在上、一意孤行的形象也反映为其包揽政府改革议程，以及改革手法过急过猛，令民众眼花缭乱、应接不暇，部分群体甚至受多重改革效应的叠加影响，难以承受"改革之重"。此外，马克龙取消富人税，导致财政收入减少32亿欧元。而上涨的燃油税总额预计同富人税持平的报道无疑给马克龙贴上了"富人总统"的标签。从其履历来看，马克龙走的是上层精英路线，很难

---

[1] http://epaper.xiancn.com/xarb/html/2017-07/21/content_490361.htm，最后访问日期：2019年3月25日。

体察"民间疾苦"。其对于失业者的部分表态,如"穿过马路就能找到工作",显得不接地气。难怪一些评论认为,如同美国的"占领华尔街"运动一样,"黄背心"们反对的并不是环保政策,而是剥削压榨他们的那1%的法国精英。

第三,全球治理与国家治理难以调和。欧洲社会经常处于是政治上的"高大上"还是"经济福利和生活水平"的实在性的选择中,处在国策的两难困境。马克龙希望提升法国在欧盟与国际上的存在感,从而重新获得更大话语权。欧盟层面,马克龙延续"戴高乐主义",高声呼吁组建独立"欧洲军"实现"欧洲自强",不再成为北约附庸;全球层面则在《巴黎协定》的基础上,不遗余力地推进气候治理进程。美国退出《巴黎协定》为法国扛起"全球气候减排"领袖的大旗提供了"战略机遇"。马克龙随即举办"一个星球"峰会,占领道德和舆论高地。不过,"全球减排先锋"的落实需要倚重法国民众的全球责任感,即要求法国人民为"全球减排"而牺牲自我利益。然而,法国民众"穷则独善其身",不愿为马克龙的抱负买单。"黄背心"运动爆发的导火索、"黄背心"运动最醒目的口号之一便是"马克龙关心地球末日,我们关心每月的月末日"。显然,法国未能在生态正义和社会正义之间寻找到平衡点。

需要注意的是,"黄背心"运动是在反全球化和民粹主义在全球兴起的国际背景下发生的。近年来,欧美发达国家往往很难端平全球治理和国家治理这"两碗水"。英国脱欧、特朗普的"美国优先",以及欧洲国家大选中诸如奥地利自由党、法国"国民阵线"、德国"另类选择"党、意大利"五星运动"等民粹势力的崛起为法国民众的抗议活动提供了国际土壤。

这三组矛盾是相互作用、有机统一的。法国社会经济效率和高福利的悖论由来已久,而来自发展中国家的劳动力价格竞争、产品竞争、服务竞争等正在挑战法国的经济效率和就业市场,致使法国在全球化中竞争力下降。而当硬核实力不济时,马克龙欲在全球治理中提供公共产品的"野心"就会在国内层面受到资源供给不足的"重创"。加上法国国内严重的阶层固化,精英和大众之间缺少沟通渠道,最终酿成社会危机。

三 "黄背心"对马克龙内政、外交的影响

"黄背心"运动是否会成为历史转折点？法国前总统德斯坦说："这只是一场内部危机。"① 随着"黄背心"影响力下降，该运动会渐渐退出历史舞台，原因在于：第一，规模不成气候。根据法国内政部数据，"黄背心"参与人数呈现递减趋势，以第21轮抗议示威为例，参与的人员数量降至活动开始以来的最低水平，全法"黄背心"运动的参与者共计2.23万人，其中巴黎有3500人，同2018年11月17日28.2万人参与相比人数骤减。第二，内部正在分化。"黄背心"并非铁板一块，而是各有诉求。其中，以英格丽德·乐瓦瓦瑟赫（Ingrid Levavaseur）为代表的核心成员提交了竞选欧洲议会的"黄背心"名单，但该政治诉求并未得到"黄背心"参与者的一致认同。同时，参选议会需要资金，时间仅剩50多天，没有具体议题，目前只有3%的民调支持率。第三，外部力量牵制。诸如支持马克龙的"红领巾"团体以及倡导环保主义的"绿色前进"团体在全法120多个城市举行了多次游行，成为制约"黄背心"影响的主力军。

尽管如此，"黄背心"运动对马克龙的内政、外交政策仍影响深远，具体包括以下几点。

内政上看，改变改革的节奏和方式。马克龙是"改革总统"，这就决定了其政权合法性建立在政绩而非意识形态之上。因此，马克龙在上任后采取的是大刀阔斧的"齐头并进"式改革，将多项改革同时推出，希望形成叠加效应和早期收获。但是，这样容易导致利益受损群体互相交叉，规模扩大，造成马克龙成为"众矢之的"的局面。

在法国国民议会议长费朗（Richard Ferrand）的建议下，马克龙决定走

---

① Valéry Giscard d'Estaing, «Les élections européennes donnent lieu à une agitation inutile», http://www.leparisien.fr/politique/valery-giscard-d-estaing-les-elections-europeennes-donnent-lieu-a-une-agitation-inutile-05-04-2019-8047383.php，最后访问日期：2019年4月6日。

"群众路线",通过举行全国大辩论,同法国民众直接对话。在2330个单词的《告国民书》中,马克龙主要表达了以下几层意思:第一,法国之所谓法国,得益于极强的团结互助精神;第二,赚钱缴税天经地义;第三,完善的福利不应成为失业的借口,要打造一个通过努力工作就能成功的社会;第四,绝对不接受暴力。可以看出,马克龙希望通过把"黄背心"和政府的矛盾转化成全民和社会的忧虑,在回应"黄背心"诉求的同时,希望听到更多非"黄背心"声音,并对民众"循循善诱",以期深化改革,同时对自己实行一次"意义重大"的自救。

在两个月中,马克龙深入法国外省选区宣讲自己的执政理念,在每个选区与某个特定群体讨论特定问题,实现对象的全覆盖。同时,马克龙在每场辩论中都以谦卑诚恳的姿态示人,在个别场次甚至连续站立六七个小时,赢得了民众的敬意和掌声。全国大辩论的效果立竿见影,其支持率在几周内上升了8个百分点,达到31%,回升到"黄背心"运动爆发前的水平。

不过,值得注意的是,放低姿态不代表降低底线。谈及人们对他施政方式的批评,他提出要强化议会的"评估职责",找到"重塑中间环节"的方法,同时仍要警惕陷入永远做不出决策的"无休止辩论"。改革财产税方面,他以必须"巩固生产型资本"为由为巨富税(ISF)改革辩护,但并不排除对具体措施进行再度评估。当被问及一些省区正在进行的基本收入基数试点,他重申了对政府津贴"条件性"的坚持。可以说,大辩论是马克龙"换汤不换药"的缓兵之计,其执政理念的实质仍旧是经济自由主义与垂直式政治的混合体。①

2019年5月进行的欧洲议会选举,也成为马克龙是否能"凤凰涅槃"的试金石。从最新民调来看,前进党支持率为23%,"国民联盟"(原"国民阵线")为21%,共和党人为12%,社会党为5.5%。可以说,法国政坛目前仍维持着2017年大选以来"一强多弱"的局面。"国民联盟"虽在数

---

① 《爱丽舍夜未央,马克龙"舌战群儒",法兰西的思想超长越野跑》,https://www.thepaper.cn/newsDetail_forward_3294378,最后访问日期:2019年4月14日。

据上紧咬前进党,但其基本规模有限,玛丽娜·勒庞虽更改党名以积聚人气,但其本身政绩乏善可陈。梅朗雄饱受"不屈法国"在财务资金方面丑闻的困扰。传统中左翼的社会党和中右翼的共和党自总统大选以来尚未恢复元气,党内内耗不断,如从共和党中分裂出来的温和派成员所组建的"行动党"(Agir)领袖莱恩斯特,甚至成为总理菲利普重组内阁后的文化部部长。换言之,马克龙虽不受欢迎,但其支持率是建立在其他党派疲弱的客观基础之上的。在理性民众将马克龙视为"最后一根稻草"的心态下,只要其他政党难以在如何抵抗他的改革政策上取得一致,主流政党乃至极左翼和极右翼政党阻击马克龙只能是"心有余而力不足"。

从外交上看,短期内,法国亟须修复因"黄背心"运动而受损的国家形象。一方面,"黄背心"运动中发生在各地特别是巴黎市中心和香榭丽舍大街的打、砸、抢、烧行为震动国际舆论,造成恶劣影响,严重损害了法国的国际形象。意大利副总理、"五星运动"党领袖迪玛约(Luigi Di Maio)更是称"黄背心"是法国版"五星运动"。马克龙亲自推动《反打砸抢法》(Loi anti-casseur)在议会层面通过,并在部长会议上提出调派执行"哨兵"反恐任务的军队,目的是保护政府建筑以及其他公共设施,以便让警方将注意力集中在游行和维持秩序上。2015年1月巴黎发生恐袭后,法国政府部署"哨兵"行动以保护宗教、受恐袭威胁大和人流量较大的场所或区域,这也是法国自阿尔及利亚战争后首次在本土动用军队。此外,警方在此后的"黄背心"抗议活动中将使用无人机,并通过在催泪瓦斯和高压水枪中加入可追踪标记物质,帮助警方有效识别运动中的极端分子。另一方面,法国作为应对气候变化最重要的倡导国之一,其民众却因为反对减排政策上街抗议,这将严重影响法国在气候治理和全球治理中的信誉和威望。[①] 法国"影响力外交"中很重要的一个支柱就是倡导多边主义和全球治理,这是法国软实力的重要体现,也是法国作为一个独立开放大国的安身立命之本。尤其在当下逆全球化、单边主义、保护主义盛行的新形势下,法国更要守护好多

[①] 张骥:《"黄马甲"运动及其对法国外交的影响》,《当代世界》2019年第1期,第32页。

边主义这片花园。

从中长期看,法国将以平息"黄背心"运动为契机,继续积极谋求欧盟领导地位。当前,世界依然充满变数,全球政治和经济发展中的不稳定性、不确定性前所未有,世界和平与发展面临严峻挑战。欧洲更是如此,在单边主义、贸易保护主义、民粹主义、恐怖主义的叠加影响下,欧盟发展的前景扑朔迷离。在英国脱欧"久拖不脱"的大背景下,人们普遍期待"法德轴心"能够重启,带领欧盟走出面临的重重危机。由于德国大联合政府互相掣肘,默克尔的政治资本和政治资源正在减少,这为法国着力改变"德强法弱"的不平衡局面提供了历史机遇,并在客观上将马克龙推向引领欧盟发展舞台的中心。可以预见的是,当"黄背心"运动渐渐平息,马克龙为振兴法国经济将会进行新一轮结构性改革。同时,马克龙会重新获得稳定的支持,巩固其在法国政坛的领袖地位,这将为其继续推进欧盟一体化打入一针强心剂。

在法国谋求欧盟领导地位的过程中,中法合作将上升到新高度。第一,两国高层互访频率极高。马克龙是中共十九大后首位访华的欧洲大国领导人,随后法国议会负责国际事务的第一副议长博纳尔(Carole Bureau-Bonard)女士与法国总理菲利普先后于2018年4月和6月访华,落实马克龙访华时的合作意向。2019年正值中法建交55周年,势必会将中法双边关系推向新高度。第二,中方主张构建人类命运共同体,法方则提出"一个星球"的概念。不受意识形态束缚的马克龙可以超越社会制度、发展阶段、文化传统差异,和中方增进政治互信,充分挖掘合作潜力。从合作打击恐怖主义到共建新型国际关系,从加强气候治理合作到共同维护多边主义,中法两国的关系既是互利共赢,也是为世界进步与发展做贡献。

四 结语

"黄背心"运动的爆发源于燃油税上涨导致购买力下降,实质是法国经济社会改革见效的滞后性、社会正义让位于生态正义的不合理性,以及马克龙个人形象的不亲民性等因素叠加导致民怨集中井喷式爆发，归根结底反映出法国社会经济效率和高福利间的悖论、精英与大众间的隔阂，以及全球治理和国家治理间的失衡。"黄背心"运动无中心、无组织的自发性特征注定其会慢慢退出历史舞台，但这次运动给马克龙的执政"敲响警钟"，"倒逼"其在坚守自身改革理念和改革内容的同时，适度优化其改革节奏、强度和方式。鉴于法国大部分百姓厌倦了传统左、右翼政党，对极左、极右翼政党有所顾忌，因此将希望寄托在走"第三条道路"的马克龙身上。在没有其他政敌掣肘、支持率回升的情况下，马克龙将进一步巩固国内执政基础，并有节奏地推进结构性改革，同时"剑指"欧洲议会选举，在欧洲层面继续推行"开放的独立外交"，阻击民粹主义，并进而引领法国成为欧盟一体化进程以及"法德轴心"中的实际领袖。

经 济 篇

Economy

B.7
马克龙经济改革刍议

杨成玉*

摘　要： 上任以来，马克龙励志改革打破制约经济发展桎梏，在劳动力市场、失业保险、财政税收、能源转型领域采取一系列改革措施，宪法、紧急医疗保健系统、国铁、教育等领域的改革也被提上日程，同时积极推动欧元区和多边体系改革。以"开源节流"为思路，马克龙经济改革成效显著，法国经济出现了不少亮点，但过程中难免触动部分民众利益。2018年底，"黄背心"运动示威持续，随着民意支持率急速下跌，马克龙迫于压力放缓改革步伐并向民众妥协，其缺乏底层政治资本、身边团队缺乏主政经验弊端显现。结合全国大辩论，马克龙能否妥善处理民众不满，增信释疑，在短期内为5月

---

* 杨成玉，经济学博士，中国社会科学院欧洲研究所助理研究员。

欧洲议会选举争取有利局面，保持经济改革的连续性，才是重拾法国竞争力、谋求经济持续增长的关键。

关键词： 马克龙总统　法国经济改革　"黄背心"运动

早在竞选期间马克龙以改革者自居，承诺上任后针对法国经济领域顽疾进行全面结构性改革，以提振法国经济发展活力，打破制约经济发展效率桎梏，提升法国国际形象与地位。从2017年5月任职总统以来，作为"不左不右"的改革派，其在劳动法、失业保险、财政税收、能源、铁路、教育、医疗及退休制度等多个领域推出了多项改革措施，经济效果显著。然而，伴随改革的深入推进，短期触及民众利益与长期效果还未显现之间的不协调无法达成具有说服力的预期，引起底层民众、部分中产阶层不满，法国社会矛盾伴随改革开始激化，抗议之声空前，终使马克龙改革"步履维艰"。

一　劳动力市场改革

旧版劳动法从战后一直沿用，受传统左派平均主义思想影响颇深。历届总统虽将改革提上日程，但都受到社会强烈抵触，只得"浅尝辄止"。法国企业一直受困于解雇员工的长久耗时和高昂成本，企业中普遍存在工作效率低下的"懒人"[1]。长期以来，遴选员工的信息不对称使雇主对新招员工保持谨慎态度，企业不愿与员工签订无固定期限劳动合同，而只是签订固定期限劳动合同，这也是导致法国失业率居高不下、青年人失业率高的主要原因之一。

---

[1] 2017年9月8日，马克龙在访问希腊时表示决心启动劳动法改革，不会向"懒人"让步，也不会向只知道愤世嫉俗的人和极端分子让步。参见法国《自由报》，https://www.liberation.fr/politiques/2017/09/08/en-grece-macron-affirme-sa-determination-a-reformer-malgre-les-faineants_1594993，最后访问日期：2019年1月17日。

2017年8月，法国政府公布了劳动法改革方案，强调改革措施的目的是给法国僵化的劳工市场带来更大的灵活性，鼓励企业雇工，创造就业岗位，释放劳动力市场效率，进而提升法国国际竞争力。改革方案包含36条具体措施，主要包括：第一，削减大公司工会议价权，允许企业按照项目制与员工签订更加灵活的劳动合同；第二，取消部分全国性规则，劳资双方可个别讨论工作时长和待遇，例如允许重新协商每周35小时工作制；第三，为中小企业雇人松绑，允许10人以下的小企业在提前一个月告知的情况下解雇员工；第四，设置遣散费上限，改革方案规定，如果员工为企业工作达30年，遣散费最多仅为其现有薪资20个月的总额。

作为上任后第一个代表性改革措施，马克龙政府力推劳动法改革显示出全面结构性改革的魄力与雄心，改革虽在一定程度上激活了劳动力市场，但存在两方面消极影响。一是此次改革是马克龙政府"通过政令强势改革"，推行起来直接迅速，但在法国传统政治理念中饱受争议；二是改革无法避免遭到工会强烈反对，劳工总联盟（CGT）、劳工民主联合会（CFDT）、"工人力量"（Force Ouvriere）等大型工会组织均反对改革，认为有关措施对雇主方过于有利，损害雇员权益，谴责改革法令将让劳动法变成一部"雇主全权法"。他们在全法境内组织数场大规模游行抗议活动。

二 失业保险改革

马克龙上任初期，法国长期失业人数达280.9万人，失业率为9.4%[①]，虽相比2016年末的10%有所改善，但还未及欧元区平均水平（同期欧元区失业率为9.1%[②]）。过去雇员只有在因不可抗力因素而辞职的情况下才能领取失业补偿金，从而造成一方面主动辞职的雇员无法获得失业保险，另一方

---

① 法国国家统计与经济研究所（Insee）2017年第二季度法国失业率数据，参见https://www.insee.fr/fr/statistiques/3648425，最后访问日期：2019年1月18日。
② Eurostat数据库，参见https://ec.europa.eu/eurostat/data/database，最后访问日期：2019年1月18日。

面失业保险向独立职业者的辐射力度不足。

马克龙曾在竞选时承诺对为寻求职业新发展而辞职的雇员发放失业补偿金并扩大至自由职业者。失业保险改革法案的主要内容包括向辞职雇员发放补偿金（Indemnisation），允许独立从业者领取固定费率的救济金（Allocation forfaitaire），加强对失业金领取者的核查，以及为了减少短期合同（CDD）而实施奖惩措施（Bonus-malus）等，旨在给予雇员、失业者和独立从业者更多保护，让他们可以自由规划未来的职业发展。

在向辞职雇员发放补偿金方面，改革举措规定雇员必须之前已在公司连续不断地工作5年，并且是为了换工作接受资格培训或辅导培训而不得不辞职，且在事先已制定职业发展规划并得到批准后才满足领取失业补偿金的条件。这些雇员可享受2年的补偿金，年龄较大的雇员可获得3年补偿金，此项改革预计投入330亿欧元。在普惠式失业保险方面，目前法国倒闭企业近六成由独立从业者开设，但其无法享受任何补助。改革旨在让独立从业者进入司法清算（Liquidation judiciaire）程序阶段时，只要公司在倒闭前年利润在1万欧元左右，即可连续半年享受每月800欧元的补偿金，覆盖包括农业经营者、手工艺者、微型企业和个体商贩，该部分资金将从社会分摊金（CSG）中获得。在减少短期合同方面，因劳动力市场僵化，在新签订的工作合同中，有90%采用短期合同（CDD）或临时雇佣合同（intérim）形式，使雇员难以获得稳定。改革要求各行业采取必要措施，减少短期合同数量，否则将实施奖惩措施（Bonus-malus），即企业累计使用短期合同越多，付出的经济代价越大，并把规定纳入法案。

此外，改革明确要加强对失业金领取者的监管。针对少数失业者钻制度空子不劳而获，导致国民对失业金发放制度失去信心，也对领取失业金者失去信任。马克龙表示不希望再有"天上掉馅饼"的心态，要严格审核，把失业金发放跟积极找工作挂起钩来。[①] 就业中心（Pôle emploi）的失业监管

---

① 参见2017年10月15日马克龙接受法国一台专访，https：//www.rtl.fr/actu/politique/en-direct-emmanuel-macron-suivez-son-interview-televisee-sur-tf1-7790531597，最后访问日期：2019年1月18日。

团队将增加人数、加大监管力度,同时为失业者提供更高效、更个性化的协助。

改革措施在一定程度上赋予辞职创业雇员获得失业保险的权利,并让自由职业者获取破产救济,同时加大失业机构管理力度,缩短失业金领取时间,制定更加苛刻的失业金领取资格。改革弥补了法国现有失业保险制度不足,完善了失业保障机制。

三 财政税收改革

以对财政收支结构进行调整、提升居民购买力为目的,马克龙于2018年初启动多项财政税收改革措施。

首先,逐步取消居住税。居住税是在全法范围内对所有可供居住的房屋按年度征收的税种,属于一种地方性税收。措施从2018年开始实施,惠及1700多万纳税户中80%的家庭。2018年为初步阶段,减税受益者的居住税税率将减少30%,法国政府税收将因此减少30亿欧元;2019年税率再减少35%;2020年居住税将完全取消,政府目标减税额达101亿欧元。

其次,巨富税改革。巨富税(ISF)在法国存在30多年且在奥朗德执政时期被强化,在欧债危机时期通过对高收入人群增加税收平衡社会财富,缩小贫富差距。改革将巨富税改为"不动产巨富税"(IFI)。"不动产巨富税"条款将不动产与动产资产纳入不同的征税税基中,规定仅对不动产征税,动产与金融投资财产(股票、证券、人寿保险等)被排除在外,仅对资本利得(股息、分红等)征收30%的固定税的措施。为了降低社会民众对改革的抵触情绪,IFI增加了一些修正条款,包括对拥有长度30米以上豪华游艇的法国居民每年征收3万~20万欧元的奢侈品税,税收收入将用来资助国营海上救难公司(SNSM)。

再次,启动税收"代扣制"。法国政府于2018年4月启动所得税代扣制(prelevement a la source)改革程序,这被视为一项简政措施。从2019年起,雇主发工资时,根据税务机关转交给雇主的每个职工的征税率,直接从工资中扣除职工所需缴纳的税金并上缴国库。克服目前职工领到工资后等待一年再缴纳所得税的情况。这一措施将加重劳工阶层购买力下降的感受。但实际上，这项措施改变的只是税收缴纳的时间，雇员的购买力不会因此下降，然而它产生的心理作用不可低估。

最后，裁剪政府和公共部门冗员。马克龙政府计划于五年任期结束前在公务部门裁减12万个岗位，其中国家公务部门裁减5万个岗位，从2020年起每年应裁减1万个岗位，并要求地方行政单位同步跟进。政府计划增聘一些合同雇员，报酬方式改为按业绩付酬。另外，还预定设立一个公务员"改行转业局"。这些计划都引起了工会的紧张和不满。

四 能源转型改革

能源转型改革是马克龙应对气候变化、推动落实《巴黎协定》的切入点。为了加速法国向新能源转型以及控制空气污染，法国政府决定自2019年1月起，开始对每升柴油和汽油分别征收6.5欧分以及2.9欧分的燃油税。希望通过征收燃油税促使人们购置更清洁的能源与车辆，税收用于为置换高能效新车提供补贴。改革引发民众对购买力下降的不满，民众通过互联网持续发起"黄背心"运动，并形成连锁反应，不满情绪不断蔓延至法国社会、政治领域。面对社会矛盾激化，马克龙最终妥协，取消燃油税，并从2019年起提高最低工资收入者的收入，每月为其补贴100欧元，并降低一些养老金领取者的税收，取消针对加班费和年终奖的税收。[①]

"黄背心"运动显示出法国政府在推进结构性改革过程中面临的巨大阻力，以及政府与民众间在改革目标、改革决心和改革方式等方面存在着巨大"错位"。据统计，"黄背心"运动对法国零售业、旅游业形成冲击最大，巴黎大区零售额下降20%～40%，酒店业营业额下降20%。

---

① 参见2018年12月10日马克龙电视演讲，https：//www.elysee.fr/emmanuel-macron/2018/12/10/adresse-du-president-de-la-republique-du-lundi-10-decembre-2018，最后访问日期：2019年1月19日。

马克龙妥协方案将对法国2019年财政状况带来影响。其承诺上调薪资和增加政府支出的措施意味着100亿欧元的支出，约等于法国GDP的0.4%，加之此前宣布取消燃油税，将导致2019年法国财政赤字从当前的2.8%升至3.4%。弥补财政收入缺口已成为法国政府面临的一大难题，其可能导致法国2019年财政赤字增加，影响欧盟财政纪律的执行，进而重挫法国在欧盟内的威信。

五　2019年拟落实的改革计划

囿于"黄背心"运动的持续，不少改革被迫停止或延期。2019年马克龙政府有望继续推进改革进程，将改革进行到底。一是退休制度改革。改革方案计划在2019年提到议会审议，拟统一目前42个复杂的退休机制。在新的"全民退休制"下，私营企业职工和公务员将按同一水平缴纳退休保险征摊金，并在退休后获得相同的权利。退休改革法案也涵盖自由经营者的征摊机制、"艰苦职业"从业者、妇女为照顾孩子而停止工作的补助金计算机制等内容。二是职场职工保健法。政府计划于2019年夏季以前提出一套新的职场健康法案，修改职工病假补贴方式，解决法国职工的病假补贴开支沉重问题，2010~2017年，病假补贴开支增长多达73亿欧元，增幅为15%。此外，宪法改革、紧急医疗保健系统改革、国铁改革、教育改革均在马克龙经济改革计划中。

与此同时，马克龙于2018年10月推出"企业增长与转型行动计划"（Le plan d'action pour la croissance et la transformation des entreprises, PACTE）[1]，旨在通过简化程序、加强融资、鼓励创新等措施，加快对法国中小企业扶持，提升竞争力。计划将于2019年上半年交参议院通过后执行。

---

[1] 参见法国经财部网站，https://www.economie.gouv.fr/plan-entreprises-pacte，最后访问日期：2019年1月21日。

六 欧元区改革及多边体系改革

马克龙积极推动欧元区法德轴心建设,希望通过"德法双核"重振欧洲。[①] 在上任之初,马克龙将欧元区改革视为优先施政目标,以稳固欧元区经济机制,保证欧元区经济增长并应对各种危机的冲击,改革主要包括设立欧元区财政部长职位、欧元区统一预算、设立欧洲货币基金。但这些主张遭到荷兰、北欧国家反对,德国总理默克尔持保留态度,仅对部分提议表示支持。在2018年12月欧盟峰会期间19国虽然就改革倡议的部分议题达成一致,但具体执行方案、改革前景在当前国际经济环境下依然面临不少考验。

马克龙借多边平台积极争取法国在国际事务中的话语权,提升法国国际形象。一方面,积极推行气候外交,协调各国共同应对气候变化有利于遏制单边主义、促进多边主义,凸显法国国际地位;另一方面,积极参与WTO改革,倡导改革应在保持协调一致的基础上,完善多边体系,呼吁欧美发达经济体同中国、印度以及非洲国家就气候变化、贸易、数字化、青年等议题加强对话。2018年11月11日,法国举行第一次世界大战停战100周年纪念活动,包括美国总统特朗普、俄罗斯总统普京、德国总理默克尔及多边机构领导人在内的70多位元首及政府首脑参加,该主场外交被誉为马克龙外交的一大亮点。

七 结论及展望

从马克龙上任推行经济改革以来,成效显著,法国经济出现了不少亮点。法国统计与经济研究所数据显示,2017年法国经济同比增长2.3%,经济企稳复苏且达到欧债危机后最快增长。2018年第三季度经济同比增长

---

① 参见2017年9月26日马克龙在巴黎索邦大学演讲,https://www.lemonde.fr/europe/article/2017/09/26/les-principales-propositions-d-emmanuel-macron-pour-relancer-le-projet-europeen_5191799_3214.html,最后访问日期:2019年1月21日。

0.3%，2018年全年可增长1.5%。在企业端经济改革效果初现，失业率稳步下跌，截至2018年第三季度失业率下降至9.1%，较马克龙上任初期下降1个百分点。在法国民众较为看重的购买力方面，2018年法国家庭购买力增长1.4%，预计2019年增速达到2%。①

整体而言，马克龙一系列经济改革是以"开源节流"为思路，在短期内削减民众福利以激发经济活力，同时在完善社会福利体系、劳动力市场、税收体系，聚集经济竞争力、提升动力，为法国推进多边治理体系改革、提升国际地位创造条件。但在从"分蛋糕"转向"做蛋糕"时，难免触动部分民众利益。2018年底法国经济转好势头被"黄背心"运动拖累。随着马克龙迫于压力向民众妥协，不少人对其放缓改革步伐表示遗憾，认为法国又走上了"未见成效—民众不满—政府妥协—经济不振"循环的改革老路。马克龙五年任期过半，民意支持率急速下跌。② 缺乏底层政治资本、身边团队缺乏主政经验，成功推行经济改革面临诸多阻力。

虽然面临诸多困难，但马克龙执政地位依然稳固，共和国前进党在国民议会中占据多数席位，且没有其他政治强人对总统地位形成威胁。2019年伊始马克龙积极推动全国大辩论，为今后法国改革和发展创造有利局面，挽回底层民众信心。马克龙能否妥善处理民众不满，利用全国大辩论增信释疑，在短期内为2019年5月欧洲议会选举争取有利局面，保持经济改革连续性，才是法国重拾竞争力、谋求经济持续增长的关键。

---

① 参见法国国家统计与经济研究所网站，https：//www.insee.fr/fr/statistiques/3681952，最后访问日期：2019年1月21日。
② 法国公共舆论研究所（IFOP）民调显示，马克龙支持率仅为27%，离上任初期相差甚远，参见 https：//www.rtl.fr/actu/politique/emmanuel-macron-sa-cote-de-popularite-en-hausse-de-quatre-points-7796282761，最后访问日期：2019年1月21日。

B.8
乍暖还寒下的法国经济

洪 晖*

摘　要： 2018年的法国经济增长相比2017年出现了明显下降，各项宏观经济指标也明显转差。从表面上看是受到一系列国内外短期因素的拖累，但从长期来看其实是法国经济出现了严重的结构性问题，包括资本、劳动力和技术等生产要素都面临着长期性的供给不足，导致微观层面的企业竞争力不断下降。马克龙上台后的锐意改革给法国经济带来了新的希望和令人欣慰的改变，但也面临着包括来自中下层民众的抵触和外部经济环境不确定的风险。改革能否最终取得实质性成果还将取决于改革方案在时机、对象和节奏等方面的设计。

关键词： 法国经济　趋势性变化　结构性改革　不确定性

2018年对于世界经济来说是动荡的一年，从4月美国挑起贸易纠纷开始，各大经济体酝酿报复性反制措施引发全球股市动荡，随后美国经济的扩张带来美联储加息预期，美元对主要经济体货币全面升值，金融投资风险的上升又带来国际金融市场的震荡，投资者对经济前景的悲观情绪开始蔓延，新兴经济体普遍感受到借贷成本提升的压力，包括发达经济体在内的全球经济上升趋势逐渐放缓。

---

* 洪晖，北京外国语大学法语语言文化学院院长助理、讲师，主要研究方向为法国经济、欧洲经济。

作为发达经济体的欧元区主要成员国，法国在2018年经历了内外经济环境同时转差的困境，经济增长也结束了2012年以来逐渐恢复的趋势。2018年是马克龙担任法国总统五年任期的第二年，也是检验他在经济社会领域改革新政初步效果的重要时间节点。从当初雄心勃勃誓言推动经济和社会变革、恢复经济增长，到如今遭遇改革阻力重重、社会各界普遍不满，民意支持率在上任18个月内更是从66%骤降至23%，马克龙成为法国近代以来民意支持率下降最快的总统。[1] 2018年底开始席卷包括巴黎在内多个法国主要城市的"黄背心"运动持续超过4个月仍然不见平息，有人甚至喊出了"总统下台"的口号。法国经济到底出了什么问题？未来将何去何从？马克龙的经济改革能否力挽狂澜，带领法国走出泥潭，继续回到经济增长的轨道？本文首先从短期和中长期角度对法国经济的形势和趋势进行了盘点，从中分析阻碍法国经济增长的根本性和长期性因素，并尝试对未来中长期法国经济的走向做出基本判断。

一 当前法国经济形势概况

2019年1月30日，法国国家统计与经济研究所（INSEE）公布了2018年第四季度国民经济的多项主要运行指标。根据这一初步统计结果[2]，2018年第四季度法国经济增长为0.3%，与第三季度持平，全年平均为1.5%，远低于2017年2.3%的增长水平。这一数字符合法国中央银行、国家统计与经济研究所等公共机构的预测，但明显低于政府在2018年初提出的2%的增长目标，也低于下半年修正后的1.7%。

从拉动经济增长的主要动力来看，称得上全面下挫。其中，受汽车购买量意外下降的影响，家庭在工业制成品方面的支出明显收缩，能源支出更是连续两个季度出现下降，全年家庭消费支出增长明显放缓。第四季度的固定

---

[1] https://www.lejdd.fr/Politique/sondages-lannee-ou-macron-a-vu-sa-popularite-diviser-par-deux-3830372，最后访问日期：2019年4月1日。

[2] https://www.insee.fr/fr/statistiques/3704597#consulter，最后访问日期：2019年2月1日。

资本形成也显示出增长颓势，不仅企业投资增长放缓，家庭投资更是出现连续收缩，导致全年总投资增长率从2017年的4.7%下降到2.9%。相比家庭消费和固定资本投资，2018年法国的对外贸易表现略好，虽然全年出口出现轻微下降，但进口下降更加明显，最终对外贸易对经济增长的贡献率不仅表现为正值（0.6%），而且还显著高于2017年（0.1%）。在产出方面，第四季度包括产品和服务在内的总产出继续上升。受11月以来一系列罢工示威的影响，炼油行业产出大幅下降，环比降幅达到16%以上，最终全年总产出特别是建筑业产出明显低于2017年，制造业和以运输为代表的服务业增长也出现明显放缓。

回首2017年，法国经济保持了连续第5年增长，年增长率达到2.3%，这也是法国受欧债危机拖累后出现经济失速以来取得的最好成绩，基本恢复到了2008年全球金融危机以前的增长水平。失业率也在2015年达到顶峰后开始进入缓慢下降的通道，其他诸如公共财政和对外贸易方面也已开始摆脱金融危机以来的阴影，出现令人欣慰的良好势头。伴随着这些经济数据的利好，锐意进取的马克龙在大选中打败左右翼传统大党候选人，顺利入主爱丽舍宫，似乎为陷入恶性循环的法国经济注入了一针强心剂。马克龙在竞选时也推出了雄心勃勃的经济改革措施，引发人们对法国经济将迎来"黄金十年"的美好预期。[①] 但在短短一年之后，情势却急转直下，经济社会改革引发的罢工示威成为全年司空见惯的社会风景，由燃油税改革引发的"黄背心"运动持续4个月仍不见平息迹象，对法国经济和社会造成了极大影响和冲击，如今包括经济增长在内的各项宏观经济指标又开始出现令人悲观的迹象。为什么一年前还令人信心满满的法国经济会出现如此反常？未来中长期内法国经济的增长动力能否使欧洲的第三大经济体重回良性发展的轨道？如何解读这些问题需要从一个更长远的历史角度进行分析。

---

① http://www.cngold.com.cn/20180122d1702n205430585.html，最后访问日期：2019年2月1日。

二 艰难挣扎中的法国中长期增长

其实，如果跳出当前的国内外经济环境，从经济周期的角度来看，2018年包括法国在内的欧元区国家经济增长只是进入了一个新的周期性下降通道，本身并不意味着法国经济出现了新的大问题。2007年底美国爆发次贷危机后，金融海啸的余波逐渐向欧洲国家扩散。2008年9月以后，法国经济也逐渐感受到危机的威力，此前一路平稳的增长迅速跌入衰退的谷底。时任总统萨科齐在2008年和2010年先后推出高达260亿欧元和350亿欧元的经济刺激计划，然而这些方案仅起到了微弱的拉动作用。但由于法国的银行业和实体经济国际化程度相对较低，加上强大的社会保障体系发挥了经济稳定器作用，在危机最严重的2008~2010年，法国经济的整体抗压性表现依然明显好于其他工业化国家。①

强大的社保体系虽然使法国经济暂时避开了急剧下跌的风险，但反过来又成为经济复苏的沉重包袱。救助机制一方面挽救了法国的金融系统和实体经济，另一方面也使法国公共财政付出了沉重代价。自法国政府采取救助方案后的2009年开始，公共财政状况的恶化不断加剧，公共债务占国内生产总值的比重从60%一路向上飙升，在2012年达到90%后一直居高不下，到2018年底已经接近100%。2011年财政赤字占国内生产总值的比重更是一度高达7.5%，创下了欧元区成立以来的历史新纪录，达到了《马斯特里赫特条约》规定的趋同标准的2倍以上，远高于欧元区平均水平，接近公共财政一直广受诟病的南欧国家。与此同时，法国的经济增长也几乎陷入停滞的状态，国内生产总值在2007~2013年长达6年的时间里只有区区0.6%的增长，这种增长长期停滞的状况在20世纪30年代的大萧条期间都不曾出现过，更不用说在二战以后的法国经济发展历史上了。

---

① http：//www.lefigaro.fr/flash－eco/2010/04/21/97002－20100421FILWWW00343－france－le－fmi－prevoit－15－en－2010.php，最后访问日期：2019年2月20日。

乍暖还寒下的法国经济

2010年欧洲国家爆发主权债务危机后,在德国的强大压力下,欧元区各国全面推行财政紧缩政策,法国等欧元区国家再次出现长达数年的增长下降甚至衰退,公共财政和就业等方面也出现了数十年来最糟糕的局面。从2012年开始,得益于奥朗德出任总统后在经济领域推出包括税收和劳动力市场在内的多项改革措施,同时也受益于欧元区宽松的货币政策和国际贸易环境的改善,法国经济开始进入缓慢的复苏阶段。2012~2016年,法国经济增长从0.3%缓慢提高到1.2%,2017年更是达到了2.3%,基本恢复到欧债危机前的增长水平。2017年国际货币基金组织和经济合作与发展组织相继发布中期报告,认为随着就业人口的持续增长,未来法国的潜在经济增长率将在2018年超过德国。[1]

如果从更长远的视角重新审视法国经济,不难看出,2012年以来的经济短暂复苏其实只不过是长期下行趋势的一个小插曲。早在1949~1974年,法国曾经历了一段经济高速发展的战后"辉煌三十年",经济增长达到年均5.3%的高速度,最高时甚至突破8%,超过了包括德国在内的多数工业化国家。其间,受内政治环境变化和周期因素的影响,也出现过增长下降的年份,但基本保持5%~7%的高速增长。当时的法国经济不仅宏观数据出彩,企业在国家产业政策的支持下也极具竞争力,拥有涵盖国民经济主要领域的均衡产业布局和重点大型企业。随着20世纪70年代两次石油危机的到来以及随后整个欧洲乃至全球经济形势的变化,法国的经济很快显示出后续乏力的疲态,产业竞争力和国际市场份额不断下滑,增长速度也下降了一个台阶,1974~2007年的年均增长只有2.2%。[2] 在全球金融危机严重冲击下的2007~2012年,年均增长甚至接近于零。二战后至今,法国经济增长长期趋势明显呈现出三段连续下跌的阶梯状结构,一方面宏观经济数据持续转差,另一方面经济结构和产业布局也在全球化的加速过程中发生了根本性的重大变化。

---

[1] https://bfmbusiness.bfmtv.com/observatoire/croissance-la-france-devant-l-allemagne-des-2018-selon-le-fmi-1084747.html,最后访问日期:2019年1月20日。

[2] https://www.insee.fr/fr/statistiques/1374377,最后访问日期:2019年1月20日。

三 近40年法国经济的趋势性变化

除经济增长速度出现趋势性下降外,法国经济近40年来的重要变化还体现在经济结构和产业布局方面。20世纪70年代的石油危机不仅对经济增长造成打击,更是迫使法国企业采取了产业转型和调整布局的战略,以适应随着欧洲一体化建设和全球化带来的日益加剧的竞争局面。这其中最具有代表性的趋势性变化包括去工业化和产业转移。

去工业化首先源自经济的第三产业化。随着工业企业出于应对危机和降低成本的考虑,不断将部分业务外包给专门的企业服务公司,加上社会对服务消费的需求不断增加,以制造业为代表的第二产业在就业和国民经济增加值贡献率方面的比重持续下降,取而代之的是包括服务业的第三产业占比不断增加。进入20世纪80年代后,法国经济开始受到从美国和英国兴起的新自由主义和欧洲统一市场开放的影响,密特朗上台后的法国政府从1983年开始逐渐转向了更加彻底的自由主义经济治理方式。20世纪90年代以后不断加速的经济全球化和新兴经济体的崛起使法国的制造业面临不断加剧的竞争,加上产业转移和外包的趋势性发展,开始出现去工业化甚至产业空洞化的局面,而国际竞争力下降和市场份额的流失更是成为法国制造业明显的两大硬伤。

根据法国国家统计与经济研究所的数据[①],1970~2014年,法国制造业增加值增长迅猛,2014年制造业增加值达到2138亿欧元,为1970年的8.6倍。但制造业在整个国民经济中的比重却从1970年的22.3%下降到2014年的11.2%,几乎下降了一半。从就业人口比例来看,1970年法国制造业在全国就业人口的占比为23%,到2014年只剩下10%。相比之下,整个国民经济2014年的增加值达到了1970年的17.2倍。其中,商品性服务在国民经济增加值中所占比重迅速上升,从1970年的31.7%增长到2014年的

---

① https://www.insee.fr/fr/statistiques/2121532,最后访问日期:2019年1月20日。

45.5%。

20世纪90年代以来，随着经济全球化的加剧，越来越多的法国制造企业为了降低生产成本，应对国际市场越来越激烈的竞争，逐渐走上了产业转移的道路，将部分工厂转移到成本较低的新兴经济体国家和地区，尤其是中东欧的原社会主义国家和包括中国在内的亚太地区。如汽车制造业就是其中最有代表性的行业，以标致雪铁龙公司和雷诺公司为例，两大集团1997年在法国本土和海外生产的汽车数量分别为2235万和1237万，到2014年这两个数字分别变成了1180万和3740万，① 如今法国已经从过去的汽车生产大国变成了今天的汽车进口大国。

去工业化和产业转移造成的直接后果就是法国制造业的本土就业机会流失和制造业的国际收支陷入长期赤字。一方面，从1975年开始，法国进入了失业不断加剧的高失业区间，失业率从7.5%一路上升，20世纪90年代后期甚至突破了10%的历史极值，此后不断高企的结构性失业与"辉煌三十年"的就业状况形成了鲜明的对比。尽管男女失业率不断趋近，但不同年龄之间的就业状况出现了明显的差距，15~24岁区间人群的失业率从1975年的6.8%一路飙升到2012年的23.9%，这一人群成为最大的受害群体。长期的失业不仅给经济增长造成了直接和间接的损失，也不断加重法国社会的不平等和贫困现象，造成严重的社会和治安问题。

另一方面，随着国家经济日益国际化和对外开放，法国的对外贸易依存度也从20世纪60年代的15%增加到21世纪初的25%。但随着去工业化和产业转移的加剧，以制造业为主的国际收支逐渐在20世纪80年代后从顺差迅速转变为逆差。此后在20世纪90年代曾经出现过一段时间的国际收支盈余，但随着2007年金融危机的来临，贸易赤字不断扩大，近10年来基本保持在500亿欧元以上的庞大赤字规模。实际上，随着产业转移的加剧，法国制造业的竞争能力也在不断下降，这使法国国内对工业制成品的需求越来

---

① https://bfmbusiness.bfmtv.com/observatoire/croissance-la-france-devant-l-allemagne-des-2018-selon-le-fmi-1084747.html，最后访问日期：2019年1月20日。

依赖来自包括中国在内的新兴国家市场，导致产品进口替代的现象越来越严重，遇到石油价格急剧上涨的年份，贸易赤字更是出现大幅度增加。例如，2004年后法国国际收支赤字不断恶化，除2017年外，赤字最高的2008年和2011~2014年都是国际原油价格达到最高水平的年份。

经济增长长期下降的趋势还造成法国其他重要的宏观经济指标出现恶化。1974年以前，法国的公共财政一直保持盈余或接近平衡，但1975年以来，财政赤字成为一种常态。为了应对石油危机，欧洲国家普遍采取了逆周期政策，政府推出多项经济刺激计划，加上经济衰退带来的财政收入减少，法国在1975年出现了战后的首次财政赤字。随后从1981年到1997年，尽管密特朗任内的左翼政府用很短的时间完成了向经济自由主义的转变，而且强调不再依赖财政援助干预经济，但初级预算余额（扣除债务利息前）长期处于赤字状态，造成国债和应付利息的规模大幅提高。1993年金融危机时，法国的公共财政赤字已经达到了国内生产总值的6.5%。为了满足《马斯特里赫特条约》规定的趋同标准，法国被迫采取财政巩固措施，加上宏观经济环境的改善，初级预算财政赤字虽然暂时停止了继续恶化的趋势，但由于公共债务水平居高不下，整体财政赤字占比在1998~2001年始终保持在1.5%以上。2002~2008年，这一数字更是在2%~4%的高位徘徊。随着全球金融危机的到来，对各种财政刺激手段的投入又使财政赤字占比在2009~2010年一举突破7%的历史高位。而公共债务占比则从2008年的64.2%上升到90%以上，不仅成为带头破坏《马斯特里赫特条约》趋同标准的"坏学生"，而且使公共财政长时间处在"亚健康"状态。

四 制约法国经济长期增长的结构性因素

从以上长期视角来看，法国经济不仅伤痕累累，而且早已陷入一个恶性循环：增长不断减速一方面造成严重失业，另一方面又使财政收入难以提高。没有财政收入的增加，政府的财政政策和产业政策就会捉襟见肘，维系社保福利制度运行的资金也面临越来越大的困境。同时企业也会因为利润下降减少研发投入比例,家庭收入的减少也会造成消费的下降。这一切反过来又会造成新一轮经济增长缺乏动力,使经济增长再次陷入下一个下降通道。

其实要想看清阻碍法国经济增长存在的问题并不难,历届政府也在想方设法从劳动力市场、税收政策、产业政策等主要方面推出结构性改革。然而从实施效果来看迄今都是收效甚微。从经济增长的要素来看,除了技术进步的边界效应外,影响经济长期增长的要素有以下三个:资本、劳动和技术。

首先,从资本要素来看,法国经济投资不足的问题由来已久,投资不足造成企业竞争力下降并最终导致增长下降的情况至少已经存在了20多年。这一点首先表现在生产性投资水平低下,法国企业的投资率在欧洲主要竞争国家中并不算低,但生产性投资不足,尤其是在创新和生产自动化方面的投资不足[1],只占到国内生产总值的8%~11%,相比之下,经济合作与发展组织国家普遍保持在15%以上。其次,法国企业的资本回报率也普遍偏低,2013年仅为13%,同期欧元区国家的平均水平为22%,德国更是高达54%。在研发投入方面,法国也处在一个偏低的水平。根据2016年世界银行统计,法国在研发投入占国内生产总值的比例为2.25%,不仅低于欧洲"2020战略"制定的3%的目标,也远低于德国的2.94%[2]。因此,当法国政府在2016年宣布要砍掉2.56亿欧元的科研和高等教育预算时,包括多位诺贝尔奖得主在内的科研人员在网上联名发表公开信谴责这一做法,并称之为"科研和产业自杀"。

企业资本的积累主要来自利润。随着全球化的加剧,法国企业在高端市场和中低端市场同时面临来自传统工业国和新兴市场国家的竞争,但公共开支的过度增长以及劳动力成本居高不下,企业竞争力不断下降,导致企业利润不断萎缩。而企业利润的不断下降,又使企业无法拿出必要的资金用于研发和投资,反过来又拖累了企业竞争力和出口能力的提升,法国经济由此陷

---

[1] Observatoire du financement des entreprises, *Rapport sur la situation économique et financière des PME*, janvier, 2014.

[2] https://donnees.banquemondiale.org/indicateur/GB.XPD.RSDV.GD.ZS?end=2016&locations=FR&name_desc=false&start=1996,最后访问日期:2019年2月1日。

入恶性循环。

从劳动要素来看,二战结束以来,法国的就业人口一直处在长期增长的通道,1975~2017年从2297万增加到2967万,15~64岁人群的劳动参与率从68.1%增加到71.5%,① 因此法国并不存在德国和北欧等国出现的劳动力缺口问题。但从衡量劳动供给的另一个因素劳动时间来看,法国却是欧洲国家和经济合作与发展组织中年劳动工时最短的国家之一。② 不仅如此,僵化的劳动力市场、高昂的企业用工成本、过早的退休年龄,还有频繁的罢工,这些都是导致企业生产和社会保障体系运行成本居高不下的主要原因。加上公共财政用于高等教育和研发投入的下降,法国优质技术人才不断外流,最终导致的结果就是法国企业尤其是大型企业的国际竞争力不断下降。近年来财富500强的排行榜上法国企业不仅总数不断减少,而且少有新企业入围上榜,这从侧面说明了法国企业竞争力下降的事实。

导致劳动力成本居高不下的一个重要原因是强制性税费过高。根据欧盟统计局报告③,2016年法国强制性税费占国内生产总值比例为47.6%,在欧盟成员国中排名第一,不仅超过北欧高福利国家丹麦(47.3%)和瑞典(44.6%),更是远超主要竞争对手德国(40.4%)和欧元区平均水平(41.3%)。从税费构成来看,法国税费居高不下的原因在于社保费用占比过高(18.8%,欧盟平均水平为13.3%)。这也是近年来历届政府都将社保缴费制度改革作为经济改革重点的原因。

高税负的另一个表现是过高的个人所得税。早在奥朗德执政期间,为了减轻财政负担,政府提出对年收入超过100万欧元的富人征收边际税率高达75%的"巨富税",被称为史上最严苛的增税措施。但"巨富税"最终却对企业和国家财富造成了巨大的"财富杀伤力":据统计,法国每年有700~

---

① https://www.insee.fr/fr/statistiques/3595043?sommaire=3541412,最后访问日期:2019年2月1日。
② https://data.oecd.org/fr/emp/heures-travaillees.htm,最后访问日期:2019年4月10日。
③ http://ec.europa.eu/eurostat/documents/2995521/8516002/2-07122017-BP-FR.pdf/fe2436ff-4891-46bc-86d4-ba5908cef012,最后访问日期:2019年2月1日。

800户巨富家庭搬到其他国家居住，逃离资本高达几十亿欧元。2016年法国有3990名申报收入10万欧元以上的纳税户移居国外，为避税而"流亡"国外的法国富户数目仍维持高水平。法国10年来流失了将近5000名应纳"巨富税"的纳税户，由于这些富豪移居国外，国库每年额外损失2000万欧元。① 实际上，对于真正的巨富而言，他们可以使用各种合法避税方式逃避缴纳"巨富税"。因此，有人称这一税种其实是增加了百万富翁的税负而让亿万富翁逃离法国。根据法国参议院一项调查，由于征收"巨富税"，资本无法进入消费与企业领域，带来的增值税等其他税务损失比收来的"巨富税"本身还要多。② 申报、计算等方面的复杂因素导致纳税人与税务当局纠纷不断，也极大地影响了财富阶层在法国投资的意愿。

五 法国经济改革前景展望

2017年5月，法国政坛新秀马克龙在担任前任总统奥朗德内阁的经济部部长一年后辞职，继而创立共和国前进党并竞选总统成功。马克龙借助法国人普遍求变的心理，高举"革新"和"进步"的旗帜，试图打造"融合理想和现实的法式社会主义"，实现"法国的伟大复兴"。从他竞选过程中推出的执政纲领和入主爱丽舍宫后推出的一系列改革方案来看，马克龙称得上法国历史上推出改革方案最多的总统，改革内容涵盖税收、就业、教育、劳动法等各个领域，密度甚至超过了1958年时的戴高乐总统。

马克龙改革的方向可称为"社会自由主义"道路，主要分为三个方面：税收改革、结构性改革和国家治理改革。在税收方面，政府推出的改革措施包括：用提高普摊税（CSG）的办法补偿降低社保捐金，降低企业所得税和资本利得税等。结构性改革更是全方位展开，从取消铁路行业补贴到劳动法

---

① 参见《欧洲时报》，http://www.oushinet.com/europe/france/20190206/313061.html，最后访问日期：2019年2月11日。
② http://opinion.huanqiu.com/hqpl/2018-12/13781779.html? agt=15438，最后访问日期：2019年2月1日。

改革，如强化企业内部劳资协商，简化解雇程序，甚至包括贫困社区学校分班，重新设计职业教育培训等细微的方面，改革方案可谓林林总总，不一而足。

从改革一年后的评价来看，很多方面虽然开启了改革，但都处于半拉子工程的状态，而且许多重要领域也没有被触及。① 更严重的是，由于改革时机、改革节奏和改革目标人群的选择错误，马克龙的改革不仅未能取得预期的效果，反而加深了社会各阶层对政府的不满和矛盾。以本次引发"黄背心"运动的调整燃油税为例，虽然最初的燃油税调整方案只增加了区区0.065欧元，但由于劳动法改革和社保制度改革触及了底层民众的福利，加上2018年经济基本面转差，燃油税上涨于是顺理成章成为引发以郊区农民为代表的中下层法国人上街抗议的最佳理由。虽然燃油税改革的初衷是改善环境，可以为政府带来税收增加和开发可再生能源等一系列好处，但这种用短期的方法解决长期结构性问题的做法无疑是抓错了药方。

其实，从马克龙执政近两年来的改革内容来看，很多改革还是抓住了法国经济和社会问题中的短板，针对性很强，如方便雇佣和解雇的就业法，降低财产税、资本利得税和工资税等旨在提升法国企业竞争力的供给侧结构性改革。这也说明马克龙对法国经济中存在的结构性问题有着深刻的认识和远大抱负，长远来看如果继续推行下去完全可以起到促进经济增长的作用。2019年4月9日，经济合作与发展组织在提交给法国经济部部长勒梅尔的一份报告中也对马克龙执政以来推行的改革做出了肯定，② 认为马克龙前两年的改革很可能"在十年内将人均国内生产总值提高3.2%，使中低收入家庭成为主要受益者"。

尽管2018年的数据低于政府和国际货币基金组织的预测，但在过去10

---

① https://www.lesechos.fr/politique-societe/emmanuel-macron-president/bilan-macron-en-un-an-beaucoup-de-reformes-peu-de-revolutions-131923，最后访问日期：2019年2月1日。

② http://www.leparisien.fr/economie/l-ocde-encourage-macron-a-poursuivre-les-reformes-09-04-2019-8049501.php，最后访问日期：2019年4月15日。

年中法国经济的平均增长率也只有0.8%，可以说法国的经济增长还是表现出了一定的稳定性。特别是第四季度，法兰西银行和统计与经济研究所都基于"黄背心"运动的反复给出了0.2%的增长数据，但最终的结果还是达到了高于预期的0.3%。法国经济部部长勒梅尔就在社交网络上表达了乐观的态度[1]，在他看来，尽管存在国际环境恶化和"黄背心"运动带来的影响，但政府实施的一系列增加购买力的措施将在2019年持续生效，拉动法国民众的消费能力，从而促进经济增长。在就业方面，法国的失业率虽然高于欧元区国家平均水平，在经济合作与发展组织国家中是排在倒数的位置，但在2015年上半年达到10.5%的历史高点后就进入下降通道[2]，至今已经保持了三年多，2018年第四季度环比又降低了0.3个百分点，达到8.5%。另外，同期15~64岁人群的就业率上升了0.2个百分点，达到66.1%，为1980年以来的历史最高点。其中15~24岁年轻人的就业率增长了0.9个百分点。

另外，根据法国经济形势观察所（OFCE）2018年的一份经济预测[3]，从2012年以来，法国经济的产出缺口一直在不断缩小，预计将在2019年底达到潜在产出的水平。2018年和2019年，法国企业投资将会保持强劲，外贸也将会持续拉动经济增长。受益于增长，就业创造也将会持续发力，法国本土的失业率在2018年降到8.4%，2019年将降到7.9%。欧洲中央银行和经济合作与发展组织预测，2019年法国经济增长率为1.3%，将高于欧元区1%的增长目标。

当然，法国经济增长至少在短期内依然面临许多困难，其中包括外部环境的因素，如世界经济增长进入周期性萎缩将带来整个经济环境转差的风险。从这个角度来看，其实欧元区国家增长放缓对于法国经济而言并不是什

---

[1] https://fr.reuters.com/article/topNews/idFRKCN1PO0NS-OFRTP，最后访问日期：2019年2月1日。
[2] https://www.insee.fr/fr/statistiques/3713743，最后访问日期：2019年2月1日。
[3] https://www.ofce.sciences-po.fr/pdf/documents/prev/prev0418/13-155OFCE.pdf，最后访问日期：2019年1月15日。

么好事，因为法国49%的出口市场是欧元区国家，如果这些国家的经济增长放缓，不但法国的出口受阻，企业面临的竞争环境也会更加激烈。近年来中东地区局势愈加复杂，地缘政治冲突的风险也将造成油价波动加大，会造成法国进口成本上升，经济增速放缓。此外，充满不确定性的英国脱欧、欧洲选举也在一定程度上影响法国的政局和经济。

从内部因素来看，未来数年法国的经济改革也同样存在许多不确定因素，其中最大的不确定性就是法国民众对于改革的信心。经济改革特别是劳动力市场改革在法国由来已久，但法国人面对改革的态度往往是抵触，动辄上街抗议示威已经成为法国社会一道日常风景，马克龙在接受《福布斯》杂志采访时一针见血地指出，"三四十年来，法国人对变化的典型反应就是宣布抵制变化"。① 此起彼伏的罢工潮不仅影响了法国人的日常生活，更对企业的经营甚至对国家经济造成了严重影响。统计表明，受2018年劳动法改革以来的罢工潮，尤其是11月兴起的"黄背心"运动的打击，法国家庭年平均消费支出从2017年的1.1%跌落到0.8%，下降了0.3个百分点。经济部部长勒梅尔更是指出，"黄背心"运动已经对法国经济造成了"严重和持续"的影响。②

另一个充满不确定的国内因素就是法国持续恶化的公共财政。2018年4月底法国在向欧盟提交的财政稳定报告中曾经承诺要将预算赤字保持在2.3%的水平，由于这是在经济增长率为2%的基础上得出的数字，一旦增长达不到预期的水平，2018年的赤字自然也就要随之调高，加上面对来势汹汹的"黄背心"运动后政府被迫在税收方面做出的让步，预算目标自然水涨船高。根据年底议会通过的2019年预算法案，这一数字将会达到2.7%，2019年将达到3.2%③，重新回到《马斯特里赫特条约》规定的财

---

① https://www.forbes.com/sites/randalllane/2018/05/01/france-macron/#7932a9ff23cc，最后访问日期：2019年1月15日。
② https://www.capital.fr/economie-politique/gilets-jaunes-un-impact-severe-et-continu-sur-leconomie-selon-le-maire-1318239，最后访问日期：2019年3月15日。
③ https://www.lepoint.fr/politique/gilets-jaunes-macron-devant-la-nation-une-journee-cruciale-pour-l-executif-10-12-2018-2278098_20.php，最后访问日期：2018年12月11日。

政纪律指标。因此，经济合作与发展组织在 2019 年 4 月向法国政府提交的报告在肯定法国经济改革的同时也指出，法国的公共财政状况尚未得到扭转。①

综上所述，从目前的国内外形势判断，马克龙领导的新政府选择了一条锐意改革的道路，从长远看，如果坚持改革，不断修正方向，完全可以达到提振经济增长的作用。从过去两年的改革成果来看，政府的相关承诺，如取消燃油税、加班费免税、降低部分普遍社会捐金、上涨最低工资等，也在一定程度上刺激了经济增长。但之前的改革不彻底，给今后的改革带来了更多的不确定性。而且当经济形势好转时，人们乐于接受改革，但在经济增长出现波动的困难时期，改革的推进就会遇到来自各方的阻力。近年来的法国经济改革因为左右倾向的政府更迭，导致政策摇摆不定，未能实现实质性的变革。作为没有传统党派背景的新生代政治领袖，马克龙完全有理由在未来新的经济社会改革中取得比前任更好的成绩，这其中的关键就在于把握好改革的时机和节奏。

---

① http://www.leparisien.fr/economie/l-ocde-encourage-macron-a-poursuivre-les-reformes-09-04-2019-8049501.php，最后访问日期：2019 年 4 月 15 日。

B.9
法国海外省、海外领地"5.0版海外路线图"分析

赵永升*

摘　要： 本文分析了法国政府针对海外省、海外领地出台的"5.0版海外路线图"战略。法国海外部依据联合国发展议程设定了五个发展小目标——"零碳排放""零垃圾""零农业污染""零社会排斥""零脆弱度",以及一个大目标——可持续发展。由于海外疆土面积有限、人口不多,加之定位准确、资金到位,只要各项举措切实得以实施,海外部的这些目标是可以实现的。

关键词： 法国海外省/海外领地　可持续发展　"零碳排放" "零垃圾" "零农业污染" "零社会排斥" "零脆弱度"

法国迄今仍然拥有五个海外省——瓜德鲁普（La Guadeloupe）、马提尼克（La Martinique）、法属圭亚那（La Guyane）、留尼旺（La Réunion）和马约特岛（Mayotte）[①],以及四个海外领地——法属波利尼西亚（Polynésie française）、新喀里多尼亚（Nouvelle Calédonie）、瓦利斯群岛和富图纳群岛（Wallis et Futuna）、法属南半球和南极领地（La Terre Adélie, les Iles

---

* 赵永升,对外经济贸易大学经济学（金融专业）教授,法国经济研究中心主任,法国全法中国法律与经济协会副会长。
① 2011年3月31日,马约特岛正式成为法国的第五个海外省,即法国的第101个省。

法国海外省、海外领地"5.0版海外路线图"分析

Australes），外加一个领地行政区——圣皮埃尔岛和密克隆岛（Saint-Pierre et Miquelon）。这样，法国共有10个海外省和海外领地。

若要探究法国本土与海外省、海外领地之间的关系，尤其是其经济关系，笔者认为极有必要对由法国海外部于2019年4月8日颁布的"5.0版①海外②路线图"加以分析。海外部部长阿妮柯·吉拉尔丁（Annick Girardin）将此次宣布路线图正式启动的仪式特意安排在埃菲尔铁塔的二层，足以表明法国政府对海外省、海外领地未来战略的高度重视。

实际上，"5.0版海外路线图"将2018年6月宣布的《海外疆土蓝皮书》公共政策付诸实施。用法国海外部的原话说，该战略旨在"确定明日海外疆土构建的新方式，同时邀请决策者、当选者、企业家与公民一道构思海外疆土的可持续未来"。③

一　五个小目标与一个大目标

法国"5.0版海外路线图"的具体目标是五个"零"。一是"零碳排放"：海外疆土实现"低碳排放"；二是"零垃圾"：社会实现节约和环保；三是"零农业污染"：使民众免遭化学物质污染；四是"零社会排斥"：社会实现包容，反对任何形式的排斥行为；五是"零脆弱度"：使社会足以抵御气候变化和自然灾害。

法国海外部所谓的"零碳排放"，指的是促使海外疆土减少温室效应的碳排放，进而减缓气候变化的速度。法国政府已制定的多年能源计划将改变能源的综合结构，更多地引进可再生能源，进而减少海外疆土对化石能源的依赖度。④

为此，陆路交通的观念革新要先行。在进一步发展现有公共交通的基础上、

---

① "5.0"原文指的是"五个目标"，但为了突出其"版本"之新，并沿用译界传统的译法，笔者采用"5.0版海外路线图"的译法。
② "海外"及下文的"疆土""海外疆土"是笔者对法国海外省与海外领地合称的简称。
③ 源自法国海外部，2019年4月。
④ 源自法国海外部，2019年4月。

在大力发展可再生能源的同时,一方面电动汽车的推广将有助于减少碳排放,另一方面已经扎根于法国人头脑中的"汽车文化",应该逐步让位于"环保交通文化",① 如共享汽车、拼车、电动摩托车以及电动自行车和步行等出行方式。

而"零垃圾"实际上与我们常说的"循环经济"(资源循环型经济)相关,垃圾的生产和再利用都有赖于循环经济。除了传统上从源头减少垃圾的做法之外,海外疆土将率先推广"厂家加责制",即在原有责任基础上加大责任的范围及违规时的处罚力度。鉴于各个海外疆土的面积极为有限,减少待处理垃圾的数量、再利用有价值的资源就显得尤为重要。"厂家加责制"一开始是针对法国全境提出的,但实际上将先在法国的海外省及海外领地试行;主要是因为与法国本土相比海外疆土的面积小,更加合适被当作"厂家加责制"的试验场。

另外,水资源的可持续管理究其根本是与水资源浪费行为做斗争的一种形式。"海外省、海外领地水计划"的宗旨,是朝着利于民众的方向将水资源服务加以优化,如杜绝漏水现象。与水资源浪费现象做斗争还应该聚焦于能源的消耗问题上,尤其在房屋及交通领域。通过领土整治与城市化,海外疆土将倡导"人居密集方案",限制都市的"摊大饼"现象,进而做到经济用地。所以在笔者看来,法国海外部提出的"零垃圾"目标的根本出发点实质上是要重新构思法国海外疆土的经济发展模式。

至于"零农业污染",指的是对小面积的海外疆土而言,化学污染物与有毒物质一旦堆积,由于其过度集中会危及居民健康和生态环境,所以若要生产出高质量的农产品,并且降低对居民健康的损害,法国海外省提倡海外疆土的农业耕种要尽可能少地使用杀虫剂和人工合成的化肥等。另外,用其他方案替代现有单一追求产出效率的农业生产模式,将有利于给当地创造更多的就业机会。这种"粗放型农业"② 模式的流通路径距离更短,能降低对某些粮食饲料的进口依赖度。当然与交通相关的其他方案也能降低居民遭受

---

① "汽车文化"为法国海外部使用的词语,"环保交通文化"一词为笔者所用。
② "粗放型农业"为法国海外部使用的词语。该词语的内含与外延既有其优也有其劣,笔者认为海外部在此只取其优之意。

化学污染物的风险，如逐步取消热力发动机，多采用电动汽车、公共交通以及新型的出行方式将有助于保证空气质量。

要实现"零社会排斥"目标，法国海外部认为最亟须解决的是社会最脆弱群体所面临的问题，尤其是贫困潦倒家庭的住房难题。而住房问题需要兼顾通过都市政策和城市革新达到整个社会的融合。为了避免未来出现新的贫民窟，海外疆土新的整治措施将力求在社会住房与商品房之间寻求最佳平衡点。若要解决如圭亚那①各地区差异导致的地理上的隔离问题，确保对这些地区居民住宅的水电供应与交通通达是关键。

要说社会排斥，尤其在海外疆土，其实年轻人无疑是首当其冲的受害者。因此除了住房问题，要实现"零社会排斥"目标，先要确保年轻人在适龄时即能接受高质量的教育，同时针对成年人开展职业培训，就业率的提高将有助于社会的融合。而循环经济与更持续型农业，都能为受教育程度较低的人口提供更多的就业机会。当然，生态转型、电动出行以及住房政策，也将创造新的就业机会。至于老年人，随着老龄化步伐的加速，海外疆土尤其是安的烈斯群岛，在住房与服务上都需要适应老龄人口的特定需求。②

最后是"零脆弱度"目标，指的是法国的海外疆土如何降低其"脆弱性"，即能够有效地应对气候变化和自然灾害。在灾害来临时危机管理的有效性受限的大陆架和海湾地区，尤其要考虑龙卷风和地震的风险。气候变化应被更好地纳入海岸整治政策之中，而对人类活动与住宅的定位工作也需重新加以审视，将已城市化疆土内海平面升高的变量纳入考量之中。③

尤其要统计这些疆土内私有或公有财产的投保率。应对气候变化的同时还有赖于对生态的保护，特别是能起到天然屏障作用的生态。如红树林和暗礁就能起到减弱海啸威力的效用。气候变化与贸易全球化导致新疾病的出现，这要求卫生、环保、科研部门一道做出应对。马尾藻在浅滩快速繁殖形成的绿潮，使相应的海外疆土抵抗能力降低，对居民健康造成危害，同时波

---

① 若无特殊说明，本文中的"圭亚那"均指的是"法属圭亚那"。
② 源自法国海外部，2019年4月。
③ 源自法国海外部，2019年4月。

及旅游业。而旅游业通常是海外疆土经济发展的重要支柱之一。

倘若说上述的五个目标都是小目标的话，那么"可持续发展"则是"5.0版海外路线图"的一个大目标了。更宏观地来看，法国海外部是根据《联合国2030年可持续发展议程》中的17个可持续发展目标——涵盖生物多样性、能源、水、贫困、性别平等和经济繁荣等主题——设定法国海外疆土的五个具体目标的。

而具体到法国海外疆土，最为严峻的问题无疑是气候变化所带来的挑战。无论是海外省还是海外领地的地理位置都处在热带区域，因此易于遭受气候变化的影响。当然，其岛屿特性、面积窄小、自然资源丰富、生物多样性强、海洋空间大，则是这些海外疆土所具备的法国本土所不具备的特殊条件。

二 资金支持

法国"5.0版海外路线图"的目标是好的，那么资金是否有保障？法国为此设立了一个专项投资基金，用于支持海外疆土地方政府与社团的项目建设。依据2019年金融法律规定，该基金将达到1亿欧元的投资能力，用于实施"5.0版海外路线图"。

海外部将海外疆土近七成项目的资金安排如下：一是针对"零碳排放"计划，在圭亚那的卡莫皮市镇安排了资金150万欧元，用于为300户家庭安装光伏板；在新喀里多尼亚的忠诚岛省安排了16.5万欧元，用于支持光伏板的扩装项目。二是针对"零垃圾"计划，在瓦利斯群岛和富图纳群岛安排了60万欧元资金，用于支持有机垃圾的再利用；以及在圣皮埃尔岛和密克隆岛安排了76万欧元资金，用于支持密克隆-朗拉德市镇的垃圾站点整治。三是针对"零社会排斥"计划，在留尼旺岛的圣丹尼市安排200万欧元，支持创业发展综合项目；以及在马约特岛安排70万欧元，用于为瓦阿加尼市的年轻人与文化之家的建设提供资金支持。四是针对"零脆弱度"计划，在瓜德鲁普的戈亚伏安排100万欧元，用于支持干木学校集团的防震设施；以及在马提尼克的圣玛丽市安排近100万欧元，用于泥石流处理和路易·克雷斯体育场的建设。①

总之，针对上述项目，法国海外部将每年安排1.1亿欧元的资金，旨在实施"5.0版海外路线图"战略。目标是到2020年，全部项目都须贴上"5.0标签"。如果说上述资金是法国政府直接拨款给海外疆土中大型项目的话，那么政府给企业投资提供补贴和给协会提供补助，则是另类的资金支持形式了。

从2019年起，海外部将针对旨在达到"5.0版海外路线图"目标的海外企业投资项目进行政府补贴，金额高限为20万欧元。同时，由旨在至少达到"5.0版海外路线图"一个目标的革新型中小企业承担的项目，尤其是研发成果转化（工业化）项目，法国政府将提供3万～10万欧元的资助。2019年，此类资助总额将达600万欧元。

另外一个资金支持的方式，是对"零社会排斥"的协会给予资助。海外疆土的各类协会与法国本土的相比较弱一些，但其重要性却丝毫不亚于本土的。从2017年开始，法国海外部就已经将对海外协会的资金支持金额从43.5万欧元提高到第一个五年计划的265万欧元；自2020年起，将进一步提高到300万欧元②。

除了政府直接拨款、补贴企业和补助协会，"小微金融"是海外部采用的另一个资金支持形式。海外部大力支持小微金融机构的发展。海外部的这个举措与法国政府出台的政策一脉相承：便于金融准入，取消对小微企业贷款申请者的年龄限制，旨在为所有在传统信贷体系下未能获得贷款的企业提供小微信贷；在未来的数年内，逐步提高社会融合基金的金额——五年内小微信贷总额将从现在的14亿欧元达到20亿欧元。由于小微信贷针对那些未能直接获得银行贷款者，所以其主要的网络均将设在银行体系之外。经济率先权协会与法兰西主动协会是该小微信贷的中央发放

---

① 数据均源自法国海外部，2019年4月。
② 数据均源自法国海外部，2019年4月。

机构。

得益于与经济补助改革相关的税收支出的变动,海外部正着手办理给经济率先权协会180万欧元和法兰西主动协会15万欧元的拨款签约事宜。经济率先权协会将启动对900个新项目的负责人进行培训,将每年接受资金的项目数量从7300个增加到12250个,同时将小微信贷金融提高三成,从6300万欧元增至8200万欧元。法兰西主动协会则希望中央政府的资金支持惠及迄今尚未覆盖的地区:马约特岛、瓜德鲁普和圭亚那。

三 是否可行?

海外省和海外领地在地理位置上远离法国本土,散落在三大洋之中,与法国本土相比存有较高的异质度,因而这次吉拉尔丁部长锐意革新,根据联合国《2030年可持续发展议程》中的17个可持续发展目标,设定了针对海外疆土的五个目标:"零碳排放""零垃圾""零农业污染""零社会排斥"和"零脆弱度"。

倘若将"零"务实地理解成"低"或"极低"之意,那么这五个目标是否可以实现呢?针对"零碳排放"目标,海外部制订了多年能源计划,将多种出行方式加以结合,提倡利用可再生资源。由于海外疆土面积和人口都极为有限,所以在法国本土效果一般的方案,到了海外疆土就非同一般了。"零垃圾"目标倡导循环经济,尤其推广厂家"加责制",并优化水资源。"零农业污染"目标则注重生态农业,不单一追求产出效率的农业生产模式,仅这一点就着实难能可贵。海外部在海外疆土提倡"粗放型农业",也是政府、部委不多见的做法。

至于"零社会排斥"目标,海外部优先考虑贫困潦倒家庭的住房难题,在圭亚那通过解决居民水电与交通问题打破地理上的隔离;确保年轻人在适龄时能接受高质量的教育、对成年人的职业培训、对老年人特定需求的适应性服务,才能使海外部的这个目标得以实现。"零脆弱度"将海平面水位升高这一变量纳入考量范畴,统计疆土内私有或公有财产的投保率,借助能起到天然屏障的生态,目标在于提高海外疆土对气候变化和自然灾害的应对能力。这一切都是务实的政策举措。

海外疆土面积有限、人口不多,加之定位准确、资金到位,只要各项举措切实得以实施,海外部的这些目标是可以实现的。

参考文献

付琴雯:《二战后法国海外领土的法律治理——以法属波利尼西亚和新喀里多尼亚为例》,《边界与海洋研究》2018 年第 3 (01) 期,第 106~122 页。

Hirwa Amatus:《治理,金融发展与经济增长:来自非洲的证据》,厦门大学,2013。

张惠:《中国对非洲直接投资的决定因素研究》,暨南大学,2012。

姜英梅:《中东金融体系的国际政治经济学研究》,中共中央党校,2011。

王涛、杨广生:《金融危机背景下非洲经济发展现状及展望》,《国际经济分析与展望 (2009~2010)》,中国国际经济交流中心,2010,第 46 页。

米兰达:《非洲货币联盟的发展》,广西大学,2006。

沈通:《法国海外省和领地试制银币》,《江苏钱币》2006 年第 1 期,第 56~58 页。

杨宝荣:《HIPC 减债援助在非洲实施状况分析》,中国社会科学院研究生院,2003。

王健华、蔡东宏:《非洲金融共同体制定橡胶复兴计划》,《世界热带农业信息》1996 年第 4 期,第 7~8 页。

芦千文、周婕:《太平洋"海外领地"的现状及发展趋势》,《国际关系学院学报》2012 年第 5 期,第 59~64 页。

外交篇
Diplomacy

B.10
马克龙总统欧洲政策的转变

丁一凡[*]

摘　要： 2018年是法国总统马克龙落实自己对推进欧洲一体化承诺的关键年。从新年后的第一次讲话开始，马克龙就强调推进欧洲一体化的重要性。随后，他还建议欧盟国家搞了一次大型的"民主征求意见活动"，实际上大大地宣传了欧盟的好处。趁美国总统特朗普到欧洲参加纪念第一次世界大战结束的活动之机，马克龙与特朗普又围绕北约与欧洲防务共同体建设问题进行了磋商，甚至还发生了争吵。此后，法国与德国努力发挥了"轴心"的作用，推动欧洲军事一体化起步。

然而，此后法国爆发的"黄背心"运动及法国与意大利的争吵，显示出欧盟内部对推动欧洲一体化的不同看法，反

---

[*] 丁一凡，北京外国语大学亿阳讲席教授，中国欧洲学会常务理事，中国欧洲学会法国研究分会副会长。

映出欧洲内部"精英政治"与"平民政治"之间的博弈。2019年是欧洲议会大选年,欧洲各国的民粹主义政治家在民调中的声望在上升,让此次选举成为未来欧洲一体化发展的风向标。

欧洲一体化是个"有福能同享""有难却未必能同当"的机制。当欧洲经济发展遇到巨大的瓶颈时,推动欧洲一体化建设就显得难上加难。马克龙想从推动宏大的欧洲一体化计划入手,最后却只能满足于推动该过程的小步前进了。

关键词: 欧洲一体化　法国总统　法德轴心

法国总统马克龙从2017年上台伊始就表示要进一步推动欧洲一体化快速发展。他当选后的庆祝活动用的是欧盟的盟歌、贝多芬的《欢乐颂》作背景,而不是用传统的法国国歌《马赛曲》;上台后他马上去柏林见德国总理默克尔,商讨重振"法德轴心"的事宜。2018年,马克龙在欧洲一体化问题上又有几次重要的表现。马克龙在2018年首个新年致辞中称,他将推动更大程度的欧洲融合,他表示要组织公开协商让欧洲公民表达自己对欧洲的要求,同时也让领导人设计一个"伟大的项目",协助重建强大的欧洲。同年5月,马克龙在德国西部城市亚琛接受国际查理曼奖,该奖表彰他在促进欧洲一体化方面的努力。马克龙在发表获奖感言时说:"欧洲必须建立自己统一的主权,不应该受到世界其他权力的决定和影响。"他还鼓励欧洲民众坚持欧洲共同的价值观和文化认同,警告欧洲不能自我分裂。马克龙呼吁欧盟加快改革,呼吁欧盟成员国增加对欧盟的预算贡献。同年11月,马克龙在德国联邦议院发表讲话,呼吁欧盟成员国让渡部分主权,加强欧盟在对外政策、移民和发展等政策上的决策权,加强欧盟在这些方面的一体化。他呼吁欧洲在防务和安全上承担更多的责任,包括建立欧洲军队,以防欧洲成为其他大国的棋子、沦为世界政治舞台上的次要角色。

马克龙推动欧洲一体化的努力虽然很大，但也遇到了一些障碍。法国的"黄背心"运动破坏力很大，让马克龙政府不得不把大量注意力放到稳定国内民众情绪上。法国虽然与德国共同发起了欧洲一体化的运动，而且马克龙与默克尔再度显示出"法德轴心"要重塑欧洲一体化的意愿，但默克尔已经决定要退出政坛，德国很快将进入一段政治过渡期。"法德轴心"能否再度引领欧洲一体化还要看德国政府未来的发展。而且，后加入欧盟的一些国家似乎对"法德轴心"也有些担忧，担心"法德共管"会代替其他欧盟国家。另外，2018年，法国与意大利口角不断，最后发展到召回大使的份上。这两个欧盟最核心的国家都出现了如此的龃龉，可见推动欧洲一体化并不是那么容易的事。

无论如何，从马克龙发起欧盟的"公民大磋商"到《亚琛条约》新版本出台，欧洲一体化在法国总统执政的第一年内有了一些进展。与前些年欧洲一体化基本停滞相比，应该说这已经是非常大的进步了。

一 重聚民心：欧盟各国的民主磋商获得了民众支持

马克龙执政不久就推动欧盟搞一次全民咨询。一方面是加强宣传，让欧盟成员国的民众知道欧盟是干什么的；另一方面也是征求意见，让民众通过各种渠道表达他们对欧盟的诉求。2018年2月23日，在欧盟理事会上成员国的国家元首与政府首脑讨论了马克龙的倡议，最终同意各成员国用自己的方法发动民众，搞一次大型的咨询。

各国以不同的形式组织了这次民众的大型咨询：有的在市政厅内举行政治领导人与公民的对话；有的举行研讨会、大型群众集会、互动性辩论与线上讨论；还有的用上了各种新媒体工具，包括社交媒体、网上直播讨论、问卷调查，等等。

唯一的共性是讨论都围绕着欧盟的作用及未来的走向。据说，这次欧盟成员国组织的咨询活动的参与面之广泛，可以说前所未有。一些不经常关心政治的社会群体成了被咨询对象，许多专门针对特殊群体的工具也被用上了。最终，欧盟为此一共举行了1700场活动。

除了欧盟成员国组织的这次广泛的咨询外，欧洲委员会、欧洲议会、地区委员会与经社理事会也组织了各种咨询，征求民众对欧洲一体化发展的意见。

通过这次广泛的民意咨询，民众对欧盟的诉求似乎更加明确了。欧盟成员国的民众对属于欧盟有某种自豪感，也明白成员国可以从欧盟获得什么样的具体利益，但民众仍认为欧盟缺少未来发展的具体方向，而这是阻碍欧盟发展的原因。其实，它证明欧盟的大多数民众希望有改革。

这次广泛的咨询透露出几条重要信息，也就是欧盟各国民众对欧盟的期待。

1. 希望欧盟能提供更多的安全保障。各种各样的咨询表明，民众希望欧盟在处理非法移民及制定统一的移民政策方面起更大作用。民众希望欧盟的边界能受到保护，非法移民的浪潮能得到平息。多数民众认为，欧盟应该为非法移民的来源国提供更多的援助、更多的安全保障，提供更多的投资与贸易——也就是更多的发展机会，以稳定非洲大陆。民调也表明，民众希望欧盟能加大对有组织犯罪、恐怖主义、极端势力、腐败等现象的打击力度，他们也要求在网络安全、数据保护及网络虚假信息方面，欧盟展开更多的国际合作与教育。

2. 希望欧盟能保证更多的一致性与竞争力。民调表明，欧盟民众希望统一市场能发挥更大作用，促进经济增长；希望欧盟能够利用电子政府、智慧社区、数字革命、人工智能等新技术促进创新，支持中小企业更好地发展，促进经济与社会更加协调地发展。

3. 希望欧盟能有助于保护环境及增强可持续发展。大部分欧盟国家的舆论认为，气候变化是欧洲要应对的重大问题，希望欧盟能在可持续发展上做出更多成绩。有些舆论认为，欧盟层面上的应对气候变化及可持续发展的政策恰恰是对冲一些不负责任的国家政策的手段。有些国家的舆论认为，欧洲共同农业政策也要设定更多的可持续发展目标，以缩小城乡之间的差距。还有人认为，循环经济、回收再利用等措施应该得到欧盟层面的支持。

4. 希望欧盟能保障社会福利并创造出更多的机会。尽管大多数民调表明，欧洲舆论很重视社会福利制度，但在如何看待社会福利制度上，还是有很大分歧。有些成员国的调查表明，民众对本国的社会福利制度有一种保护主义的态度，不希望欧盟过多参与本国的社会福利体系。但许多人希望欧盟在消除贫困上更加有为，希望欧盟在失业、社会歧视、保护劳动者权益，消除数字鸿沟方面起更大作用。许多人还担心，欧盟各国的社会福利没有走向趋同，不同成员国的生活水平不一致，甚至发展的趋同性仍受到威胁。

5. 希望欧盟在国际舞台上起更大作用。欧盟各国的公民都很重视欧盟在树立国际标准方面的作用，希望欧盟能用榜样的力量来传递它的价值观，向外传播"民主"与"人权"理念，在保护环境方面树立全球的榜样。欧盟的外贸关系也被认为很有作用，民众希望欧盟在与第三方签署自由贸易协定时考虑到社会与环境标准，并在全球层面施加更大影响。

6. 希望欧盟能重申欧洲独立的价值观，并保证文化的多样性。欧盟多数舆论支持欧洲独立的价值观，但大国与小国的民众对此看法略有不同。一些小国的民众认为，欧洲共同身份问题仍是一个理想，尚不现实。欧盟中大国与小国的待遇不尽相同，共同标准在执行中似乎大国与小国的待遇也不一样。大部分调查表明，欧洲人认为，欧洲的共同特性与各成员国的特性并行不悖，都值得尊重，但不能相互替代。大部分欧洲人认为，欧盟应该为各国增加额外的价值，欧盟的贡献是在那些成员国单独无法完成的领域。但是，民众对欧盟与成员国各自的权限也不太清楚，因此才会对欧盟机构产生信任危机，认为欧盟机构不够透明，缺乏民主，官僚主义作风非常严重，等等。

无论如何，这次欧盟内部的"民主咨询"活动是一场"宣传活动"，让欧盟各国民众首次感到欧盟在鼓励参与，想与公民社会建立某种对话，组织民众对欧洲发展的未来展开辩论，以此来确定欧盟未来的发展战略。①

---

① 欧盟理事会文件：14535/18。

二 欧盟共同防务取得重大进展

法国与德国要重塑"法德防务合作"的想法由来已久。德国媒体认为，法国总统马克龙与德国总理默克尔在很多方面有一种默契，并把这种默契称为"默克龙"。

美国和英国长期以来一直在阻挠欧盟构建欧洲共同防务的努力，欧盟只有依赖美国领导的北约来保障其安全。2014年后，乌克兰危机不断发酵。欧盟成员国感到，面对日趋严峻的欧洲安全形势，欧盟有必要提高集体防务的水平。奥巴马政府提出，美国要重返亚太，为此要求美欧防务再平衡。法德想趁此机会加强欧盟在共同安全与防务政策方面的协调，推动欧盟"建立自己的军队"。2016年6月，英国公投决定脱欧后，法德等国更认为这是个历史机遇，想趁英国脱欧时加快推进欧盟防务一体化。2016年7月13日，德国发表了新的国防白皮书，明确提出要适时重启"欧洲防务共同体"，倡议"创建指挥欧盟军事行动的联合司令部"，"深化欧盟成员之间永久性防务合作"。德国国防白皮书明确指出，欧盟要建立一支统一的"欧洲军队"。2017年3月6日，欧盟外交与安全政策高级代表莫盖里尼宣布，欧盟军事参谋部要组建一个军事指挥中心，负责指挥欧盟在索马里、中非共和国和马里的军事训练任务。

2017年特朗普当政后，美国对欧政策摇摆不定。法德明显把加强欧洲军事一体化当作对冲美国政策不确定性的工具。

美国总统特朗普在竞选期间曾大喊"北约过时"，认为北约其他成员国占了美国的便宜，要求这些国家承担更多的军费，每个成员国的军费开支起码要达到GDP 2%的标准。否则，美国将"降低对北约的承诺"。法德认识到，欧盟必须减少对美国的依赖才能构建更平等的欧美关系，在全球事务中发挥更加独立的作用。

2018年，美国总统特朗普到欧洲参加纪念第一次世界大战结束的活动，马克龙与特朗普又在北约与欧洲防务共同体建设问题上进行了磋商。但是，

显然双方话不投机半句多。特朗普在参加活动后，连续发了几条推文讽刺法国，而马克龙也公开反驳并不惜与特朗普发生争吵。特朗普要求北约中的欧盟伙伴增加军费，为北约的开支做出更大贡献，并威胁说美国会重新考虑它的北约政策。马克龙则借机向其他欧洲伙伴鼓吹建立欧洲共同防务机制的重要性，并想利用美国政府的态度倒逼欧洲国家加快共同防务机制的建设。

法德是一对互相依赖的伙伴。对于法国来说，经济长期低迷，只有争得德国的支持，才有可能实现利用欧洲来维持法国大国地位的理想。而对德国来说，英国脱欧后，法国是欧盟内唯一拥有核武器且是联合国安理会常任理事国的国家，只有拉住法国才能让欧盟成为世界舞台上的重要一极。

在法德两国的推动下，欧盟批准了25个成员国达成的防务领域"永久结构性合作"（PESCO）。在该合作框架下，许多项目于2019年初正式启动。2018年11月13日，欧盟23个成员国的国防部部长就"永久结构性合作"签署了联合通知书，并提交给欧盟外交和安全政策高级代表莫盖里尼和欧盟理事会。德国外长加布里尔表示："这是朝独立的欧盟安全和防务政策方向迈出的重要一步。"12月7日，葡萄牙和爱尔兰也宣布加入，由此使签署国增加至25个。莫盖里尼称最新的进展"具有历史意义"。欧盟委员会主席容克在推特上称赞道："《里斯本条约》这位睡梦人醒来了，'永久结构性合作'要落实了。"

欧盟成员国中，只有丹麦、马耳他和英国没有参与其中。丹麦传统上不参与欧洲的共同安全与防务政策；英国已决定退出欧盟；而马耳他则满足不了参加欧盟军事一体化的标准，因为有项规定要求成员国定期增加国防预算。

其实，欧盟早在2009年通过《里斯本条约》时，就已经为欧盟国家达成永久结构性的军事与安全合作做了铺垫。但是，后来的安全与防务合作未能有更大的进展，主要是因为英国的反对。而如今现在英国已经宣布要脱欧，伦敦再也无法对欧洲共同防务说三道四了。

欧盟外长在布鲁塞尔会议上正式确认了"永久结构性合作"，将从17个具体计划开始落实。在德国领导下，将建立一个医疗救护指挥中心、物流中心以及为军事培训人员设立一个训练中心等。此外，欧盟还计划改善海上监控状况以及研发步兵战车原型车等。这也是为了让欧盟在未来发生危机的情况下可以更加迅速地向其他国家派兵。

"永久结构性合作"只是一个政府间的合作项目，但它却能获得欧洲防务基金的资金，用于采购防务装备和引进技术，用于研究项目。

其实，欧盟推动欧洲共同防务有助于打造欧洲的联合防务工业。2015年5月，法德两国经过长达10多年的谈判，决定合并德国的克劳斯-马费·韦格曼公司与法国的奈克斯特公司，前者生产"豹"式坦克等轮式和履带式军用车辆，后者生产"勒克莱尔"坦克。德法发行共同债券后，将联手研发新型的"豹-3"主战坦克。将有超过6000名技术人员参与开发这个新命名的"克劳斯-马费·韦格曼与奈克斯特防务系统"，总耗资不低于20亿欧元。法德对联合研发新一代火炮也展开了谈判。

迄今为止，欧洲开发的"鹰狮""台风""阵风"三种战机都没能达到第五代隐身战机的水平。法德决定联合研制第五代战机，既可以防止美国的F-35战机垄断欧洲市场，也可以提升欧洲的国防工业水平。

法德决定成立军贸企业联合体。法德将达成两国共同许可的对外销售协议，以方便各自的武器装备出口。法德准备各出资50%组建联合公司，法国方面由国有的奈克斯特公司负责，德国方面由克劳斯-马费·韦格曼公司负责。法德达成了一份共同的出口国和装备名单，不干预各自已有的装备市场。

法德还商议组建联合空军部队。德国国防部部长冯·德莱恩与法国国防部部长勒德里昂2017年4月10日在柏林签署协议，决定在法国埃夫勒组建联合空军部队，以应对全球的威胁。根据协议，德法联合空军部队将于2021年组建完毕。联合空军是法德两国在欧盟框架下加强军事合作的最新举措，它标志着欧洲共同防务走出了实质性的一步，有助于欧盟最终形成独立的防务体系。

法德在共同防务方面虽然采取了许多措施，也取得了一定进展。但欧洲舆论对此还是有很多疑虑。

一方面，当前设计的欧盟共同防务是与北约平行的，美国的态度如何对欧洲共同防务的未来有很大影响。美国一直把北约当作其实现全球政治、军事战略的工具，因此对实质性的欧洲防务共同体的出现一直心有余悸。美国认为，"一个永远在走向紧密联盟但却永远达不到目标的欧盟最符合美国的利益"。英国是北约的重要成员国，虽然它已决定脱欧，但对法德设计的欧盟共同防务也不愿意袖手旁观。在法德宣布联合研制第五代战斗机的同一天，英国 BAE 系统公司就表示将参与该项目。

另一方面，欧盟内部在建立防务共同体方面也存在分歧。德法是欧洲军事大国，对欧盟建立防务共同体非常感兴趣，希望借此提高它们在欧洲安全事务中的主导权。但大多数中东欧成员国对俄罗斯强大的军事威慑心有余悸，它们对欧盟独立防务信心不足，仍寄希望于北约。还有一些中小成员国担心，欧盟的防务一体化可能会要求成员国让渡部分国家主权，有损其独立性。

法国前总统德斯坦在接受法国媒体采访时表示，欧洲共同防务很难成功。一方面，法国不会把自己的核军事能力转移给欧盟，法国还指望拿这个独立核力量保持自己的大国地位；另一方面，欧洲经历过太多的战争，欧洲建设是一种和平一体化的努力，在当今世界要再重新靠军事力量建设实现一体化太不现实。①

可以预见，法德合作促进欧洲组建真正的共同防务力量的努力不会松懈，欧盟内部对如何组建未来的欧洲军事力量的争论与摩擦也不会轻易退场，美国与欧盟在欧洲安全事务主导权上的战略博弈也将长期存在。

三 "黄背心"运动引发的法意矛盾
成为欧洲一体化的掣肘

2018 年 11 月 17 日以来，法国爆发了"黄背心"运动。每个周末，大

---

① Muriel Pleynet et Henri Vernet, Valery Giscard d'Estaing, «les elections europeennes donnent lieu a une agitation inutile», *Le Parisien*, le 6 avril, 2019.

量身穿黄背心的民众聚集到巴黎著名的景点举行抗议游行。"黄背心"运动引起了民众与警方的对峙,还引发了许多暴力行为。民众破坏了一些历史建筑物,警方用橡皮子弹向民众开枪,导致一些人的眼睛中弹而失明。

"黄背心"运动是由法国政府上调燃油税引发的。本来,法国是推动全球气候变化治理的先锋,《巴黎协定》主要是靠法国政府的努力才签署的。因此,马克龙政府认为,法国民众会支持这些有利于减少二氧化碳排放的举措。没想到,法令一出,民众大乱。特别是那些住在农村或城市边缘的居民,无论出行还是工作都离不开汽车。提高燃油税加重了他们的负担,严重影响他们的购买力。于是,他们千里迢迢赶到巴黎参加示威游行。民调表明,法国高达70%的民众支持"黄背心"的行为。在这一背景下,官民对立,警民对立,精英与平民陷入了权益之争,社会严重撕裂。法国各派政治势力也想对"黄背心"运动施加影响,在各种公众媒体上的表态千奇百怪。法国总统马克龙发起了为期两个月的"全国大辩论",意在为解决问题寻求共识。但事情并没有想象的那么简单。"黄背心"运动政治化倾向日趋严重,他们还提出了参与欧洲议会选举的候选人名单,而且该运动还呈现出向欧洲其他国家蔓延扩大的趋势。

2019年2月5日,意大利副总理迪马约赴巴黎,会晤了"黄背心"运动代表和该运动欧洲议会选举候选人。他们讨论了两国关系、民众的社会权利和直接民主等问题,声称"变革之风已翻越阿尔卑斯山",意喻法国"黄背心"运动源于意大利,法意两国反体制运动已合为一体。

法国领导人在四处灭火,意大利领导人却跑到法国煽风点火。这不由得让法国领导人怒火中烧,是可忍孰不可忍。法国立即召回了驻意大利大使。召回大使这种外交举措,在任何国家之间都是非常严重的抗议表示,更不要说在法意这两个欧盟创始国之间了。

其实,法国与意大利之间的这场争论,反映了欧洲现在正在兴起的"民粹主义"与马克龙代表的"精英政治"之间的博弈,而他们博弈的结果将决定未来欧洲一体化前进的方向。

2016年12月,伦齐领导的左翼民主党政府为修宪在意大利举行全民公

投，失败后辞职成为看守政府。2017年3月意大利提前举行大选，产生了民粹主义政党"五星运动"和极右翼政党"北方联盟"共同组成的民粹主义极右翼联合政府。31岁的"五星运动"领导人迪马约成为副总理。该届政府虽然并未提出脱欧或退出欧元区，但强烈反欧是其最大特色。意大利成立极端反欧政府，是欧盟继英国脱欧之后经受的另一场致命性打击。

随着德国进入"后默克尔时期"，法国总统马克龙成为"欧洲领袖"，法国取代德国成为意大利国内问题的"责任方"。意大利舆论已把对欧盟和德国的种种不满转移到法国身上。2019年5月26日，欧盟成员国要举行欧洲议会选举。越临近这个日子，意大利"五星运动"和"北方联盟"联合政府这条"双头蛇"越是要攻击法国，以挑动意大利民众的反欧情绪，争取更多选票。法国与意大利的争执是"进步阵营"与"民粹阵营"的冲突，对未来的欧洲一体化有极大的象征意义。

意大利内政部部长萨尔维尼领导的"北方联盟"与法国极右翼政党"国民联盟"（2018年6月1日"国民阵线"更名为"国民联盟"）互动频繁，相互策应。2019年以来，萨尔维尼就难民问题多次向法国总统马克龙发难，批评马克龙不理解意大利作为赴欧难民首站的难处，法国不接收难民还要强人所难。2019年2月初，萨尔维尼指责法国控制了中部非洲和西部非洲两个法郎区的印钞权，控制了非洲国家的金融和经济，正是法国的掠夺才使非洲陷于贫穷。萨尔维尼指责说，正是法国还在继续执行殖民主义政策，才使非洲难民大批涌往欧洲。

意大利领导人如此抨击法国，主要还是因为近年来两国不断激化的深层次矛盾。首先，法意两国在移民政策上的立场大相径庭。意大利处于欧盟难民移民危机的"前线"。"北方联盟"和"五星运动"打着"反移民"旗号当选上台，组成民粹色彩极强的新政府，要求欧盟出台具体措施以缓解意大利的移民危机。马克龙则对意大利严控移民的做法有颇多微词，法方多次在欧盟层面反对意方有关移民的提议。

意大利舆论认为，法国当年在利比亚大打出手才导致利国家崩溃，非洲移民从那里横渡地中海涌入欧洲。这祸是法国闯的，但因为意大利在地中海北岸的边上，所以受移民涌入危害最深的就属意大利。意大利多次不顾法方表态，拒绝搭载非法移民的船只停靠意大利港口。

其次，欧洲内部有许多三角关系，这些关系既是欧洲各国关系的稳定机制，又是不断重组的互动关系的基础。欧洲传统上的"大三角"关系指的是英、法、德的关系。三国实力相当，各有所长。德国是欧盟经济上的老大；法国是欧盟中的政治大国，联合国安理会常任理事国，有独立核武器的军事大国；"德法轴心"曾是欧盟的发动机，主导着欧洲一体化的许多进程。而英国与美国有着特殊关系，可以调节欧洲与美国的关系。而且，英国还可以调节德法之间的关系，也可以成为德法关系的润滑剂。英国既可以与德国一起倡导自由贸易，又可以与法国一起成为欧洲防务建设的基石。因此，"三足鼎立"的欧盟因不同的利益组合而形成了不同的核心。

现在英国要脱欧了，意大利作为欧盟内第四大经济体，成为新的三角关系中的主角。比如，法国在欧盟内也曾大力拉拢意大利，以同为"地中海国家""南欧国家""拉丁文化国家"等各种名义拉近与意大利的关系。当年，德国统一时，法国就曾拉住意大利对德国施压，逼迫德国接受统一欧洲货币的欧洲一体化方案。但是，最近一些年，意大利既不守欧盟财政纪律，债务、预算、银行业等问题重重，也反对结构性改革，对马克龙宏大的欧盟改革计划颇多微词，这导致法意关系近年来不断走低。

有意思的是，意大利在法德关系中也扮演着十分微妙的角色。法德两国刚签完加强合作的新《亚琛条约》，却又因"北溪2号"天然气管道项目问题再生龃龉。因此，当法国对意大利"干涉其内政"的做法表示强烈抗议时，德国却严守中立，不做任何表态。其实，德国也有可能利用意大利来平衡与法国的关系。

最后，法意之争也反映出欧洲的精英主义政治与平民主义政治的对峙。马克龙明显是欧洲"建制派"的代表，是精英政治的代表，主张继续深化欧洲一体化，在欧元区建立财政一体化机制。而意大利则明显是平民政治占上风，也可以说是"民粹主义"的大本营。

2019年5月，欧洲议会面临选举。以马克龙为代表的欧洲"建制派"

将与"民粹主义"政治家们展开激烈的争夺。萨尔维尼领导的意大利"北方联盟"与法国极右翼政党"国民联盟"互动频繁,有意在欧洲议会选举中改变中右翼人民党的"统治地位"。欧洲各国的"民粹主义"政治家们风头正盛,民意调查表明他们赢得了越来越多的民众支持,在即将到来的欧洲议会选举中略占优势。

然而,这种较量也许会让欧洲人更加重视欧洲议会这一机制。由于欧洲的一体化主要是由那些政治精英主导的,推行一体化的又是那些在布鲁塞尔的"官僚"们,他们被认为严重脱离现实,采取的措施完全不符合民众的心愿。因此,欧洲一体化被认为存在巨大的"民主赤字",一体化过程中民众的参与被认为严重滞后。就是在这种背景下,《里斯本协议》后,欧洲议会的权力有所增长,其更多参与欧盟决策,有权否定欧洲委员会的某些决定。

传统上,欧洲国家的政治家更重视国内政治。因此,欧洲各国政治家出道时,会竞选本国议员。竞选本国的议会及政府席位,是一流政治家热衷的事情。往往是退居二线的政治家,或那些在党内地位不高的政治家才退而求其次,竞选个欧洲议员,弄个"肥缺"干干。欧洲议员虽然权力不大,却有优厚的待遇。无论是薪金补贴,还是各种差旅费补贴,甚至雇用秘书和助手,欧洲议员们的待遇都不比成员国议会的议员差。过去,欧洲议会长期被中右或中左的党团控制,虽然名义上有否决权,实际上欧洲议会否决欧委会决议的事却鲜有发生。但最近几年,"民粹主义"势力崛起,欧盟各国民粹主义政治家入选欧洲议会的比例不断上升。未来,如果反对欧洲一体化的欧盟各国极右翼党团势力扩大,成为多数,欧洲议会是否会成为欧洲一体化进程的"绊脚石"?

从 2017 年当选法国总统起,马克龙便大张旗鼓地吹响了欧洲一体化新进程的号角。但一年多过去了,欧洲一体化依旧显得"雷声大雨点小"。在马克龙的积极推动下,欧盟举行了大规模的"民主征求意见"运动,法国再次企图用"法德轴心"来推动欧洲防务的一体化建设。然而,法国国内的"黄背心"运动及法国与意大利公开的冲突说明,推进欧洲一体化进程在当前经济不景气的情况下非常困难。法国媒体认为，马克龙也只好满足于推动欧洲一体化小步发展了。

欧洲一体化的设计基本上是在二战后欧洲经济大幅复苏的背景下实现的，是个对参与国绝对有好处的机制。因此，一段时间内，参与欧洲一体化成为欧洲国家争先恐后的决定。直到东欧剧变、苏联解体，大批中东欧国家迅速加入了欧盟，欧共体才从6个初始国发展到欧盟的28个成员国。然而，从2008年的全球金融危机开始，欧洲一体化无法再继续给成员国提供源源不断的福利了。相反，欧洲一体化的许多规定成为各成员国努力挣扎、要摆脱危机的羁绊。后来，当难民潮涌入欧洲时，欧洲一体化更成为成员国之间互相推诿、互相指责的导火索。这时候，欧洲一体化设计的缺陷就暴露出来了。欧洲一体化是个"有福能同享""有难却不能同当"的机制。如果欧盟找不到刺激经济回升的办法，就无法再给欧盟成员国的民众提供更好的福利，哪怕法国总统马克龙再努力地提倡财政一体化，促进欧洲民众加强对欧洲团结的意识，欧洲一体化最多也只能小步前进，甚至会面临长期停滞的威胁。

B.11
试析法国在非洲法语国家的经济存在*

李 旦**

摘 要： 如何评估当前法国在非洲法语国家的经济存在，存在几种不同的观点。第一种观点认为，法国在非洲的存在感不断下降，影响力日渐式微。第二种观点主张，近年来，法非关系经历了一个由"特殊"转为"正常"的过程。第三种观点强调，基于各种历史与现实因素，法国仍然在非洲，特别是在法语区，保持着特殊的经济地位。本文试图证明，在"衰落"或"正常化"的表象下，法国在非经济利益有着坚实的政治、军事和文化支撑，法非经济关系的特殊性不可低估。在新时期纷繁复杂的国际形势下，中、法、非三方有理由积极探索，开拓创新，寻求互利共赢的合作方式。

关键词： 非洲经济 法国外交 法非关系

在研究非洲问题的过程中，特别是在涉及非洲法语国家的时候，法国在非洲的历史与现实存在是一个绕不过去的话题。就经济层面而言，基于众所周知的原因，法国与非洲法语国家在历史上曾经有过异乎寻常的紧密联系。这一联系从殖民地时期一直延续到二战之后。对于如何评估当前法国在非洲

---

* 本文为国家社科基金重点项目"中国'走出去'战略风险及应对策略研究"（项目编号：15AGJ007；负责人：齐建华）子课题成果。
** 李旦，外交学院教授，研究方向为法国研究、非洲法语国家研究、中法关系、中非关系等。

法语国家的经济存在,存在明显的意见分歧。概括而言,可以分为三种。第一种观点认为,法国在非洲整体的存在感不断下降,影响力日渐式微。第二种观点认为,法国的对非关系经历了一个由"特殊"转为"正常"的过程,目前,法国与非洲法语国家之间已经建立了正常的国家关系。第三种观点强调,基于各种历史与现实因素,法国仍然在非洲,特别是在非洲法语国家保持着特殊的经济地位,法非特殊关系并未有实质性的动摇。本文拟结合法非关系中的一些基本事实以中国学者的视角对上述三种观点进行辨析。

一 法非经济关系的衰落?

从双边贸易、对非投资、对非援助以及人员往来等几个方面来看,法非关系的走低乃至衰落似乎是不争的事实。

历史上法国与非洲法语国家在经济上联系密切是众所周知的。这一联系一直维持到第二次世界大战之后。1950 年,殖民地在法国外贸中的比例依然高达 60%。[①] 二战后,法国出口的 90% 的棉织品、75% 的药物和 30% 的机器都输往其在非洲和太平洋的殖民地。1963 年,法国在撒哈拉以南非洲的投资即达 120 亿法郎。法国派驻国外的援外人员中有 71% 在北非。法国也从其在殖民地的经济存在当中获得了丰厚的回报:1959～1962 年,自法郎区汇回法国本土的资金和利润高达 45 亿美元。[②] 甚至到了德斯坦时代,撒哈拉以南非洲仍然占法国对外发展援助的 60%。法国在非洲的经济存在得到其军事存在的有力支撑。1978 年,法国同 7 个非洲国家有防务协定,同 24 个国家有军事技术援助协定。法国对非洲的"合作"拨款的 12% 用于军事援助,在非洲驻军总数达 1.2 万人,在西方国家中首屈一指。此外,在法国本土,驻有海外干涉部队约 2.2 万人。[③] 与历史上的"辉煌"相比,今天法国在非洲的经济存在似乎暗淡了许多。

---

① Philippe Hugon, «Politique africaine de la France: entre relations complexes et complexées», Dploweb, 8 mars 2016.
② 张芝联:《法国通史》,北京大学出版社,1988,第 690 页。
③ 张锡昌、周剑卿:《战后法国外交史 1944～1992》,世界知识出版社,1993,第 388 页。

（一）法国在非市场份额不断下降

根据法国前外长韦德里纳2013年12月发布的报告《非洲与法国：面向未来的合作伙伴》，2000～2011年，法国在撒哈拉以南非洲的市场份额由10.1%下降到4.7%。[1] 法国信用保险集团科法斯（COFACE）2018年发布的研究报告也给出了相似的数据，法国对非出口2000～2017年被腰斩：2000年市场份额为11%，2017年为5.5%。除市场份额外，法非贸易的绝对值也出现了下降。2013～2017年，法国与非洲的贸易额从730亿美元下降到540亿美元。除航空之外的所有行业中，法国在非洲的市场份额都出现下降。[2] 具体到非洲法郎区国家而言，尽管这些国家与法国之间有着千丝万缕的特殊关系，2000～2016年，法国在这些国家进口中的占比依然下降了10个百分点（2016年的市场份额为13.7%）。[3]

与法国形成鲜明对比的是德国、中国、印度等一批国家在非洲市场上快速崛起的势头。中国在非洲市场上的份额由2001年的3%上升到2017年的18%。[4] 在欧洲国家当中，德国在2017年超越法国成为欧洲最大的对非出口国。除了中国、德国之外，印度、美国、以色列、伊朗等国家也加大了对非经济交往的力度。巴西、海湾国家、土耳其、马来西亚等"新面孔"也

---

[1] Hubert Védrine et autres, «Un partenariat pour l'avenir : 15 propositions pour une nouvelle dynamique économique entre l'Afrique et la France», Rapport au Ministre de l'économie et des finances, décembre 2013.

[2] COFACE, «La perte de parts de marché français en Afrique alimente le gain de plusieurs pays européennes, la Chine et l'Inde», *Panorama Afrique*, 19 juin 2018, https：//www.coface.fr/Actualites – Publications/Actualites/La – perte – de – parts – de – marche – francais – en – Afrique – alimente – le – gain – de – plusieurs – pays – europeens – la – Chine – et – l – Inde，最后访问日期：2019年4月9日。

[3] Institut Montaigne, «Prêts pour l'Afrique d'aujourd'hui?», 20 septembre 2017, https：//www.institutmontaigne.org/publications/prets – pour – lafrique – daujourdhui，最后访问时期：2019年4月9日。

[4] Hubert Védrine et autres, «Un partenariat pour l'avenir : 15 propositions pour une nouvelle dynamique économique entre l'Afrique et la France», Rapport au Ministre de l'économie et des finances, décembre 2013.

出现在了非洲。再者，非洲国家相互之间的经济合作与交流不断加强。北非国家与撒哈拉以南非洲国家之间的合作日趋紧密。在机械产品市场上，中国在非洲的市场份额已达 25%。印度在非洲药品市场上的份额达 18%。在农产品方面，罗马尼亚、乌克兰、俄罗斯三国供应了非洲 40% 的小麦。①

（二）法国对非投资今不如昔

根据联合国贸易和发展会议发布的《2018 年世界投资报告》，2011~2016 年，法国在非直接投资存量（FDI stock）从 520 亿美元下降到 490 亿美元，不仅屈居美国、英国之后，而且是对非投资前五名中 FDI 存量唯一下降的国家。与法国相比，美国保持了对非直接投资第一大国的地位，FDI 存量稳定在 570 亿美元水平。排在第二位的英国对非 FDI 存量由 540 亿美元微升至 550 亿美元。在对非投资领域表现最为亮眼的是中国，对非 FDI 存量由 2011 年的 160 亿美元激升至 400 亿美元，由第五位上升至第四位。南非对其他非洲国家的 FDI 存量由 230 亿美元上升至 240 亿美元，由第四位下降至第五位。② 从对非投资在法国对外投资中的占比来看，非洲早已丧失了昔日的重要性。1992~2004 年，对非投资在法国对外投资的占比始终徘徊在 1.5%~2%，2004 年的数据仅为 1.55%，即便是最高的 1996 年也只有 2.15%。③

（三）法国对非援助有心无力

对非援助，特别是官方发展援助（ODA）是观察法非经济关系的另一个重要指标。二战后很长一段时间内，无论是规模还是比例，法国对发展中国家的援助，特别是对非洲国家的援助，在发达国家阵营中是比较突出的。

---

① COFACE, «La perte de parts de marché français en Afrique alimente le gain de plusieurs pays européennes, la Chine et l'Inde», *Panorama Afrique*, 19 juin 2018, https://www.coface.fr/Actualites – Publications/Actualites/La – perte – de – parts – de – marche – francais – en – Afrique – alimente – le – gain – de – plusieurs – pays – europeens – la – Chine – et – l – Inde，最后访问日期：2019 年 4 月 9 日。

② UNCTAC, *Word Investment Report 2018*.

③ 法国《世界报》2007 年 2 月 13 日。

根据经济合作与发展组织（OECD）统计，1989年，ODA在法国国民总收入（GNI）中的占比为0.6%，虽然离联合国规定的目标（0.7%）有一些差距，但与其他西方大国相比，法国的排名是比较靠前的。但从20世纪90年代起，萎靡不振的法国经济使法国在向非洲国家提供援助的时候显得有心无力。ODA在法国GNI中的比例持续下降：1999年占比为0.37%，2001年为0.31%。1994~2002年，法国的ODA从71.7亿欧元下降到53.5亿欧元。从2002年起，法国的ODA缓慢回升：2006年ODA在法国GNI中的占比恢复到了0.47%的水平。2015年、2016年，法国的ODA分别维持在国民总收入0.37%、0.38%的水平上，始终未能恢复到20世纪80年代的水平。①

（四）法非人员往来呈下降趋势

人员往来情况能够直接体现双边关系的紧密程度。法国《世界报》在2007年发布的一份报告中就已经使用"直线下降"（chute libre，原义为"自由落体"）这样的字眼来形容非洲法国侨民数量的变化。根据该报转引的法国外交部数据，1985年，在非侨民占法国海外侨民总数的比例为24.6%，此后以每年3%~4%的速度下降。2000年，在非侨民的数量在法国侨民总数中的占比已经下降到15.8%。从绝对人数上来说，撒哈拉以南非洲法语国家中的法国侨民人数由1985年的140500人下降到2005年的102350人。法国在非洲的技术合作人员（coopérant）由1990年的9000人下降到1995年的5000人。② 随着法国政府于1998年取消技术合作人员这一身份，目前法国的援非技术人员总数已经下降到1000人以下。③

从双边贸易、对非投资、对非援助、人员往来等各个层面观察，法国在非洲的经济影响力似乎已经走上了一条不断下行的不归路。众多法国政界、

---

① 资料来源：经济合作与发展组织发展援助委员会（OECD-DAC）。
② Corentin Dautreppe, «Présence française en Afrique: ce qu'il reste de la Coopération», *La Tribune*, 3 février 2014.
③ Philippe Hugon, «Politique africaine de la France: entre relations complexes et complexées», Dploweb, 8 mars 2016.

学界人士也持这一观点，但是，在如何看待这一下行过程的问题上，法国政界与学界颇为主流的声音是：这是一种正常现象，是历史的必然，也是法非关系实现"正常化"的直接结果。

二 "正常化"的法非关系？

对于那些声称法非关系已实现"正常化"的人来说，有很多事实可以用来支撑他们的观点：就经济层面而言，在法国的整体对非布局中，相比非洲英语国家和葡语国家而言，法语国家如今确实显得不像过去那么突出；就政治层面而言，冷战结束之后，经过近30年的努力，"法非特殊关系"已经被正常的国与国关系所取代。

（一）法非关系"正常化"的经济表现

根据法国海关提供的数据，法国在非洲最重要的贸易伙伴并非法语国家。2015年，在法国对撒哈拉以南非洲国家总计122亿欧元的出口贸易当中，南非共和国与尼日利亚分列第一、第二位，占比分别为14.8%、10.6%。排名最高的法语国家是科特迪瓦，排在第三位，占比为9.1%。在法国从撒哈拉以南非洲国家的98亿欧元进口总额当中，排名前三位的都不是法语国家，排在首位的是尼日利亚，占比达30%，第二位是安哥拉，占比14.8%，第三位为南非共和国，占比8.6%。排名最高的法语国家仍然是科特迪瓦，仅排第四，占比7.9%。[1] 在法国的对外直接投资对象国当中，排名第一的是安哥拉，其次为尼日利亚，2012年分别接受法国直接投资67.34亿欧元、47.78亿欧元。排名最高的法语国家是刚果（布），排在第三名，接受法国投资29.57亿欧元。[2]

---

[1] Trésor Direction générale, *Les échanges commerciaux de la France avec l'Afrique subsaharienne en 2015*, avril 2016.

[2] Hubert Védrine et autres, « Un partenariat pour l'avenir: 15 propositions pour une nouvelle dynamique économique entre l'Afrique et la France », Rapport au Ministre de l'économie et des finances, décembre 2013, p. 64.

(二)福卡尔与"法非特殊关系"

所谓法非关系的"正常化",第一步也是最重要的一步是与历史上的"法非特殊关系"① 进行切割,即与雅克·福卡尔及其继承者们说"再见"。在1960年以来的法非关系史上,雅克·福卡尔以其独特的身份、地位与行为为"法非特殊关系"做了最具代表性的诠释。从1960年起,众多非洲法语国家纷纷脱离法国控制走上独立之路。为了继续控制这些非洲国家,干预其内部事务,戴高乐启用了他在抵抗运动时期的老部下、著名的情报专家雅克·福卡尔,任命他担任总统府的非洲大陆—马达加斯加事务秘书长和情报总管。1960~1974年,福卡尔辅佐过戴高乐、蓬皮杜两任总统。任职期间,他秉承爱丽舍宫的旨意,想方设法干预非洲国家内部事务,甚至策划、参与政变,竭力维护法国在非洲前殖民地国家的政治、经济利益。雅克·福卡尔被认为是"法非特殊关系"的奠基人和开拓者。换言之,所谓的法非特殊关系,其主要特点之一是把领导人个人之间的联系置于国家间关系之上,通过福卡尔这样的人穿针引线、密室布局,完成许多不能公之于众的交易。

(三)法非关系"正常化"的路线图

"拉波勒演讲""巴拉迪尔理论"与"若斯潘主张"是法非关系"正常化"过程中的几个重要标志。在一定意义上,由这几大标志所构成的法非历史脉络可以被视为法非关系"正常化"的路线图。

密特朗的"拉波勒演讲"是对"法非特殊关系"第一次也是最具象征意义的一次冲击。1981年上任伊始,第五共和国的首位左翼总统弗朗索瓦·密特朗便明确提出,要彻底消除法国对非政策中的殖民主义残余,开启法非关系"去殖民化"的进程。密特朗明确表示,法国决不能再在非洲充当"宪兵"的角色,"要存在,不要干涉"。② 1990年6月,密特朗在拉波

---

① "法非特殊关系",也译为"法兰西非洲",法文原文为Françafrique,即把法国(France)与非洲(Afrique)两个法文单词合二为一。
② 张锡昌、周剑卿:《战后法国外交史1944~1992》,世界知识出版社,1993,第521页。

勒发表讲话，表示将支持非洲国家进行"民主化和多党制"改革，并将法国的援助与之挂钩，减少对非洲"专制"政权的政治、经济援助。不过，口号归口号。"从实际行动上来看，密特朗对外政策中连续性最突出的莫过于对非政策。为了维护法国在非洲的传统利益和影响，社会党并没有触动法非特殊关系的一整套结构，调整政策的回旋余地有限。"①

1993年，与密特朗实行"左右共治"的时任法国总理巴拉迪尔推出了一系列对非政策新主张。这些新主张被冠以"巴拉迪尔理论"的名称。面对法国国内困难重重的经济形势，巴拉迪尔对非政策的要点是：将"援助与民主挂钩"原则修改为"援助和促进非洲稳定"；减少直接财政援助，逐步转向具体的发展项目；将法国对非洲法语国家的双边援助与世界银行、国际货币基金组织等国际金融机构挂钩，避免单打独斗。②巴拉迪尔对非政策的另一个重大调整是放弃了多年以来法国一直坚持的反对非洲法郎贬值的立场，同意并且说服非洲法郎区国家接受该货币贬值50%。③"巴拉迪尔理论"对法国的非洲政策产生了重要且长远的影响。

1997年，社会党出身的若斯潘担任总理，与右翼总统希拉克开始了第五共和国历史上最长（长达五年）的"左右共治"。若斯潘主张对非洲"既不介入，也不冷漠"，即除了贸易、援助、维和等行动外，法国不直接干涉非洲国家内政。即便与同属社会党阵营的密特朗相比，若斯潘的对非政策也出现了更加明显的收缩。最具代表性的举措是法国合作部于1998年被撤销。设立于1959年的合作部一直是法国政府体系中协调、处理法国与非洲前殖民地国家关系的核心部门。合作部的撤销成为继"拉波勒演讲""巴拉迪尔理论"之后法非关系"正常化"路线图上的又一标志性事件。1999年科特迪瓦发生军事政变。时任总统贝迪埃希望法国政府出兵平叛，但法国只是派兵保护贝迪埃本人，并未干涉政变。④

---

① 张锡昌、周剑卿：《战后法国外交史1944~1992》，世界知识出版社，1993，第521页。
② 王燕阁：《法国再度调整非洲政策》，《世界知识》1994年第8期，第22~23页。
③ 王燕阁：《法国再度调整非洲政策》，《世界知识》1994年第8期，第22~23页。
④ 刘芳：《法国：从非洲宪兵到新型伙伴》，《瞭望新闻周刊》2004年第49期，第53~54页。

（四）从希拉克到奥朗德："斩不断，理还乱"的"正常化"进程

"法非特殊关系"在希拉克时代一度回潮。2002年，希拉克成功连任总统，开始实施他酝酿已久的对非战略调整。2003年2月，以"法非共建新型伙伴关系"为主题的第22届法非首脑会议在巴黎举行。希拉克在会议上宣布，非洲是"法国外交优先的中心"。法国对非洲的热情显著回升，重视程度再度提高。值得一提的是，早在1986~1988年，雅克·福卡尔就曾为时任总理希拉克担任非洲事务顾问。1995年希拉克开始了他的第一个总统任期之后，福卡尔重回爱丽舍宫担任顾问直至1997年去世。也正是在1997年，右翼意外地在提前举行的议会选举中失利。希拉克不得不与若斯潘"左右共治"。在法国的对非政策上，"既不介入，也不冷漠"的"若斯潘主张"得以形成并得到落实。

2007~2017年，无论是在右翼执政的萨科齐时代，还是左翼执政的奥朗德时代，两位总统都曾在竞选阶段态度坚决地表示要把法非关系的"正常化"进程继续推进，彻底结束"法非特殊关系"。萨科齐提出的口号是与"法非特殊关系""决裂"。奥朗德则干脆取消了总统顾问团队中的"非洲组"。他的外交顾问梅洛尼奥（Thomas Mélonio）在大选前夕写道："传统的（法非）合作应当让位于更加现代、更加清晰的伙伴形式。"① 但正是在这一声声的"正常化"口号中，2011~2013年，两位总统不约而同地继承了法国在"法非特殊关系"时代的传统作风，先后出兵对科特迪瓦、利比亚、马里和中非共和国四个非洲国家进行了较大规模的军事干涉。这一系列军事干涉行动让非洲国家对法国人口中的"正常化"法非关系充满疑虑。

（五）马克龙时代的法非关系：自由与责任

在参选总统的过程中，马克龙曾经向《青年非洲》期刊表达了他对法非关系的看法："一旦上任，我将对非洲大陆执行新的政策，以自由和责任为基

---

① Corentin Dautreppe, «Présence française en Afrique : ce qu'il reste de la Coopération», La Tribune, 3 février 2014.

石，有着明确的优先目标，即安全、防止气候变化、妇女权利、教育与培训、基础设施（特别是能源与水的供应）、私营经济（特别是能够创造就业的非洲中小企业）。"① 为实行这一项创新性举措，马克龙上台后成立了一个"总统非洲理事会"（CPA）。这是一个与过去爱丽舍宫的福卡尔式"非洲组"完全不同的机构，其成员包括来自法国社会各阶层的、与非洲有着密切联系的人士，其中有一些是具有法非双重国籍的青年企业家。这一机构"可以为总统带来全新的非洲视角……国家元首明白，法国的非洲政策源自法国国内"。② 在2018年2月8日召开的国际合作与发展部际委员会会议上，马克龙总统任期内官方发展援助（ODA）的优先目标被确定为：消除贫困、落实《巴黎协定》确立的可持续发展目标、捍卫全球公共产品。马克龙决定，2018~2022年，即在他的首个总统任期内，使法国的ODA达到国民总收入的0.55%。

从福卡尔到拉波勒，从巴拉迪尔到若斯潘，从萨科齐到马克龙……法非关系的"正常化"进程是否仍在继续，还是已告完成？在"自由与责任"的口号之下，马克龙在对非政策领域的创新之举能否加速或者改变这一进程？在新的历史条件下，未来的法非经济关系将走向何方？秉持不同视角的观察者可能会得出完全不同的结论。但笔者认为，无论采取什么样的视角，在探讨法国在非经济存在的过程中，一些决定法非经济关系特殊性的关键因素必须得到研究者的高度重视。

三 法非经济关系的特殊性

法国曾经是世界上仅次于英国的第二大殖民帝国，在五大洲，特别是在

---

① Sarah Diffalah, «Comment Macron veut renouveler la politique de la France en Afrique», site web de L'OBS, 28 novembre 2017, https://www.nouvelobs.com/monde/20171127.OBS7892/comment-macron-veut-renouveler-la-politique-de-la-france-en-afrique.html，最后访问日期：2019年4月9日。

② Sarah Diffalah, «Comment Macron veut renouveler la politique de la France en Afrique», site web de L'OBS, 28 novembre 2017, https://www.nouvelobs.com/monde/20171127.OBS7892/comment-macron-veut-renouveler-la-politique-de-la-france-en-afrique.html，最后访问日期：2019年4月9日。

非洲西部、中部和北部地区拥有数量众多的殖民地和保护国。二战后，殖民地人民反对殖民主义、帝国主义，争取民族独立和解放的运动空前高涨。经历了两次世界大战的法国实力下降严重，很难维持对殖民地原有的统治方式。在这些前殖民地国家获得独立之后，为了继续影响、控制这些国家，法国与它们在政治、军事、经济和文化层面长期保持着特殊联系。在经济层面，法非关系的特殊性可以从非洲法郎、官方援助、债务负担、行业巨头和文化产业等五大支柱中得到比较充分的体现。

（一）非洲法郎："一石多鸟"的对非经济工具

非洲法郎原本是法国为其前殖民地国家设计的一种货币，诞生于1945年。非洲法郎的法语缩写为"FCFA"，本义为"非洲法属殖民地法郎"（Franc des Colonies Françaises d'Afrique），后被西非经济货币联盟①成员国称为"非洲金融共同体法郎"（Franc de la Communauté Financière Africaine），简称"西非法郎"，被中非经济货币共同体②成员国称为"非洲金融合作法郎"（Franc de la Coopération Financière en Afrique），简称"中非法郎"，缩写依然是"FCFA"。非洲法郎的主要特点是：与欧元挂钩（欧元诞生前与法国法郎挂钩），保持固定汇率（1欧元=655.957非洲法郎）；可与欧元无限制兑换；14个成员国③的外汇储备集中使用，其中50%须上缴法国国库；法郎区内资本可在各自区域内自由流通④。非洲法郎分别由西非经济货币联盟的西非国家中央银行和中非经济货币共同体的中非国家银行发行。

批评非洲法郎的经济学家认为，非洲法郎的存在可以被视为法国对非洲的"货币奴役"：非洲法郎是使用这一货币的非洲国家经济缺乏独立的最典

---

① 西非经济货币联盟成员国包括贝宁、布基纳法索、科特迪瓦、几内亚比绍、马里、尼日尔、塞内加尔和多哥8个国家。
② 中非经济货币共同体成员国包括喀麦隆、中非共和国、刚果（布）、加蓬、赤道几内亚和乍得6个国家。
③ 非洲法郎事实上还包括第15个国家科摩罗，其货币称为"科摩罗法郎"，目前汇率为1欧元=495科摩罗法郎。
④ 资本在西非与中非之间不能跨区域流通。

型表现方式，因为关于货币问题和汇率政策的重要决策都不是由这些国家做出，而是由法国做出。事实上，西非国家中央银行和中非国家银行的行长均无权对币值做出调整，在决策程序中起决定性作用的是法国派驻这两个银行的代表。① 1994年1月，在法国的操控下，西非中央银行宣布西非法郎贬值50%，由原来的50西非法郎兑换1法国法郎贬值到100西非法郎兑换1法国法郎。此举使部分非洲国家债务负担急剧增加，经济形势恶化，物价提高，城市居民购买力下降②。法国却可以用更加低廉的价格获得非洲的农产品和原材料。

部分经济学家为非洲法郎辩护，称这一货币制度保证非洲国家的货币币值稳定，可以在本区域内自由流通。因为非洲法郎与欧元挂钩，其国际信誉较高，对于国际金融机构以及外来投资者颇具吸引力。1994年非洲法郎贬值是综合考虑当时非洲国家经济形势后不得不做出的决定。此举使非洲国家增加了农产品和木材的出口，扭转了工业生产下降的局面，促进了经济增长。③ 法国人甚至辩称，无论从贸易还是投资角度看，如今非洲法郎区国家在法国经济中的占比都不高。维持非洲法郎对于法国来说是个沉重的负担。法国之所以这么做主要是出于道义责任。如果轻易放弃，非洲国家将会出现严重的资本外逃，引发经济崩溃。④

透过正反双方的意见，笔者认为，不可否认的事实是，通过非洲法郎这一货币制度上的特殊安排，法国可以掌控相关非洲国家的货币政策，控制其外汇储备，从而对非洲国家的财政政策发挥重要影响。这将为法国企业获取非洲资源、占据非洲市场提供强有力的保障，有效地支持法国的对非贸易和投资，并把相关非洲国家与法国在经济上牢牢地拴在一起。

---

① 中国驻马里大使馆经商处：《说说"非洲法郎"》，参见中国驻马里大使馆经商处网站，http://www.mofcom.gov.cn/article/i/jyjl/k/201611/120161101857849.shtml。
② 余文胜：《非洲法郎贬值两年来的影响及法郎区面临的问题》，《国际研究参考》1996年第5期，第24页。
③ 余文胜：《非洲法郎贬值两年来的影响及法郎区面临的问题》，《国际研究参考》1996年第5期，第23页。
④ 参见法国外交部网站关于非洲法郎的介绍。

（二）官方援助：重要的对非政策手段

与非洲法郎一样，官方援助是法国维护其在非洲经济特权、保证法非紧密关系的重要方式之一，是法国重要的对非政策手段。1998年之前，对非洲前殖民地国家的援助主要由法国合作部负责。1998年之后，法国的对外援助机制进行了比较大的调整，设立了高层级的国际合作及发展部际委员会（CICID），由总理亲任主席。绝大部分非洲法语国家被该委员会列入了"优先团结地区"国家名单。对外援助机制的调整并没有改变法国政府对援助问题的重视。对非官方援助始终是法国大国外交战略的有机组成部分。

虽然有过起伏，但官方发展援助在法国国民收入中所占比例一直处于相对较高的水平，在西方大国当中显得比较突出。据经合组织统计，从1985年到1994年的10年间，法国对外援助金额从31.33亿美元增至84.66亿美元，对非援助从14.07亿美元增至39.81亿美元，年均增长率分别达到11.68%和12.25%。尤其是冷战结束的1990年，法国对外援助和对非援助额分别大幅上涨了23.47%和36.09%。经过20世纪90年代下半期的低谷之后，法国的官方发展援助从2002年开始迅速回升。当年，法国官方发展援助额增加到54.86亿美元，比2001年增长30.68%；特别是对非援助额为26.02亿美元，大幅增长70%。2002~2006年，法国对外援助的总额和对非洲的援助金额均呈较快增长态势，五年间平均增长率分别达17.9%和18.66%，且对非援助额增长率高于平均增速。[1] 经过萨科齐时期的回调，奥朗德上台后宣布，对非洲投资和援助都要实现翻倍。从2013年起，法国优先援助16个非洲国家。2013年此项预算为31亿欧元，再加上低息贷款等方式，法国的官方发展援助资金总计超过93亿欧元。根据法国政府的统计，法国提供的国际援助资金占世界总量的10%，是全球第四大发展援助提供国。[2] 在

---

[1] 伍芳：《法国对非洲的发展援助及其启示》，《国际经济合作》2011年第3期，第50页。
[2] 中新社巴黎2013年7月31日电。

16个优先援助对象国家当中,除加纳外均为法语国家。①

2017年,马克龙上台伊始立即宣布,增加法国的官方发展援助是必须落实的竞选承诺。法国的目标是在新总统的五年任期内,即在2022年之前,将官方发展援助提升到国民收入的0.55%。非洲将是优先目标:据统计,法国2016年提供的官方发展援助中的1/4用于撒哈拉以南非洲国家。如果把法国通过多边金融机构提供的援助计算在内,这一比例达到了1/3。② 就任总统以来,马克龙在对布基纳法索、科特迪瓦、加纳、塞内加尔、突尼斯等非洲国家进行访问时承诺了多个援助项目。

值得我们注意的是,对当事国公共财政的直接补贴是法国对非援助当中特色鲜明的一种援助类型。较之普通发展援助,预算援助更是法国影响并控制非洲国家的政策利器,有着较为浓厚的殖民时代印记。如,法国政府分别于2005年、2006年、2007年向贝宁政府提供财政援助150万欧元、450万欧元和30亿西方法郎。2014年,法国向尼日尔政府提供预算援助100万欧元。③ 2018年2月,马克龙访问塞内加尔,向该国提供3966万欧元预算援助。④ 与之形成对比的是,在中国的援外资金支出范围中没有包含"预算援助"这一类型。

(三)债务负担:影响非洲国家的有效方式

在非洲国家发展对外关系的过程中,债务问题在很大程度上影响和改变了一个国家在各类国际议程中的地位与发言权。过去的经验表明,在很多情况下,债务的减免如同援助的提供一样,不仅仅是一个纯粹的财务问题,往往会染上政治色彩,成为他国或多边金融机构对债务国国内政治与政策施加影响的渠道与平台,如要求这些国家按照债权方的要求进行所谓的"结构

---

① 16个非洲国家是:贝宁、布基纳法索、布隆迪、吉布提、科摩罗、加纳、几内亚、马达加斯加、马里、毛里塔尼亚、尼日尔、中非共和国、刚果(金)、乍得、多哥和塞内加尔。
② 法国外交部网站。
③ 参见中国驻贝宁大使馆经商处、驻尼日尔大使馆经商处负责编写的《对外投资合作国别(地区)指南》贝宁卷、尼日尔卷。
④ 新华社2018年2月5日电。

性改革"，在大宗商品出口方面附加限制性贸易条件，或在债务重组过程中对"决定点"及"完成点"① 条件根据债权方的想法进行设置。

各类贷款资金进入非洲，随之而来的是债务问题的凸显②。20世纪80年代，债务问题曾经给撒哈拉以南非洲国家留下过惨痛的回忆。1980～1988年，撒哈拉以南非洲国家的外债从56亿美元增加到1380亿美元，按不变美元计算增加了650%以上。在此期间，相关国家的实际人均国民收入下降了11%左右。外债占相关国家的国民收入和出口额的百分比增长了3倍以上，半数以上的撒哈拉以南非洲国家拖欠偿还外债，纷纷要求重新安排债务。③ 近年来，国际社会提醒非洲国家应当警惕不断增长的债务问题。根据联合国贸易和发展会议2016年7月发布的《2016非洲经济发展报告——非洲的债务动态与发展融资》，过去20年来，国际社会在《重债穷国倡议》和《多边债务减免倡议》框架下采取过债务减免行动，但若干非洲国家的外债仍急剧增加，引起了政策制定者、分析师和多边金融机构的担忧。非洲外债存量增长迅猛，2011～2013年每年平均增加10.2%，而2006～2009年的年均增长率只有7.8%。2011～2013年，非洲年均外债存量达4430亿美元（占国民总收入的22.0%）。非洲的外债比率目前看来虽属可控，但一些国家债务的迅速增长却令人关注，需要采取行动，以免20世纪80年代的非洲债务危机重演。④

目前，国际上处理政府间债务重组事宜的方式主要有两种。一种是通过IMF和世界银行制定的《重债穷国倡议》（HIPC Initiative）及其增强版来处理多边债务，另一种是通过巴黎俱乐部⑤处理官方双边债务。尽管从待处理

---

① 侯舸：《巴黎俱乐部债务重组条款对中国企业"走出去"的影响》，《国际融资》2011年第1期，第54页。
② 即便是官方发展援助，其中赠款的比例也是比较小的，大部分为各类优惠贷款。
③ 唐宇华：《八十年代撒哈拉以南非洲国家的债务危机与国际减缓措施》，《世界经济》1990年第8期，第67页。
④ 联合国贸易和发展会议：《2016非洲经济发展报告——非洲的债务动态与发展融资》，2016年7月21日。
⑤ 巴黎俱乐部成立于1956年，是主要债权国家专门为负债国和债权国提供债务安排（债务重组、债务宽减、债务撤销）的非正式国际组织，包含22个永久会员国。

的债务分类上来说，这是两个完全不同的债务处理机制，但巴黎俱乐部成员多为 IMF 和世界银行成员。出于减少债务国整体偿债负担的考虑，巴黎俱乐部通常紧绑 IMF 和世界银行，力求在一个框架内统一考虑债务国的偿债能力，实现多边/双边债务减免/重组。此外，对于那些目前还不是巴黎俱乐部成员的国家（如中国），该组织针对债务国（比如非洲国家）做出的债务安排也会对它们在当地（如非洲）的经济活动产生复杂的间接或直接影响。①

巴黎俱乐部会址在巴黎，其秘书处设于法国经济财政部，每年开会 10 次，由法国经济财政部国库司司长主持。法国通过国际货币基金组织、世界银行、巴黎俱乐部以及自身与非洲国家之间的双边渠道在欠发达国家的债务管理方面掌控了与美国相当的发言权。有批评者认为，非洲国家"越还越多"的债务负担表明，以法国为代表的巴黎俱乐部成员在债务管理过程中不乏政治考量，更不会缺少对债权方利益的考虑。

（四）行业巨头：经济垄断的主要行为体

法国与非洲法语国家经济"融合"程度之高，使贸易或投资数据往往不能准确反映双方在经济领域的关系之深。之所以会出现这种情况，垄断企业的作用"功不可没"。由于历史原因，非洲法语国家的银行、保险、矿业、电信、能源等要害行业，常常被法国巨头所控制。20 世纪 90 年代的私有化进程使这些国家的供水、电力、农产品等重要行业也陆续落入法国企业之手。我们耳熟能详的法国行业巨头，如法国电力、阿海珐、巴黎银行、法兴银行、博洛雷、道达尔、拉法基、路威酩轩、雅高、法国燃气、米其林、阿尔斯通……无不在非洲深入拓展市场，甚至形成行业垄断。

根据法国外交部的统计，目前有 1100 家法国企业集团在非洲设立了超过 2109 家分支机构，法国企业也因此成为在撒哈拉以南非洲国家最大的雇

---

① 侯舸：《巴黎俱乐部债务重组条款对中国企业"走出去"的影响》，《国际融资》2011 年第 1 期，第 54 页。

法国蓝皮书

主之一,直接或间接创造的就业岗位大约有47万个。[1]

通过以下实例,我们就能对法国行业巨头在非洲市场上的垄断地位感知一二:法国能源巨头阿海珐控制了尼日尔70%的铀矿(核原料)出口;道达尔31%的石油产量来自非洲;在非洲法郎区国家,法国巴黎银行、法兴银行、里昂信贷等三家法国银行占所有银行营业额的70%;AGF-安联(AGF-Allianz)、安盟保险(Groupama)和安盛保险(AXA)在非洲拥有垄断性竞争优势;[2] 在南非,Eskom国家电力公司80%以上的发电机组由法国阿尔斯通公司供应;施耐德电气在10多个非洲国家拥有2500多家合作伙伴;Orange公司成为众多非洲国家电话及网络运营商;埃赫曼(Eramet)矿业集团在加蓬和塞内加尔优势突出;法国蔬菜水果公司(La Compagnie Fruitière)仅在加纳一国的雇员就达2400人,每年出口香蕉8万吨、菠萝1万吨;赛诺菲是非洲遥遥领先的第一大药品供应商,年营业额超过10亿欧元……[3]

法国在非洲的垄断性企业当中,比较有代表性的是物流领域的博洛雷(Bolloré)集团。该集团下属全资子公司博洛雷环非物流(Bolloré Africa Logistics)是非洲第一大物流运输企业。20世纪20年代,博洛雷集团开始在塞内加尔开展第一笔业务。如今,博洛雷集团在非洲大多数国家已拥有50年以上的经营历史,在45个非洲国家设有250家分公司,员工总数达2.5万人。博洛雷集团目前在12个非洲国家以PPP公私合作方式运营其主要港口,在25个非洲国家港口经营干货、散货仓储、海关保税仓库等。该公司在几内亚、科特迪瓦、喀麦隆等12个非洲法语国家以及尼日利亚、加纳等非洲英语国家取得了集装箱码头运营权。博洛雷集团由

---

[1] 法国外交部网站,https://www.diplomatie.gouv.fr/fr/dossiers-pays/afrique/relations-economiques-entre-la-france-et-l-afrique/,最后访问日期:2019年4月9日。

[2] Philippe Hugon, La politique économique de la France en Afrique, *Politique africaine*, 2007/1 (No. 105), pages 54 à 69.

[3] Hubert Védrine et autres, «Un partenariat pour l'avenir: 15 propositions pour une nouvelle dynamique économique entre l'Afrique et la France», Rapport au Ministre de l'économie et des finances, décembre 2013, 第70~71页。

此成为包括中国企业在内的所有国际企业在非洲发展业务时很难避开的业务对象。①

（五）文化产业：难以撼动的优势地位

鉴于法非之间在人员往来、共同语言和历史传统等方面的特殊联系，法国在非洲法语国家文化产业中的优势地位短期之内很难被撼动。目前全球2.2亿法语人口当中，有超过1亿人生活在非洲。据2008年统计，在法国有280万来自非洲国家的移民，而有235万法国人生活在非洲。2010年，法国接纳的非洲留学生数量为11.1万，为世界第一，而分别处于第二、第三位的美国与英国各自接纳的数量仅为3.7万人左右。② 正是上述事实造就了法国在非洲特别是在法语区文化市场上的领先态势。

在媒体领域，法国国际广播电台、法国电视五台、Canal+电视台（法国电视四台）、环球音乐集团等在非洲影响力巨大。法国威望迪环球集团（Vivendi）不仅是环境公共事业（水务、垃圾处理等）的全球第一大公司，还凭借Canal+、环球音乐等子品牌成为世界第二、非洲最大的传媒集团，在非洲的影视、音乐、电信和网络市场上拥有举足轻重的影响力。

以法国电视五台为例，据统计，在非洲有超过1000万个家庭收看该电视台的节目，分布在48个国家③。在非洲法语国家，10个人当中有9个人知道该电视台。每周收看该台节目的观众达2140万人次。在非洲法语国家首都，该电视台的知名度超过90%：金沙萨为94.6%，巴马科为97.7%，达喀尔为93.6%。每周收看该台节目的观众比例平均为80%（马里为

---

① Pierre Magnan，«Qu'appelle-t-on les intérêts français en Afrique»，*Franceinfo Afrique*，publié le 27 mai 2013，https：//www.francetvinfo.fr/monde/afrique/qu-appelle-t-on-les-interets-francais-en-afrique_3071895.html.

② Hubert Védrine et autres，«Un partenariat pour l'avenir：15 propositions pour une nouvelle dynamique économique entre l'Afrique et la France»，Rapport au Ministre de l'économie et des finances，décembre 2013，第67页。

③ 其中包括22个法语国家、17个英语国家、5个葡萄牙语国家、3个阿拉伯语国家以及1个西班牙语国家。参见法国电视五台2017年工作报告。

81.6%，金沙萨为64.8%）。在刚果民主共和国，法国电视五台为第一大国际电视台。① 在众多非洲法语国家，可以很便捷地使用收音机收听法国电台的节目，购买法国最新出版的报纸、刊物和书籍。

作为法语语言和法国文化对外传播的重要机构，法语联盟在非洲的影响力同样不可低估。目前，全世界共有834个法语联盟，分布于132个国家和地区，约有49.1万名学员参加法语联盟的课程学习。非洲共有115个法语联盟，分布在35个国家，注册学员数量约8万人。

随着非洲法语人口的不断增长，法国在非洲文化产业中的优势地位可能还将不断增强。根据法语国家组织（OIF）的统计，到2050年，世界法语人口将达7.15亿，其中85%将生活在非洲。②

结语：不可低估的法非经济关系

如何对当前法国在非洲特别是非洲法语国家的经济存在进行客观准确的评估？这是本文试图回答的问题。根据前文所述，不论是"唱衰派"还是"正常论"，似乎都有一定的事实依据。我们需要注意的事实是，尽管法国在非洲的存在感有所收缩，尽管法国政、经、学各界人士口口声声说在非洲遇到了中国、美国、德国乃至印度等国家的有力竞争，但是，凭借坚实的政治、军事和文化支撑，依托自身在非洲市场上的专属优势，法国在非洲的经济存在依然强劲，法非经济关系的特殊性不可低估。

（一）坚实的政治、军事和文化支撑

法国在非经济利益有着坚实的政治、军事和文化支撑。在政治上，虽然福卡尔与他的"非洲组"已经成为历史，但法国仍然通过法非首脑会议、欧非首脑峰会、法语国家组织峰会等机制性安排把非洲国家尤其是法语国家

---

① 法国电视五台2017年工作报告。
② Martine Jacot et Nathalie Brafman, L'Afrique, phare de l'avenir, *Le Monde géo et politique*, 3 août 2012.

与法国在政治上紧密地联系在一起。军事领域的双边或多边"合作"始终是法国强化其对非关系的重要途径。目前，与法国重新签署《防务协定》的非洲国家有8个。另有16个非洲国家与法国签订了《军事技术合作协议》。[①] 通过双边协议或多边安排，在非洲驻扎的法国军队人数超过1万人，其中驻扎在吉布提、加蓬、塞内加尔（佛得角）与留尼旺等四个常设军事基地的军人数量超过5000人。另有数千法国军人以临时派驻、参加国际维和部队或开展军事技术合作、军事培训的名义被派到非洲。[②] 仅法国在非常驻军人的年度支出就超过5.4亿欧元。从20世纪80年代到2011年，法国驻非部队发起的军事行动达51次，行动范围遍及整个非洲法语区。其中比较有代表性的行动有：独角兽行动（2011年，科特迪瓦）、薮猫行动（2013年，马里）、红蝴蝶行动（2013~2015年，中非共和国）、新月沙丘行动（2015年，萨赫勒地区）、食雀鹰行动（1986~2014年，乍得）。这些军事行动给非洲国家政府和民众带来的精神压力与心理冲击可想而知，也让法国企业在非洲市场上显得底气十足。在文化上，通过法语语言这一强有力的纽带以及遍布非洲的新闻媒体、社团组织、文教机构和非政府组织，法国在非洲编织了一张巨大的软实力之网，对法非特殊关系的存在与发展发挥着不可或缺的作用。

（二）法国企业的专属优势

法国企业有着视非洲市场为"专属猎场"的传统。据法国外交部统计，1/3的法国出口企业在非洲有业务。2002~2017年，向非洲出口的法国企业达38000家。在部分行业，法国在非企业享有垄断地位，其中最为突出的是银行业与保险业。由于法国通过发行非洲法郎对西非国家中央银行和中非国家银行这两所非洲区域性央行具备了决定性影响力，其也就自然而然地在货

[①] 张林初：《法国新版〈国防与国家安全白皮书〉评析》，《法国研究》2014年第1期，第5页。

[②] 法国参议院外交事务委员会：《法国的非洲政策》专题报告，2011年2月28日提交，第23~24页。

币政策、外汇管制、商业银行以及保险公司的行业准入和管理等方面拥有了先天性优势。法国的巴黎银行、法兴银行、安联、安盟和安盛保险公司就此在非洲法语国家市场上形成了难以撼动的垄断地位。在非洲法语国家市场上发展的中国企业大多需要通过它们获得必不可少的金融和保险服务。博洛雷集团在非洲的物流市场上同样独领风骚。在矿产、热带经济作物等关系到非洲国家经济命脉的关键领域,法国企业拥有优先开采权和经营权。比较典型的是阿海珐公司对尼日尔铀矿的垄断、法国与比利时合资 SACO 公司对科特迪瓦可可的垄断。通过向非洲国家提供官方援助特别是预算援助、签署防务协定或军事技术援助协定,法国企业获得了这些国家自来水、电力、电信以及交通等公共事业的特许经营权、政府采购的优先供货权以及针对军方的供货垄断权。非洲法郎的存在为法国企业在西非、中非地区的投资和贸易活动提供了极大的便利。另一个值得关注的现象是,由于语言、法律、体制相同,法国企业在非洲国家的市场开发、项目管理、项目运营与跟踪服务等方面的优势十分明显。在相当数量的非洲"本土"企业中,担任高级管理职位的却是法国人。以贝宁为例,在该国开展业务的法国企业有 31 家,但另有 44 家本土企业由法国人负责管理。这些企业加在一起在贝宁国内生产总值中占比高达 15%。① 此外,法国对区域经济治理议程的深度参与是一个未得到充分研究但却非常重要的问题。在负责设计、改革区域经济治理的一些地区性机制当中,法国的身影随处可见。这样的机制包括:非洲商法协调组织(Organisation pour l'Harmonisation en Afrique du Droit des Affaires, OHADA)、非洲跨国保险市场大会(Conférence interafricaine des marchés d'assurance, CIMA)以及非洲知识产权组织(Organisation africaine de la propriété intellectuelle, OAPI)等。在这些负责制定区域市场法律框架和游戏规则的重要机制中,尽管法国不一定会出现在前台,但往往发挥着引导性或关键性作用。

---

① 法国驻贝宁大使馆网站,https://bj.ambafrance.org/Relations-commerciales-economiques,最后访问日期:2019 年 4 月 9 日。

（三）法非贸易占比下降，但利润可观

虽然从数据上看，法国的主要贸易伙伴并不在非洲，非洲国家在法国进出口贸易中的占比并不高。但是，透过这一表象，一个值得我们注意的现象是，法国从其对非贸易当中获益相当可观。根据法国出口信用保险公司科法斯集团（COFACE）的统计，进入21世纪以来，除国际市场上原材料价格猛涨的2008年及2012年之外，法国对非贸易一直保持出超。[1] 2016年，法国对撒哈拉以南非洲国家的贸易出超达到了创纪录的35亿欧元，而当年法国商品外贸的整体逆差从2015年的450亿欧元上升至480亿欧元。2017年，法国对撒哈拉以南非洲国家的贸易出超略有下降，但仍达29亿欧元。与之形成对比的是，2017年法国商品外贸整体逆差扩大至623亿欧元。[2] 法国对非贸易的优势在非洲法语国家体现得尤其明显。例如，对于贝宁这样一个西非法语小国，法国的年度贸易顺差一直保持在2亿欧元以上。[3]

（四）法国因素对中非经贸关系的影响

近年来，随着中非交流合作不断拓展和深化，法国人的危机感越来越强烈。在法国官方、企业或学界发布的各类涉非报告、文件和研究成果中，中国不断地被提及并被拿来与法国进行比较。2013年10月，法国参议院外交事务委员会向参议长提交了一份题为《非洲是我们的未来》的专题报告。这份501页的报告提及中国达381次。12月，法国前外长韦德里纳应法国总统要求牵头完成了一份调研报告，题目为《非洲与法国：面向未来的合作伙伴》。这份170页的报告171次提及中国。[4] 韦德里纳在他的报告中不

---

[1] COFACE：«Course aux parts de marché en Afrique：l'échappée française reprise par le peloton européen»，*Les Publications économiques de COFACE*，juin 2018，p.3.
[2] 参见法国外交部网站、中国金融信息网、新华网。
[3] 参见中国驻贝宁大使馆经商处编《对外投资合作国别（地区）指南》贝宁卷。
[4] 数据为笔者自行统计。

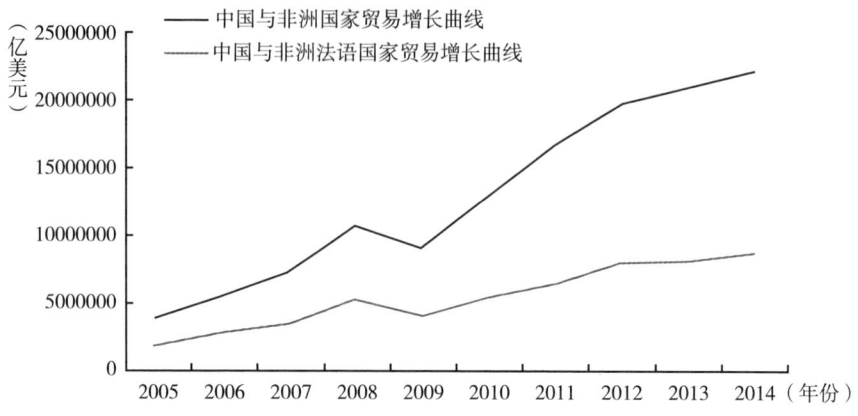

图 1 中国与非洲国家、非洲法语国家贸易增长曲线比较

资料来源：倪肖蔚根据中国国家统计局提供的中非贸易数据汇总制作。

断强调：尽管中国在非洲市场上来势正猛，但法国在非洲法语区依然有着明显的优势；就市场占有率而言，法国在加蓬超过30%，在塞内加尔为18%，在科特迪瓦和喀麦隆为14%。尽管从非洲整体上看，法国的市场占有率远低于中国，但在法语区，法国能做到与中国旗鼓相当：2011年，法国的市场占有率为17.2%，中国为17.7%。在加蓬、塞内加尔等国家，法国的市场占有率仍然超过中国。[①] 应当承认，韦德里纳所言非虚。法国企业在非洲法语国家的优势是客观事实。换一个角度，这一点也可以理解为：法国因素影响甚至在一定程度上制约了中国与相关非洲国家经贸关系的进一步发展。从图1我们可以看出，中国与非洲法语国家的贸易增长曲线显著低于中国与非洲国家贸易的平均增长曲线。对此，中国需要仔细分析、认真思考，拿出切实可行、有针对性的解决方案。

总而言之，对于法国在非洲，特别是在非洲法语国家的经济存在，我们应当有一个准确、客观的认识。既要看到法国在非洲影响力的衰减，也要对

---

① Hubert Védrine et autres, «Un partenariat pour l'avenir: 15 propositions pour une nouvelle dynamique économique entre l'Afrique et la France», Rapport au Ministre de l'économie et des finances, décembre 2013, p. 69.

法非关系的特殊性有比较充分的把握。在新时期纷繁复杂的国际形势下，在展开竞争的同时，为了谋求自身的发展，应对共同的威胁，中、法、非三方都有开展双边、三边乃至多边合作的动机和理由。关键在于积极探索，开拓创新，找到合适的形式与渠道，发挥各自的比较优势，取长补短，互利共赢。

B.12
从"不站队主义"到"站队主义"的持续转向

——对马克龙执政以来法美关系的一种现实主义解读

戴冬梅 陆建平*

摘 要： 本文基于一种现实主义视角，主张法国第五共和国期间的法美关系，可以以2003年导致法美陷入最严重双边危机的伊拉克战争为截止点，分割为"经典戴高乐主义"和"新戴高乐主义"两个阶段。在"经典戴高乐主义"阶段，法国实质作为修正主义国，奉行"不站队主义"，主要通过挑战和制衡美国霸权，树立和维护法国的大国地位、国家利益和身份认同，历时半个世纪左右。在"新戴高乐主义"阶段，法国实质转型为守成主义国，实质与美"站队"，通过接受和配合美国霸权，同时否定和制衡新兴国家，力求维持法国作为守成大国的影响力和力量投射能力。马克龙是这一"大西洋主义"转向的守护者和推进者。驱动法国精英阶层实现从"不站队主义"到"站队主义"范式转换的三大结构性因素是：法国对美战略性依赖的深化、欧盟对美不对称地位的深化，以及国际权力分布的去西方化。一个亲美主义的长周期似乎已经到来。

---

* 戴冬梅，北京外国语大学法语语言文化学院院长、副教授，主要研究方向为法语教学、中国法语传播史、法国语言政策、法国对外政策。衷心感谢我的先生陆建平协助收集素材、翻译德文资料和提供修改建议；陆建平，法律硕士，法律翻译工作者。

从"不站队主义"到"站队主义"的持续转向

关键词： 法国政治 法美关系 "大西洋主义"

  法国和美国之间的关系，尤其是国家层面的关系，可以围绕战争做出一种现实主义的判读。基于这一视角，法美关系可谓兴于战火、长于战火、异化于战火、嬗变于战火。法美两国因美国独立战争于1778年结盟，法国由此成为美国最古老的、唯一没有与美国发生战争的盟友。这一关系是莫瓦斯（Claude Moisy）所说的"冷冰冰的实力政治（Realpolitik）计算"[1]的盟友关系，将因英美修好、法国大革命以及随后法国与英国等欧洲列强之间爆发的战争而流于具文。美国国父、拉法叶特的养父华盛顿总统宣布美国中立，美法交恶，两国海军处于长达五年的准战争对抗状态。法美盟友关系由此被以汉密尔顿为代表的亲英联邦主义派视为负担，并成为美国"孤立主义"或"不结盟主义"的催化剂[2]。140多年后，在两次世界大战中，美国是不情愿的、姗姗来迟的援兵，拯救法国和其他盟友，法美关系出现结构性逆转，世界权力和范式生产中心转向美国。以法英在1956年苏伊士运河战争中因美苏压力而败退为标志，法国陷入不对称的"附庸"伙伴地位。法国第五共和国于1958年成立后，戴高乐将军及其后续者，在法国经济实现"辉煌三十年"增长的背景下，实行"戴高乐主义"外交政策，以西方阵营中的独立政治力量自居，挑战和制衡美国在欧洲事务和世界事务上的霸权地位。但随着德国统一、苏联解体以及冷战后单极世界格局的到来，法国战略地位下降，法美不对称关系深化。2003年，法美关系因在伊拉克战争上的分歧和对抗而陷入严重危机。之后，法国精英阶层告别了"经典戴高乐主

---

[1] Claude Moisy, «Le mythe de La Fayette ou les relations franco–américaines en trompe–l'œil», in *Politique américaine*, n° 11, 2008/02, pp. 77–86.
[2] 华盛顿在1796年的告别书中，警告年轻的美国不要与欧洲大陆国家建立应急之需的临时盟友关系之外的任何长期盟友关系，并强调："一个对他国沉溺于惯常的憎恨或喜爱之心的国家，一定程度上是个奴隶。"美国由此开始了长达150多年的"孤立主义"。参见https://history.state.gov/milestones/1784–1800/washington–farewell，最后访问日期：2019年2月10日。

义",嬗变为守成国,拥抱"大西洋主义"①,向美国看齐"站队"。从利比亚战争到克里米亚危机,从叙利亚战争到安全防务战略的亚洲转向,莫不如此。

本文将分三部分论述法美关系。第一部分简略回顾第五共和国以来的法美关系的特征。第二部分通过分析重大双边或多边外交事件,认为马克龙继续推进自萨科齐以来的对"美站队主义"或"大西洋主义"转向。第三部分探析驱动法国"大西洋主义"转向的三大结构性因素。

一 法国第五共和国时期法美关系回顾:从"不情愿的盟友"到"首要欧洲盟友"

法国第五共和国期间的法美关系,可以用2003年的伊拉克战争为截断点,划分为两个阶段。在第一阶段,在两极世界格局中,法国作为"修正主义国",通过牵制、挑战甚至否定美国霸权,最大程度地维护自身的大国声望、行动力和影响力,被视为"不情愿的盟友"②。在第二阶段,在一个美国依然属于超级霸权国的单极世界格局中,法国作为"守成主义国",嬗变为美国的"不可或缺的伙伴"③ 和"首要欧洲盟友"④,通过务实接受美国超级霸权,对美"站队",同时日益以新兴大国为否定和制衡的对象,寻求实现法国国家利益的最大化。

---

① 在法国政治语境中,"大西洋主义"具有一定贬义。韦德里纳(Hubert Védrine)认为,"大西洋主义"在"经典意义上,指由于苏联威胁,欧洲在二战后对美国的站队义务(alignement oblige)……其在苏联崩溃后已部分丧失存在合理性"。参见《Hubert Védrine: En Occident, l'heure est venue d'un inventaire sérieux sur nous – mêmes》,Le Monde, le 13 janvier 2017。
② 转引自 Frédéric Charillon, "France and the US: From Reluctant Alliance to Ambiguous Rapprochement", in European Political Science, 2010/09, pp. 189 – 198.
③ 美国国家安全委员会发言人在斯诺登(Snowden)披露"安全门"丑闻后的措辞,参见《Entre Washington et Paris, des liens devenus très étroits》,Le Monde, le 24 juin 2015, https://www.lemonde.fr/ameriques/article/2015/06/24/entre – washington – et – paris – des – liens – devenus – tres – etroits_ 4660332_ 3222. html? xtmc = relations_ franco_ americaines&xtcr = 47。
④ Michael Shurkin, Peter A. Wilson, 《France is Replacing the UK as America's Top Ally in Europe》, 2015/03, https://www.rand.org/blog/2015/03/france – is – replacing – the – uk – as – americas – top – ally – in. html.

从"不站队主义"到"站队主义"的持续转向

第一阶段可称为"经典戴高乐主义"时期，基本对应戴高乐将军至希拉克政府时期，历时半个世纪左右。在这一阶段，法国作为挑战国乃至"单边主义者"，以美苏尤其以美国①为否定对象，制衡美国的欧洲霸权和全球霸权，界定和捍卫法国身份认同、"例外主义"和生活方式。二战结束后，特别是在苏伊士运河危机中法英联军因美苏压力而撤军后，法国已彻底丧失了老牌帝国的事实地位，而沦为美国的保护对象。比起苏联霸权，戴高乐更担心美国在欧洲的支配地位。戴高乐认为，欧洲对美军事依赖的永久化将导致政治依赖②。作为美国欧洲霸权的挑战者，年轻的第五共和国在摆脱殖民战争之困之后，迅速拥抱阿拉伯国家、第三世界国家，基于独立核打击力量的发展、法国"辉煌三十年"的经济增长以及戴高乐将军的魅力和光环，长袖善舞，成为"修正主义国"，在北约、欧洲防务共同体、对华关系、越南战争、巴以冲突、美元霸权等问题上与美国唱反调，奉行独立外交和"不站队主义"，倡导多极世界愿景，力图摆脱"附庸"地位。在冷战结束之后的单极格局中，这一态势持续，主要围绕北约存留和扩张、欧共体独立外交和防务建设等展开。直至2003年初，法美之间因伊拉克战争发生公开对抗，两国陷入第五共和国以来最严重的双边关系危机。伊拉克战争的爆发，象征着"经典戴高乐主义"悲壮的告别演出③，以及其"不站队主义"边际收益的归零点④。

---

① 美国中央情报局1967年10月6日题为《法国和大西洋联盟》的内部报告，第1、6页，https://www.cia.gov/library/readingroom/docs/DOC_0000274181.pdf。

② «Hubert Védrine: En Occident, l'heure est venue d'un inventaire sérieux sur nous-mêmes», *Le Monde*, le 13 janvier 2017.

③ 法国部分戴高乐主义者将德维尔潘在2003年联合国的发言称为"象征性的安魂曲"，参见Julien Suaudeau, Raphaël Pouyé, «Pour en finir avec le neoconservatisme made in France», *Le Figaro*, le 16 mai 2014, http://www.lefigaro.fr/vox/societe/2014/05/16/31003-20140516ARTFIG00378-pour-en-finir-avec-le-neoconservatisme-made-in-france.php?redirect_premium。

④ Michel Duclos, «Gaullo-Mitterrandisme contre Néoconservateurs à la française: un vrai-faux débat», https://www.institutmontaigne.org/blog/2017/08/03/Gaullo-Mitterrandisme-contre-n%C3%A9o-conservateurs-%C3%A0-la-fran%C3%A7aise-%E2%80%93-un-vrai-faux-d%C3%A9bat, le 3 août, 2017.

第二阶段可称为"新戴高乐主义"时期，其正式起点始于萨科齐政府执政之时（即 2007 年 5 月）。自此，法国虽仍力求维持战略独立，但嬗变为"守成主义国"，务实接受法国综合国力在经济全球化（或美国化）中继续下滑的事实和美国在欧洲及全球的霸权地位，寻求通过与美国建立特殊关系，更有效地维护法国的行动力和影响力。从被称作"二战以来最亲美总统"① 和"法国小布什"② 的萨科齐总统，到具有"明显的'大西洋主义'和'干预主义'"③ 的奥朗德总统，莫不致力于弥补、修复和提升法美关系，在战略、安全、贸易和重大国际问题上日益向美国看齐，维护所谓"自由国际秩序"。同时，法国通过否定和制衡新兴国家，重新界定法国"例外主义"、身份认同和国家利益。法美两国"在军事层面、多边事务、反恐、外交和经贸事宜上的合作日益密切"，④ 法国"终于实现了第五共和国的目标，即在美国面前取得与英国平起平坐的地位"⑤。"大西洋主义"转向的标志性事件包括 2009 年重返北约军事指挥机构、联合英国主导 2011 年利比亚战争、在叙利亚问题上持积极干预主义姿态、在乌克兰危机问题上奉行"站队主义"、加入具有地缘政治考量的《跨大西洋贸易与投资伙伴协议》

---

① «Nicolas Sarkozy, l'Américain», Le Monde, le 1er décembre 2010, https：//www. lemonde. fr/a－la－une/article/2010/12/01/nicolas－sarkozy－l－americain_ 1447391_ 3208. html? xtmc = relations_ franco_ americaines&xtcr = 111.

② «Quand l'Amérique salut le George Bush de la France», Le Monde, le 8 avril 2011, https：//www. lemonde. fr/a－la－une/article/2011/04/08/quand－l－amerique－salue－le－george－bush－de－la－france_ 1504878_ 3208. html? xtmc = relations_ franco_ americaines&xtcr = 103.

③ 《世界报》的综述报道对奥朗德政府的对外政策做出积极评价，认为与上任之初即 2012 年相比"法国在国际舞台上的可信度高了，声音更响了"，https：//www. lemonde. fr/international/article/2017/05/10/francois－hollande－une－diplomatie－guerriere－et－reactive_ 5125397_ 3210。

④ Jeff Lightfoot, "The French-American Alliance in an America－First Era", Atlantic Council, April 2018, https：//www. atlanticcouncil. org/publications/reports/the－french－american－alliance－in－an－america－first－era.

⑤ 法国防务智库 FRS 负责人的评论，参见 Camille Grand, «Splendeurs et misères de la relation franco-américaine», Le Figaro, le 7 février 2014, http：//premium. lefigaro. fr/international/2014/02/07/01003－20140207ARTFIG00328－splendeurs－et－miseres－de－la－relation－franco－americaine。

（TTIP）谈判，以及在防务安全战略态势上践行"亚洲转向"等。而以"革命者"自居的马克龙，同样可被视为以"大西洋主义"转向为基础的"新戴高乐主义"的守护者和推进者。

二 马克龙主政以来的法美关系：两次踏入同一条河流？

马克龙上台前后，法国部分精英分子持续呼吁摒弃2007年以来的"大西洋主义"，重新拥抱"戴高乐主义"，重新界定国家利益，而马克龙同样高调宣布自己是"戴高乐—密特朗主义"的信奉者，希望"告别一种进口十多年的'新保守主义'"，强调"无法仅仅通过军事手段（dispositif militaire）解决问题"，[1] 重申"外交的独立性……在一个多极、不稳定世界中，我们必须自己每天根据我们自己的利益，进行筹划和谋略"[2]。但是，法美关系出现"大西洋主义"转向，自有其内在的逻辑和动力。即使鼓吹"孤立主义""保护主义"和"排外主义"的特朗普上台，美国被认为走向民族主义和"单边主义"，[3] 甚至正从单极霸主或"1945年建立的国际秩序的终极保证者"蜕变为"平民俊秀"（primus

---

[1] 马克龙2017年6月21日对包括《费加罗报》等在内的欧洲媒体的集体访谈，http://premium.lefigaro.fr/international/2017/06/21/01003 – 20170621ARTFIG00333 – emmanuel – macron – l – europe – n – est – pas – un – supermarche.php。

[2] 马克龙总统2017年8月29日在大使会议上的讲话。«Discours du président de la République-Semaine des ambassadeurs», 29 août 2017, https://www.diplomatie.gouv.fr/fr/le – ministere – et – son – reseau/actualites – du – ministere/conference – des – ambassadeurs – et – des – ambassadrices/editions – precedentes/xxve – conference – des – ambassadeurs – et – des – ambassadrices – 28 – 31 – aout – 2017/article/discours – du – president – de – la – republique – semaine – des – ambassadeurs – 29 – 08 – 17.

[3] 《马克龙和特朗普：两种世界观的撞击》，《费加罗报》2018年9月26日。Isabelle Lasserre, «Macron Trump, le choc de deux visions du monde», Le Figaro, le 26 septembre 2018, http://premium.lefigaro.fr/vox/monde/2018/09/26/31002 – 20180926 ARTFIG00378 – macron – trump – le – choc – de – deux – visions – du – monde.php.

inter pares),① 但在对美关系上,马克龙仍踏入了与前两届政府相同的河流,继续推进法国的"大西洋主义"转向。

自2017年5月主政以来,马克龙在内政和对外政策上敢作敢为,备受瞩目。在内政上,快节奏地推出减税、削减财政赤字、削弱工会力量、倡导创业文化和数字经济等一系列具有自由主义色彩、旨在重振法国经济(并同时赢取德国政府对法国欧盟建设动议的支持)的改革举措。在对外政策上,除了以2017年9月在索邦大学发表呼吁建设一个强大、自主、具有保护力的欧元区和欧盟的演讲为标志的欧盟外交攻势外,马克龙还践行以俄法首脑会晤、法美首脑会晤(包括2017年7月邀请特朗普参加法国国庆活动,2018年5月对美国进行国事访问,2018年11月邀请特朗普出席一战结束100周年纪念活动,以及在北约、G7等场合与特朗普会面等)为代表的"总统外交"和"大国外交",以及围绕《巴黎协定》展开的"多边主义影响力外交"和"公共外交"攻势。借用马克龙前外交顾问、前法国驻德国和欧盟大使菲利普·埃蒂安(Philippe Etienne)的措辞,马克龙时期法国世界角色的三个维度是法国革新、欧洲愿景和促进基于规则的国际秩序。② 其中,重启法德合作,推动欧盟一体化,尤其是深化欧元区建设,被视为马克龙对外政策的核心一环。

但是,目前看来,这些内政外交举措,并没有真正让法国得以填补英国脱欧和特朗普政府的"混沌外交"③或"手榴弹外交"④留下的战略空间,

---

① [法]高马尔(Thomas Gomart):《2017年回顾:美国让盟友们惊慌失措》,《世界报》2017年12月31日,https://www.lemonde.fr/ameriques/article/2017/12/31/retrospective-2017-les-etats-unis-deroutent-leurs-allies_5236328_3222.html?xtmc=diplomatie_d_influence&xtcrgy/。

② Philippe Etienne, «A view from Elysee, France's Role in the World», Chatham House, 109/10/2018, https://chathamhouse.soutron.net/Portal/Default/en-GB/RecordView/Index/179404.

③ «Donald Trump, ou la diplomatie du chaos», Le Monde, le 3 novembre 2017, https://www.lemonde.fr/international/article/2017/11/03/donald-trump-ou-la-diplomatie-du-chaos_5209739_3210.html?xtmc=relations_franco_americaines&xtcr=27.

④ «Comment comprendre la diplomatie à la grenade de Donald Trump», Le Figaro, le 30 mai 2018, http://premium.lefigaro.fr/international/2018/05/30/01003-20180530ARTFIG00210-comment-comprendre-la-diplomatie-a-la-grenade-de-donald-trump.php.

欧洲（部分）精英阶层依然在讴歌"大西洋主义"和"世界自由秩序"，①相信失去"美国朋友"的欧洲将变得"动荡、黑暗、可怕"。② 作为英国脱欧之后欧盟内部唯一具有全球雄心、军事投射能力和战略文化的军事、政治和外交大国，法国依然继续践行"大西洋主义"转向，奉行"站队主义"，法国相对于美国的不对称地位进一步彰显、固化。③ 马克龙在作为法美关系重要议程的叙利亚问题、伊朗核协议以及法国安全防务战略上的态度，即有力地表明了这一点。

1. 叙利亚问题上继续积极"站队"

叙利亚战争源于2011年"阿拉伯之春"运动，同时，某种程度上可被视为2003年伊拉克战争的延伸，甚至如部分论者所指出的，是1979年苏联入侵阿富汗战争的延伸。④ 基于地缘政治及历史的因素，法国将地中海及中东视为外交重点之一，叙利亚问题可谓涉及法国的重大安全利益。同时，正如2015年难民危机引发欧盟内部政治危机所表明的，它同样涉及欧盟的重大安全利益。虽然马克龙不再像其前任那样将叙利亚政府领导人阿萨德下台设定为化解叙利亚危机的先决条件，但他依然划定了在叙政府使用化武的情

---

① 关于德国"大西洋主义"者和"欧洲主义"者之间围绕对美外交政策的论战，可参见 The Guardian，"Altantsism, Trump, Ideology, Cold War Foreign Policy"，2018/09/04，https://www.theguardian.com/news/2018/sep/04/atlanticism-trump-ideology-cold-war-foreign-policy；关于法国精英阶层对特朗普外交政策的评判和担忧，可参见"Comment Comprendre la diplomatie à la grenade de Donald Trump"，*Le Figaro*，le 30 mai 2018，http://premium.lefigaro.fr/international/2018/05/30/01003-20180530ARTFIG00210-comment-comprendre-la-diplomatie-a-la-grenade-de-donald-trump.php。

② 《旧世界秩序已亡》，德国《明镜》周刊 2018 年 12 月 28 日。Christiane Hoffmann, Der Spiegel, «Die Alte Weltordnung ist tot», 2018/12/28, http://www.spiegel.de/plus/usa-die-alte-weltordnung-ist-tot-kommentar-a-00000000-0002-0001-0000-000161577191.

③ «Macron Joue l'apaisement avec Trump», *Le Figaro*, le 14 novembre 2018, http://premium.lefigaro.fr/politique/2018/11/14/01002-20181114ARTFIG00384-macron-joue-l-apaisement-avec-trump.

④ 博沙尔（Denis Bauchard）等5位法国外交精英2017年7月3日于《世界报》发表题为《外交：法国必须放弃她的"非法干预"》的评论文章。Denis Bauchard et al., «Diplomatie: la France doit renoncer à ses "ingérences illégales"», *Le Monde*, le 3 juillet 2017, https://www.lemonde.fr/idees/article/2017/07/03/diplomatie-la-france-doit-renoncer-a-ses-ingerences-illegales_5154912_3232.html。

况下法国将采取军事行动的红线。而且，2018年4月，在马克龙对美国进行国事访问前夕，法国确实联同美国、英国，以阿萨德政府跨越"红线"使用化武为由，对所谓叙利亚化武设施实施空中打击。该空袭行动表明，法国和欧洲仍是美国的追随者，未能抓住特朗普上台的机会反思对美关系，推进欧洲自主。①不可否认，马克龙仍秉持"现实外交"精神，与叙利亚秩序塑造国如俄罗斯等进行诸多双边和多边交涉磋商，包括2018年5月访问俄罗斯讨论叙利亚和伊朗问题，世界杯期间重访俄罗斯并宣布法俄两国在叙利亚联合完成人道主义援助使命，以及10月27日在伊斯坦布尔举行法、俄、德、土四方叙利亚问题峰会等。然而，在美国精英阶层将俄罗斯定位为"修正主义国家"，并因乌克兰危机、克里米亚危机和俄干预美国大选的猜疑而对俄罗斯抱有战略性敌意的情况下，法国此类双边和多边外交的实效是大可存疑的。换言之，在叙利亚问题上，马克龙奉行的是与其前任实质相同的对美积极"站队主义"外交策略。根源在于法国实力的有限性。法国分析者在2014年指出："美国撤出中东的规模令人担忧。实际上，法国人希望美国更多参与，这对于之前这个厌恶'超级大国'（美国）的国家而言，可绝不是一个小小的悖论。"②而美国分析人士也认为，法国自萨科齐执政以来强化在北约和欧盟内部的防务合作，与法国财政紧缩相关。③

马克龙以"站队主义"为主、以"现实外交"为辅的策略组合，未能改变法国或西方国家在叙利亚问题上的边缘地位，或扭转西方在叙利

---

① Joachim Imad, «La construction européenne consacre le triomphe du vide stratégique», *Le Figaro*, le 26 avril 2019, http：//premium.lefigaro.fr/vox/monde/2018/04/26/31002 – 20180426ARTFIG00342 – la – construction – europeenne – consacre – le – triomphe – du – vide – strategique.php.

② «Splendeurs et misères de la relation franco-américaine», http：//premium.lefigaro.fr/international/2014/02/07/01003 – 20140207ARTFIG00328 – splendeurs – et – miseres – de – la – relation – franco – americaine.php.

③ Paul Belkin, "France: Factors Shaping Foreign Policy and Issues in US-French Relations in Brief", 2018/04/19, p.12, https：//fas.org/sgp/crs/row/R45167.pdf.

亚战争中遭遇"道德和战略双重失败"①的局面。2018年12月23日，特朗普总统单方面宣布"伊斯兰国"已经被打败，立即从叙利亚撤出2000名左右美国军人。被视为特朗普政府唯一"成年人"的美国国防部部长辞职抗议，马克龙随后进行的电话外交归于失败。然而，对美处于战略依赖状态的法国，除了继续"站队"，显然并无其他可行选项。法国在伊朗核协议上的象征性抗争和实际"站队"，同样是法国战略依赖深化的表征和结果。

2. 伊朗核协议上的象征性抗争和事实"站队"

2015年7月达成的伊朗核问题协议，被认为是以法德为代表的欧盟国家历经12年取得的"多边外交"的里程碑式成果。与叙利亚问题一样，当涉及法国和欧洲国家在中东的重大安全、政治和经济利益时，马克龙除了象征性抗争外，仍不得不接受法国自身和欧盟战略利益被埋葬的重挫。自执政以来，马克龙就通过与特朗普之间的"首脑外交""多边外交""公共外交"等途径，企图挽救代表法国和欧洲"例外主义"结晶的伊朗核协议。2018年4月23~24日，马克龙进行了为期两天的对美国事访问。他游说伊朗、俄罗斯做出迎合美国关切的让步，同意对伊朗导弹项目、伊朗在地区冲突中的行为和伊朗核项目远期状况进行探讨。但是，特朗普总统最终我行我素，为迎合其国内选民及中东盟国以色列和沙特的诉求，于2018年5月8日宣布单方面退出"美国签署过的最糟糕"协议，对伊朗恢复制裁措施，同时设定期限，威胁其他国家及其企业就范，否则将遭受美国法律的域外管辖和相应惩罚。

美国退出自2003开始谈判的伊朗核协议，被法国分析人士认为是对联合国、国际法和"多边外交"的否定，影响欧美盟友关系以及欧盟与中俄关系，构成对欧盟"战略自主"和包括核不扩散、中东安全、和平等欧盟

---

① Dominique Moisi，《Macron à l'épreuve de la complexité du monde》，2018/01/15，https：//www.institutmontaigne.org/blog/macron-lepreuve-de-la-complexite-du-monde.php.

战略利益的考验。① 作为反击措施，欧盟再度启用禁止欧洲企业服从美国单边制裁措施的"反制法"（Blocking Statutes），同时新设贸易结算实体，为欧洲企业通过实物贸易规避美国制裁提供便利。然而，鉴于美元以及美国市场在欧洲企业对外投资和对外贸易中的突出地位，这些反制措施只有象征意义，在伊朗经营和投资的主流欧洲企业纷纷撤出伊朗。在"外交粗暴化时代"，在"特朗普偷袭他的欧洲盟友以及这些盟友作为最大捍卫者自许的自由主义国际秩序"时，法国媒体评论者不无夸张地断言，"一场比2003年的伊拉克战争更为严重的跨大西洋关系危机由此启幕……人们不禁要反问自己，是否还存在一个跨大西洋共同体……法德双驾马车正经受野蛮力量（puissance brute）和力量对比回归的考验"。② 然而，在"新戴高乐主义"时代，法国和欧盟进行的只能是局部的、有限的、抵制程度不可与"经典戴高乐主义"时代同日而语的抗争，马克龙2018年9月在联合国大会上只是限于呼吁不应将对伊朗的策略变为"制裁和围堵政策"。③ 马克龙政府在涉及法国和欧盟重大利益和战略自主的伊朗核协议问题上的象征性抗争和事实上的"站队主义"，除了可归因于法国相对实力的持续削弱，或许还应当理解为法国在安全防务上"站队主义"的逻辑延伸。

---

① 法国国际关系研究所：《美国并不仅仅是特朗普；欧洲必须捍卫伊朗协议，同时为美国留出退路》，IFRI，«L'Amérique ne se résume pas à Trump. L'Europe doit défendre l'Accord sur l'Iran sans couper les ponts avec les États-Unis »，2018/05，https：//www.ifri.org/fr/publications/editoriaux-de-lifri/lamerique-ne-se-resume-trump-leurope-defendre-laccord-liran-couper. 类似观点参见《伊朗：一个破坏稳定的荒唐决定》法国《世界报》，«Iran, une décision absurde aux effets destabilisateurs »，Le Monde，le 9 mai 2018，https：//www.lemonde.fr/idees/article/2018/05/09/iran-une-decision-absurde-aux-effets-destabilisateurs_5296498_3232.html.

② 法国外交官Janaina Herrera的措辞，引自Sylvie Kauffmann，«Le retrait de l'accord sur le nucléaire iranien dynamite le système multilateral »，Le Monde，le 9 mai 2018，https：//www.lemonde.fr/idees/article/2018/05/09/le-retrait-de-l-accord-sur-le-nucleaire-iranien-dynamite-le-systeme-multilateral_5296386_3232.html.

③ «Macron à l'ONU: la crise iranienne ne peut se réduire à une "politique de sanctions" »，Le Figaro，le 26 septembre 2018，http：//premium.lefigaro.fr/flash-actu/2018/09/26/97001-20180926FILWWW00252-macron-a-l-onu-la-crise-iranienne-ne-peut-se-reduire-a-une-politique-de-sanctions.php.

3. 安全防务态势上继续"站队"

马克龙的"大西洋主义"持续转向,不仅体现在中东地区问题上,也体现在其总体安全和防务战略和态势上。安全防务战略和态势,可被视为法国对外政策的基本要素,并对法国对外政策和法美关系具有基础性影响。马克龙继续推进萨科齐执政以来在安全防务战略和态势上的"站队主义"。

法美安全和防务合作多被解读为十几年以来法美关系改善的最重要标志和成果。法美国防部2016年联合意向声明书指出:"当今,法兰西和美国之间的军事合作,比以往任何时候都要强劲。我们的合作伙伴关系的核心,即认识到法兰西和美国面临类似的安全挑战。"声明书回顾了法美在叙利亚和非洲应对恐怖主义、在欧洲和北约框架下在波罗的海国家进行合作或联合部署行动,强调在具有共同利益的地区进行战略评估合作,并强化网络、太空、核、生物和化学防护等领域的合作。美国国会附属研究机构2018年4月发布的分析报告同样指出:"美法防务和情报合作,在过去10多年中明显变得更为密切,尤其在两个国家将全球反恐行动列为优先事务时。"[1] 赖特福特(Jeff Lightfoot)同样认为法美盟友关系强劲,"在过去十几年中将务实合作推到了新高度,尤其在军事和安全领域",并认为这一关系的基础是"民主价值、强劲的贸易关系和令人信服(compelling)的共同国家利益"。[2] 部分美国智库人士在2015年就认为,法美安全防务合作已达到前所未有的水平,法国已取代英国成为美国的首要欧洲盟友,提议将法国纳入"五眼情报俱乐部",目前"五眼+法国"模式的会议日益频繁。马克龙政府发布的《防务和国家安全战略评估》(2017年)明确指出,虽然"美国政治阶层和民众日益远离欧洲以及美国近期政治动态"让欧洲深感担心,但鉴于防务和安全利益的趋同性(convergence),必须维持与美

---

[1] Paul Belkin, "France and U.S. – French Relations: in Brief", 2018/04/19, p. 12, https://fas.org/sgp/crs/row/R45167.pdf.

[2] Jeff Lightfoot, "The French-American Alliance in an America – First Era", Atlantic Council, 2018/04, https://www.atlanticcouncil.org/publications/reports/the-french-american-alliance-in-an-america-first-era.

国这一合作伙伴的特别合作关系。该文件同时强调深化与印度、澳大利亚、新加坡、日本等印度洋、太平洋地区"民主大国"的战略伙伴关系。2018年6月,"香格里拉对话"论坛期间,在美国防长发布美国"印度—太平洋战略"之后,法国国防部部长发布了题为《法国和印太安全》的法国印太防务政策,宣称作为印太国家,法国将致力于与印度、澳大利亚、日本、新西兰等盟友和合作伙伴一道,促进地区安全和稳定,在南海问题上不对"主权"问题选边站的同时,"继续确认航行和飞越自由原则、促进海洋空间安全、推进《联合国海洋法》的一致适用"。①此等安排和举措,无疑是对奥朗德政府"亚洲转向"防务战略和态势的积极确认和积极跟进。事实上,法国还与英国共同在南海开展自由航行行动,并计划和英国分别于2019年和2021年向印度—太平洋海域派遣"戴高乐"号航母和"伊丽莎白女王"号航母。德国媒体分析认为,法国和英国"强调自身在大印太区的权力雄心,加强寻求与从印度到日本之间的'国家世界'的盟友关系……有志于将自己作为防范来自中国的安全风险的合作伙伴,推介给印度—太平洋地区国家"。② 马克龙政府的"站队主义"和亚洲转向防务安全战略与态势,自然奉法国国家利益为圭臬,但考虑到特朗普政府正试图对中国进行从贸易、科技到军事的全面遏制,此态势的战略性意味颇为显著。

马克龙政府的"大西洋主义"或"站队主义",与前两任法国政府实质上一脉相承。马克龙外交政策的延续性是"难以置信的",没有决裂,而"只有某些拐点调整(inflexions)"。③ 事实上,有媒体报道认为,马克龙的选民群体,

---

① 法国国防部官网:https://www.defense.gouv.fr/dgris/action-internationale/enjeux-regionaux/la-france-presente-sa-politique-de-defense-en-indo-pacifique.pdf。
② 参见《法兰克福汇报》题为《欧洲航母游弋于太平洋》的报道。Björn Müller,«Europäische Flugzeugträger im Pazifik», 2019/01/28, https://www.faz.net/aktuell/politik/ausland/europaeische-flugzeugtraeger-im-pazifik-16007724.html?printPagedArticle=true#pageIndex_0.php。
③ https://www.lemonde.fr/international/article/2018/05/18/macron-les-limites-d-une-diplomatie-jupiterienne_5301010_3210.html。

被认为是最"大西洋主义"的。① 在社会党人、前外交部部长韦德里纳看来，马克龙上台之初标榜的"决裂"，也只是一种口号。虽然反美主义在法国具有深刻的历史和智识传统，但法国精英阶层的主流共识似乎是立足于对美实质"站队"，同时日益以中俄等新兴国家作为否定和制衡对象，更有利于促进法国国家利益、维持法国在欧洲和国际舞台上的行动力和影响力。伴随"新戴高乐主义"崛起，法国由此可能已进入与"经典戴高乐主义"诀别的"亲美主义"长周期。这可能不仅是一次代际转向，而且是一次范式转换。笔者认为，这一范式转换是由下文讨论的三大结构性因素驱动的，即法国对美战略性依赖的深化、欧盟对美不对称地位的深化，以及国际权力分布的去西方化。

三 法美关系"大西洋主义"转向的三大结构性因素

（一）法国对美战略性依赖的深化

法美关系出现"大西洋主义"转向，法国立足于对美实质"站队"的第一大结构性动因，是冷战结束后单极世界中法美实力不对称性的固化和深化。按吉拉尔（Renaud Girard）的表述，就是法国人认为"法国太小，无法自保，只是生活在一个美国领导的西方集团中……膜拜美国的力量，缺乏自豪感，投降就范"。②

在冷战后的单极世界中，法国的战略地位持续下滑，战略空间持续缩水，经济实力持续下降。自 2012 年以来，法国经济年均增长率不足 1%，

---

① 法国政治学者布吕斯提埃（Gael Brustier）分析指出，"马克龙宣布终结'新保守主义'"，是"对不太信奉自由主义、不太赞成欧洲一体化的法国发言"，为了笼络这部分法国民众的人心，从而巩固执政基础，参见 Gael Brustier, «Macron rompt avec le ceur de la conception néoconservatrie des relations internationales», le 29 juin 2017, http: //www. slate. fr/story/147735/politique - etrangere - macron, http: //www. slate. fr/story/147735/politique - etrangere - macron。

② 参见 Renaud Girard, «La France doit cesser d'etre le caniche des Etats-unis», Le Figaro, le 31 juillet 2015, http: //premium. lefigaro. fr/vox/monde/2015/07/31/31002 - 20150731ARTFIG00353 - renaud - girard - la - france - doit - cesser - d - etre - le - caniche - des - etats - unis。

而公共开支高达GDP的56.5%左右，为欧盟最高，法国当前失业率达9.5%，25以下年轻人的失业率更是接近26%，马克龙的目标是到2022年将失业率降到7%。① 2017年，法国GDP在欧盟中的占比排名第三（14.9%），位居德国（21.3%）和英国（15.2%）之后，② 人均GDP排第11位。③ 此外，法国虽然目前仍是全球第六大经济体，④ 但依据经合组织（OECD）基于购买力平价GDP的长期预测，到2060年，法国的排名将跌至第12位，屈居墨西哥之后，与之对照，美国将依然排在第3位。⑤ 法国对美国的投资、市场和技术的战略性依赖同样显著，⑥ 被美国视为"在国际舞台上以小博大……资源相对而言不太多的中等规模国家"。⑦ 事实上，鉴于法国的有限实力和人口，在冷战结束不久，美国战略家认为需要防范的潜在地区霸权国家，首先是亚洲的日本，其次是欧洲的德国。法国的经济实力迫使它不得不寻求倚重欧洲内外盟友的力量，支撑自身的全球大国雄心。

与经济表现欠佳相关，法国的社会和政治模式同样遭遇正当性危机。高马尔认为，约占世界人口1%、世界财富3%、占世界社会转移支付15%的法国，已不再是一个能够将自己的社会模式施加于伙伴的国家。⑧ 马克龙本

---

① 转引自PaulBelkin,"France and U.S. – French Relations：in Brief", p. 3。
② 欧盟官网数据，https：//ec. europa. eu/eurostat/web/products – eurostat – news/ – /DDN – 20180511 – 1? inheritRedirect = true。
③ 欧盟官网数据，https：//ec. europa. eu/eurostat/statistics – explained/index. php? title = GDP_ per_ capita, _ consumption_ per_ capita_ and_ price_ level_ indices&oldid = 416458。
④ Rob Smith,"The world's Biggest Economies in 2018", 2018/04/18, https：//www. weforum. org/agenda/2018/04/the – worlds – biggest – economies – in – 2018/.
⑤ OECD (2018), GDP long-term forecast (indicator), doi: 10. 1787/d927bc18 – en Accessed on 13 February 2019.
⑥ 美国是法国企业对外投资的首选地。2017年，法国对美直接投资存量高达3020亿美元，而美国对法直接投资存量为858亿美元，参见Embassy of France in the United States, Economic Department,"France and the United States 2018 Economic Report", https：//frenchtreasuryintheus. org/wp – content/uploads/2018/08/2018_ France – US_ economic_ report. pdf。
⑦ Paul Belkin,"France and U.S. – French Relations：in Brief", 2018/04/19, p. 12, https：//fas. org/sgp/crs/row/R45167. pdf.
⑧ Gregory Rayko, Entretien avec, Thomas Gomart, «France：Vers une nouvelle politique étrangère», https：//www. ifri. org/fr/publications/publications – ifri/articles – ifri/france – une – nouvelle – politique – etrangere.

人既是这一面临正当性危机的法式治理模式的受益者,也是它的受害者。由于一上台就先行推出旨在改善投资环境的减税举措,马克龙被部分民众称作"富人总统"。2018年7月,由《世界报》爆料并不断发酵的贴身保镖贝纳拉(Benalla)滥用特权事件,以及11月爆发且持续的"黄背心"运动,尤具破坏力,导致马克龙政府不得不撤销燃油税以及其他举措,财政赤字将由此重新突破GDP的3%,养老金改革和公务员改革被迫推迟,其本人在欧盟和国际层面积累的政治和声誉资本遭受严重侵蚀。事实上,早在2018年4月马克龙访美期间在美国国会发表捍卫多边主义和自由主义民主价值的演讲时,美国《大西洋月刊》即做出悲观评价,断言马克龙"可能是个过渡性人物",认为马克龙实际上代表的"可能是一个结束了的时代——战后秩序和对欧盟与自由主义民主的一种愿景——而不是一个新时代的开始",因为,如果2003年的德维尔潘(De Villepin)都无法改变美国领导人的意图,如今的马克龙就更难了,因为他的诉求等于让美国人放弃他们选出的总统。

即使马克龙上台,法美关系的不对称性,无论在实力上还是在潜力上,依然在进一步深化。美国依然是西方世界的政治、经济、文化、意识形态范式的生产者和裁断者,"拥有世界最强大的军队、最庞大的外交队伍、最优秀的大学、最出色的媒体影响力",迄今且在可预期的未来仍将是"唯一的、真正的全球性强国"。[①] 冷战结束之后,美国政治精英即以世界唯一"不可或缺国家"自居,认为"当今与二战以来一样真实的是,只有美国具备能力和独一无二的地理优势保障全球安全,没有美国,欧洲和亚洲就没有任何稳定的势力均势"。[②] 在这一单极格局中,法国基于法国"例外主义"

---

① Xenia Wickett, "Transatlantic Relations: Converging or Diverging?", https://www.chathamhouse.org/sites/default/files/publications/research/2018-01-18-transatlantic-relations-converging-diverging-wickett-final.pdf;希拉里2011年发表的《美国的太平洋世纪》及代表美国亚洲转向政策宣示的文章中具有类似表述,参见Hillary Clinton, «America's Pacific Century», October 11, 2011, Foreign Policy, http://foreignpolicy.com/2011/10/11/americas-pacific-century/。

② Robert Kagan, "The Twilight of the Liberal World Order", January 24, 2017, https://www.brookings.edu/research/the-twilight-of-the-liberal-world-aper.

或欧洲"例外主义",挑战美国"例外主义"或"单边主义",收益与成本不成比例。法国著名政治学者阿斯奈尔(Pierre Hassner)早在2001年即指出,"'例外主义''摩尼主义''单边主义'深植于美国传统,美国相对其所有盟友、对手或潜在对手之间的巨大技术和军力差距,造成帝国局面,使美国具有帝国行事冲动……美国绝对不赞成自身主权遭受任何侵蚀,但绝对赞成对他人进行干预,具有'帝国心态'"。① 在经历了2003年法美关系危机后,即使部分"戴高乐主义"者要求清算10多年以来的"大西洋主义",提出"我们是谁,我们要走往何方"的质疑,② 法兰西已不再具备制衡美国的意志和能力。在此背景下,法国分析人士普遍认为,法国必须与欧盟伙伴协同行事,才能有更强的能力塑造国际环境。③ 但是,欧盟也面临相对美国的不对称地位及其战略性依赖深化的处境。这意味着欧盟也难以成为制衡美国的一极,也无法成为法国行动力和影响力的"助推器"。

(二)欧盟对美不对称地位的深化

在2002年前后,部分分析人士做出乐观估计,认为欧盟可能成为美国最有力的挑战者④。但经历伊拉克战争期间的政治分裂危机、2010~2012年欧元危机、2015年移民危机以及英国脱欧之后,仍期望欧洲成为国际一极,具备制衡其他大国的战略自主能力,可能只是一种幻想了。实际上,早在2003年法美关系危机期间,美国智库人士就指出,美国政府不欢迎法国制衡美国、让欧洲成为一个反制强权(contre-puissance),并强调:"仅仅当欧洲准备好做'大西洋主义'者和美国盟友时,美国才更愿意看到一个团

---

① Pierre Hassner, "The Unites States: The Empire of Force or the Force of Empire", *Chaillot Papers*, no. 54, 2002, p. 46 – 47, https://www.peacepalacelibrary.nl/ebooks/files/chai54e.pdf.
② «Hubert Védrine, En Occident, l'heure est venue d'un inventaire sérieux sur nous-mêmes», *Le Monde*, le 13 janvier 2017.
③ Gregory Rayko, Entretien avec, Thomas Gomart, «France: Vers une nouvelle politique étrangère?», Politique Internationale-La Revue n° 156 – ÉTÉ, http://politiqueinternationale.com/revue/read2.php?id_revue=156&id=1601&search=gomart&content=texte.
④ Charles Kuplan, "The End of the West", 2002 (11), *The Atlantic*, https://www.theatlantic.com/magazine/archive/2002/11/the-end-of-the-west/302617/.

结的、具有政治意志的欧洲。在一个分裂的欧洲和一个团结但非常独立于美国的欧洲之间，美国无疑会选择一个分裂的欧洲。"① 奥巴马执政期间，作为对小布什政府的否定，相对更强调多边主义。但是，美国作为唯一超级大国的"单边主义"逻辑、全球霸权雄心或阿斯奈尔所指的帝国心态，依然可被认为是第一位的，而特朗普政府支持英国"硬脱欧"、拉拢波兰等被视为违背欧盟政治和社会治理范式的"内敌"成员、差异化对待法国和德国，以及前述撕毁伊朗核协议等分裂欧盟、削弱欧盟集体行动力的做法，只不过是最新注脚。冷战已经结束近30年，但无论就安全、政治、外交还是经济而言，很大程度上，欧洲依然不是法国人或德国人的欧洲，而是美国人的欧洲。作为北约成员核安全伞提供者、欧洲一体化建设的促成者、欧洲经济繁荣和欧洲生活方式的事实背书者，美国依然是欧洲霸权国家、欧盟外交的当然监护人以及欧盟建设进程、方向和正当性的事实控制者。即使日益受困于"霸权者困境"，它也不会甘于充当"域外平衡者"的角色。除了美国容忍的边际崛起外，法国寄予深切厚望的欧盟，恐怕很难真正发展为马克龙希望的"地缘政治和外交强权"（une puissance géopolitique et diplomatique）②，而仍将是实质基于"软实力"的"民事强权"（puissance civile）③。欧洲对美国战略性依赖的持

---

① 2003年2月19日《世界报》刊发的布鲁金斯学会法美关系研究中心主任戈登（Philip Gordon）答复读者提问的访谈文章，https：//www.lemonde.fr/international/article/2003/02/19/irak-le-role-de-la-france-vu-des-etats-unis_309951_3210.html? xtmc=pourquoi_il_faut_s_opposer_une_france_atlantiste&xtc。
② 2018年5月马克龙接受"查理曼奖"演讲时的措辞，参见《世界报》5月11日题为《马克龙和默克尔：跨大西洋关系的孤儿》（Macron et Merkel orphelins de la relation transatlantique）的报道。
③ 大卫（Dominique David）的措辞，参见法国国际关系研究所2018年《世界经济制度和战略年度报告》（Rapport annuel mondial sur le système économique et les stratégies）。这一概念应当源于1990美国学者摩尔（Hanns W. Maull）对日本和德国的"civilian power"定位描述；用于欧盟，主要强调欧盟的经济力量、伦理力量，而非其军事力量定位。有关这一概念的部分讨论和文献，参见 Sebastian Bersick & Jörn-Carsten Gottwald, Vous avez dit «puissance civile»? Dix ans de partenariat stratégique de l'Union européenne avec la République populaire de Chine, L'Europe en Formation 2013/4（n° 370），pp. 27-46，https：//www.cairn.info/revue-l-europe-en-formation-2013-4-page-27.htm#。

续和深化，依然是欧美关系的基本逻辑。

除了外部霸权国施加的外部边界和限制外，欧盟成为世界超级权力一极的愿景，还存在难以逾越的内部结构性问题和集体行动问题。法德两国的利益和价值分歧，就是典型一例。基于各自历史、政治制度和部分基于相互否定的身份认同，法国和德国存在结构性利益和价值冲突，对欧盟的定位和前景具有不同的想象。法国作为二战战胜国和一直具有全球雄心的军事和政治大国，恪守军事干预和外交手段并重的传统。而德国作为二战战败国，在政治上"全盘西化"或"美国化"，放弃军事抱负，并将"和平主义"确立为对外政策基本原则。法国作为高福利、高税负、具有中央集权传统、经济相对缺乏竞争力的国家，具有保护主义冲动；而德国作为世界第四大经济体、欧盟第一大经济体和世界主要出口国之一，具有自由贸易主义抱负。相应地，就欧盟建设而言，法国强调集权、一体化、决策效率、多速度和地缘政治抱负，而德国强调协商民主、邦联主义、淡化欧洲主权和地缘政治抱负，对马克龙欧洲一体化愿景核心的欧元区预算提议或财政互助化持冷淡态度，不愿掏钱为其他国家的债务和赤字埋单，默克尔曾说："欧元区伙伴之间的互助，永远不应当变成债务联盟，而应当是助人自助。"① 欧元自1999年问世以来，20年中有10年遭遇危机，法国认为应归咎于联邦化预算和互助机制的缺位，而德国认为应归咎于有关国家自身的经济政策失误和过高的财政赤字。② 德法对欧元区的态度"截然不同"，持有"不可调解的立场"。③ 同样，面对美元霸权，对于是否以及如何将欧元发展为可与美元抗衡的国际货币，法德也存在利益分歧。德国智库SWP

---

① 《法兰克福汇报》2018年6月3日发表的题为《欧洲必须具有行动能力》的默克尔访谈文章，该文对马克龙的欧洲倡议做出了回应，https：//www.faz.net/aktuell/politik/inland/kanzlerin - angela - merkel - f - a - s - interview - europa - muss - handlungsfaehig - sein - 15619721.html？premium#void。

② «Les promesses vacillantes de l'euro», Le Monde, le 18 mai 2018.

③ 法国国际关系研究所研究员昆兹（Barbara Kunz）的观点，参见《费加罗报》2019年1月21日题为《欧洲，错过的马克龙—默克尔蜜月期》的报道，http：//premium.lefigaro.fr/international/2019/01/21/01003 - 20190121ARTFIG00246 - europe - la - lune - de - miel - ratee - entre - macron - et - merkel.php。

研究分析认为，如果欧元要成为与美元竞争的全球储备货币，将需要发行欧元债券，相应会要求德国承担其迄今为止拒绝承担的债券偿付连带责任风险，并且最终会导致欧元升值，损害德国出口竞争力。① 更何况，德国一直认为，欧洲层面的改革应当以国内改革为前置条件，"只要巴黎没完成国内改革，投身于欧洲改革是无济于事的"。② 在马克龙的政治威信和国内改革步伐已因"黄背心"运动而严重受挫的情况下，戒心和不信任感似乎是结构性的。③ 鉴于此等分歧和猜忌，标榜多边主义④的法德两国很有可能陷入抢夺欧盟领导权的争斗⑤。认为"英美霸权遭受侵蚀，为法德接班创造空间……欧洲'新戴高乐主义'（néo-gaullisme européen）时代已经到来"⑥ 的期待难免会落空，创设欧洲后民族国家治理范式的愿景进一步黯淡。除此之外，国际体系层面发生的权力嬗变，同样为法国对美"站队主义"提供了一定的正当性支持。

---

① Peter Rudolf，«Nicht allein Trump ist das Problem-Zum Umgang Deutschlands mit den USA»（《不仅仅特朗普是问题——论德美关系的处理》），SWP-Aktuell 2018/A 57，2018/10，https：//www.swp-berlin.org/publikation/zum-umgang-deutschlands-mit-den-usa/。
② «Europe, la lune de miel ratée entre Macron et Merkel»，Le Figaro，le 21 janvier 2019，http：//premium.lefigaro.fr/international/2019/01/21/01003-20190121ARTFIG00246-europe-la-lune-de-miel-ratee-entre-macron-et-merkel.php。
③ 例如，针对马克龙近期呼吁复兴欧盟的欧洲选举檄文，德国知名左倾媒体评论人就尖锐指出，马克龙善于发表演说，但不擅长拿出切实可行的行动方案；马克龙的"多速度"欧洲构想是危险的，可能加剧欧盟分裂，参见 Stefan Kornelius, Sueddeutsche Zeitung, «Macrons Wünsch-dir-was ist problematisch»（《马克龙的"给自己许个愿"是有问题的》），2019/03/06，https：//www.sueddeutsche.de/politik/macron-appell-europa-1.4355246。
④ 认为马克龙主张的"多边主义"和"自由普世主义"同样是一种"单边主义"的观点，参见 http：//premium.lefigaro.fr/vox/monde/2018/09/26/31002-20180926ARTFIG00279-le-multilateralisme-de-macron-n-existe-pas.php。
⑤ 《马克龙和默克尔：在合谋和敌对之间》，《世界报》2018 年 5 月 7 日，https：//abonnes.lemonde.fr/politique/article/2018/05/07/macron-et-merkel-entre-complicite-et-rivalite_5295404_823448.html。
⑥ Denis Bauchard et al.，«Diplomatie：La France doit renoncer à ses 'ingérences illégales'»，Le Monde，le 3 juillet 2017，https：//www.lemonde.fr/idees/article/2017/07/03/diplomatie-la-france-doit-renoncer-a-ses-ingerences-illegales_5154912_3232.html。

（三）国际权力分布的民主化或西方"例外主义"的除魅

法国的"大西洋主义"转向，同样是被国际体系权力分布的民主化或去西方化驱动的。柏林墙倒塌30年以来，以中国、印度为代表的发展中国家，受益于全球化浪潮和内部革新，在经济上日益崛起。2008年全球金融危机之后，以中国为代表的新兴国家的全球经济引擎作用进一步提升和彰显。中国于2010年成为全球第二大经济体，印度于2017年成为全球第六大经济体，中印两国预计分别将在2028年和2050年前后成为世界第一大和第三大经济体。① 与此同时，以美国为首的西方阵营国家在全球经济总量的占比相对下滑，世界的经济、科技和创新重心逐步由西方向东方迁移。2008年法国《国防白皮书》即指出："战略重力中心逐步转向亚洲……西方世界，实质即欧洲和美国，不再像1994年时一样，属于战略和经济倡议的唯一持有者。"② 与此等实力对比关系转向相呼应，美国"例外主义"、法国"例外主义"和欧洲"例外主义"的正当性均面临日益严峻的外部和内部挑战。从2008年美国金融危机到2010～2012年欧元危机，从2015年欧洲难民危机到2016年5月英国脱欧事件，直至2016年底特朗普当选美国总统，民粹主义、民族主义、排外主义循环攀升，西方经济、政治、社会治理模式的普适性和普惠性遭受广泛质疑。按法国国际关系研究所研究员大卫（Dominique David）的说法，"迄今为止具有政治和军事决定地位的强权，即美国和欧洲，在25年的时间里尤其证明了一点，即：它们并没有与它们的雄心相匹配的思想和手段"。③ 世界似乎正从冷战结束后的单极世界，转

---

① 按购买力平价口径，中国被认为在2014年已是世界第一大经济体，而印度将在2050年成为第二大经济体，参见 PwC, «The World in 2050: Will the shift in global economic power continue?», February 2015, https://www.pwc.com/gx/en/issues/the-economy/assets/world-in-2050-february-2015ng.pdf.
② 2008年法国国防白皮书，第34页。
③ 法国国际关系研究所2018年《世界经济制度和战略年度报告》（Rapport annuel mondial sur le système économique et les stratégies）中《新的强权博弈?》（Un nouveau jeu de puissance）一节，第49页。

向一个"多极世界"或"无极世界",①而全球化也日益被西方部分精英视为西方经济、社会、政治危机的"罪魁祸首"。

与此相关,"中国威胁论"或其变体"中国崩溃论"轮番出现于西方媒体和智库报告中,冷战期间开始的接触中国政策,甚至被个别大国的鹰派精英阶层选择性解读为战略失误。事实上,最晚到2001年,中国就已经取代日本和德国,成为美国部分战略家眼中的最需要"遏制"的潜在地区"霸权国"。作为全球霸权国,美国一直积极奉行实力政治,在二战期间和二战结束后数年即确立了反对欧亚大陆出现任何地区"霸权国"的大战略,②一般认为,美国不会容忍一个平起平坐的竞争者。

在西方丧失对世界运行的垄断权③、欧洲战略地位下降、新兴大国崛起但地位和前景尚不明确、美国依然为唯一超级霸权国的背景下,就法国的全球利益和大国地位而言,接受美国霸权,追随美国,否定和制衡新兴国家,显然是一个风险较小、成本较低、收益较大的最优策略。法国于2009年重返北约,标志着法国精英阶层已经做出了这一战略性选择。美国智库大西洋学会研究员赖特福特列举的促进法美修好的五大结构性因素,其实都可以归结为:法美"大西洋主义"精英阶层对改变国际环境,做出了既契合美国全球霸权诉求,又符合法国国家利益的趋同性战略判断,其中三项结构性因素尤其具有代表性。首先,诸如土耳其、巴西、伊朗、中国、俄罗斯等国家在关键地区的崛起,开始挤压法国扮演戴高乐时代的"不站队国"和美国替代选择的战略空间。其次,法国意识到,在一个全球化和竞争加剧的世界中,美国权力缺位和国际规范执行缺位,可能与美国"单边主义"一样威

---

① 法国国际关系研究所2018年《世界经济制度和战略年度报告》(*Rapport annuel mondial sur le système économique et les stratégies*) 中《新的强权博弈?》(Un nouveau jeu de puissance) 一节,第49页。
② 美国国会研究部报告«U. S. Role in the World: Background and Issues for Congress», 2019年2月14日更新, pp. 3–4, p. 16, https://fas.org/sgp/crs/row/R44891.pdf。
③ «Hubert Védrine: Les élites européistes deviennent une locomotive sans wagons», *Le Figaro*, le 14 février 2019, http://premium.lefigaro.fr/international/2019/02/14/01003 - 20190214ARTFIG00238 - vedrinel - europe - est - un - colosse - virtuel - aux - pieds - d - argile.php.

胁法国的利益。最后，英国军事能力和政治意志的日益丧失和英国脱欧，令伦敦在华盛顿的影响力下降，巴黎后来居上。① 法国前驻美大使莱维特（Jean-David Lévitte）在2016年发表的演说可能同样精确地体现了法国精英阶层的主流共识。他说："今天——明天更是如此——法美关系依然是首要的。为什么？因为，随着'修正主义'强权的崛起，世界变得危险了，变得不稳定了：俄罗斯和中国，在挑战二战结束后建立的以及柏林墙倒塌和苏联帝国崩溃后产生的世界秩序。"② 从中东政策到对华关系再到对俄关系，从经贸投资到安全防务，10多年来，法国作为"守成主义国"，追随美国，奉行"站队主义"。在奥朗德执政期间，法国加入了奥巴马政府推动欧洲盟友进行的、具有从经济上遏制俄罗斯、中国等新兴国家的地缘政治考虑的《跨大西洋贸易与投资伙伴协定》（TTIP）谈判，该协议与美国政府主导亚洲盟友和伙伴国进行的、同样将中、俄、印排除在外的《跨太平洋伙伴关系计划协议》（TPP）一样，被批评者认为是破坏世贸组织原则、试图制造"一个新的（欧美）两极世界"的区域贸易安排。③ 马克龙执政后，除了安全防务外，在经贸问题上同样继续跟随美国"站队"，在欧盟产业政策上或多或少采取了与美国"站队"的保护主义。

在去西方化时代，除主动"站队"外，法国等欧盟国家还可能被迫"站队"。德国智库学者鲁道夫（Peter Rudolf）在2018年5月不无担忧地指出，在新的大国冲突时代，美国目前看来不是选择寻求达成地缘政治谅解，而是选择推进具有显著冲突风险的权力竞争。一旦美国越来越奉行纯粹服务于其世界霸权利益的政策，美国可能会更强劲地要求盟国在美国与俄罗

---

① 另外两项结构性因素为：（1）美国政府调整了"单边主义"外交政策，更强调与盟友共同应对全球挑战；（2）美国进一步认识到盟友在支持美国全球外交政策目标上所发挥的作用。参见 Jeff Lightfoot, "The French-American Alliance in an America-First Era"。
② Jean-David Lévitte, «La spécificité des relations franco-américaines», 2017/07/05, https: // journals. openedition. org/crcv/14057? lang = en.
③ Heribert Dieter, "The Return of Geopolitics Trade Policy in the Era of TTIP and TPP"; Petra Pinzler, 德国《国际政治》, https: //zeitschrift‑ip. dgap. org/de/ip‑die‑zeitschrift/archiv/jahrgang‑2016/maerz‑april/ttip‑ist‑keine‑wundertuete (1. March 2016 ‑ 0：00 | von Petra Pinzler, Internationale Politik 2, März/April 2016, s. 110 ‑ 117。

斯和中国的权力冲突中提供支持。鲁道夫进一步指出，在与俄罗斯的冲突中，德国还可能通过北约施加影响，但是在中美冲突中，德国虽然只是旁观者，却也可能遭受影响，何况美国可能会以美国作为东亚稳定的保证国花费巨额费用、而欧洲分文不掏却获取巨大利益为由，期待欧洲盟友做好满足美国安全需求的准备。①事实上，2018年1月发表的英国智库查塔姆研究所（Chathamhouse）报告，相当明确地做出了欧洲盟友会被要求在亚太地区冲突中"站队"的表述，即："虽然美国数10年来一直是全球强国，但互联性以及相应地'虚拟'或非物理毗邻性的增加可能意味着，欧洲的利益会被不可避免地卷入全球事件。例如，欧洲对参与任何在亚太地区展开的冲突的不情愿性，将被欧洲对来自该地区的商品和能源的自由流通的依赖性所克服（outweighted）。"②在国际权力格局去西方化时代，即便特朗普当政，即便美国被认为在放弃"世界警察"角色和"自由世界"领导权，"搭便车者"法国及其决策精英阶层，可能会深刻认同赖特福特不乏自我证成色彩的西方中心判定，即："一个多极世界（中国的崛起、预算限制、对欧盟未来的疑问等）使得以法美关系为中心的讨论，变得越来越不具相关性。新的地缘政治现实，已推动美国和法国为了共同的一致利益（shared mutual interest），进行更大程度的务实合作。被迫应对当下真实的、艰难的决定的法国决策人士发现，与西方阵营"站队"，益处更多。"③换言之，在一个西方"例外主义"被除魅、美国同样需要盟友④的变迁时代，奉行"站队主

---

① Peter Rudolf, «US-Geopolitik und nukleare Abschrechung in der Aera neuer Gorssmachtrivalitaeten», pp. 27 – 28, https：//www.swp – berlin.org/publikation/us – geopolitik – und – nukleare – abschreckung – in – der – aera – neuer – grossmachtrivalitaeten/.
② Xenia Wickett, "Transatlantic Relations：Converging or Diverging？", https：//www.chathamhouse.org/publication/transatlantic – relations – converging – or – diverging.
③ Jeff Lightfoot, "The French-American Alliance in an America – First Era", Atlantic Council, 2018/04, https：//www.atlanticcouncil.org/publications/reports/the – french – american – alliance – in – an – america – first – era.
④ 《金融时报》专栏评论员在2019年2月慕尼黑安全大会之际发表的评论文章，参见Philips Stepens, "Angela Merkel, Donald Trump and a Broken Alliance", https：//www.ft.com/content/b295f7a8 – 3515 – 11e9 – bd3a – 8b2a211d90d5。

义",无论主动或被动,可能已经被内化为最符合法国国家利益计算的一致选择。一个对美"站队主义"或变相"再美国化"的长周期或许已经在欧洲和法国开始。

四 结语

法美关系是美国最古老的双边盟友关系。这一关系因战火而兴、因战火而变,并始终以国家利益及其最大化为导向。就法国第五共和国而言,以双边关系因伊拉克战争而出现最严峻危机的2003年为分割点,法美关系可被划分为一个以"修正主义国"身份挑战美国霸权、以"不站队主义"为最优策略、历时约50年的"经典戴高乐主义"阶段,以及另一个以"守成主义国"身份配合美国霸权、以"站队主义"为最优策略、迄今历时10多年的"新戴高乐主义"阶段。2003年在联合国与美国悲壮对抗之后,法国精英阶层陷入激烈论辩和自我怀疑,在二战结束之后出生的新生代法国政治家开始执政,法美关系出现了显著的具有长周期性质的"大西洋主义"转向。"新戴高乐主义"兴起,法国精英阶层重新界定国家利益和身份认同,日益对美"站队",同时日益否定和制衡中俄等新兴大国,而马克龙无疑为这一转向的推动者。法国、欧盟对美战略性依赖的深化以及国际权力分布的民主化,驱动着法国从美国的"不站队者"到美国的"站队者"的转向。

此外,终极而言,法国第五共和国的"大西洋主义"转向及其程度、范围和时间长度,既是法美精英阶层自主决定的,也是被他者共同决定的。"他者"既包括西方体系内的欧洲和亚洲伙伴国,也包括西方体系外国家,尤其是中俄等新兴国家,以及每一当事国的精英和民众。

B.13
法国对非军事干预欧盟化策略透析

段明明 王 战*

摘 要： 推动欧盟整体军事干预非洲的策略，是法国进入21世纪以来对非军事政策调整的主要内容，被称为军事干涉非洲的"欧盟化"。在21世纪的前10年，法国成功地推动欧盟参与到对非的军事干预行动中，初步改变了法国在非洲军事介入中单打独斗的局面。然而，由于没有获得英德的全力支持，对非军事干预欧盟化策略并没有收到预期的效果，自2009年以来基本处于停滞的状态。英国脱欧、特朗普上台等影响全球和地区战略格局的事件为重启对非军事干预欧盟化策略带来了新的机遇和挑战。只有克服法德在防务领域合作的障碍，切实构建起欧洲共同安全与防务政策，法国才能实现对非"军事干预的欧盟化"。法国推进对非军事介入欧盟化虽然是出于自身利益的考虑，但客观上也会对非洲安全形势、欧洲防务建设、地区战略平衡发挥积极的作用，并由此推动全球治理结构的多边化、民主化。

关键词： 法国 非洲 欧盟化 军事干预 法德合作

自2003年以来，法国开始改变其在撒哈拉以南非洲一直奉行的军事单边

---

* 段明明，武汉大学法国研究中心研究员；王战，武汉大学中法人文交流研究中心和非洲研究中心主任。

法国蓝皮书

主义，转而谋求以欧盟化为主要特征的多边主义。从决策程序来看，法国政府把联合国安理会的授权作为军事行动的先决条件；从战术操作来看，法国政府大大加强了与其他国家或超国家组织的合作。在这一背景下，法国将欧盟作为优先考虑的合作对象，积极推动其参与对非的军事行动。欧盟2003年和2006年在刚果民主共和国、2008年在乍得、2009年在中非共和国以及2008年以来在索马里海域的军事介入都是法国推动对非洲军事干预欧盟化的成果。

然而，从2009年以来，欧盟在参与法国推动的干预非洲安全事务上显露出某种"疲态"。2009年在中非共和国的军事行动结束之后，尽管一些热点地区的局势动荡此起彼伏，但欧盟也再没有参与新的行动。巴黎被迫重新开始单方面地军事介入非洲，如在2011年对科特迪瓦、2013年对马里的军事行动，以及2014年以来在萨勒赫地区的反恐行动中，法国基本上是在单打独斗。那么，是什么原因造成法国对非军事干预的欧盟化受阻呢？这是暂时的现象还是长期的趋势？本文在总结法国推动欧盟集体军事干涉非洲的多边主义努力的基础上，就法国军事单边主义的重现进行探讨，最终透过这一转变背后的逻辑展望法国对非洲外交的总体战略。

一 法国对非军事干预欧盟化的进程

从2003年起，法国在阐述它的对非洲大陆政策时，多次表达了推动对非洲军事干预欧盟化的强烈意愿。2006年，一份参议院关于应对非洲国家（尤其是原法属殖民地国家）政局危机的报告在结论部分明确指出："法国不应该继续单独行动，欧洲伙伴的参与是不可或缺的。"① 2008年2月在南非共和国议会发表的讲话中，萨科齐强调"法国并没有在非洲永久保持军事存在的打算"，并且主张"把欧盟作为非洲和平与安全事务的首要合作对象"。②

---

① A. Dulait, *Rapport d'information n° 450 fait au nom de la commission des Affaires étrangères, de la Défense et des Forces armées sur la gestion des crises en Afrique subsaharienne*, Paris, Sénat, 3 juillet 2006, p. 49.

② N. Sarkozy, Allocution devant le Parlement sud-africain, *Le Cap*, 28 février 2008.

法国对非军事干预欧盟化策略透析

从 1998 年法英圣马洛峰会后，欧洲防务政策发生了重大变化，使法国与欧洲其他国家联合展开军事行动成为可能。2003 年，在欧盟成员国的共同努力下，欧洲共同安全与防务政策正式生效。法国抓住此次契机，把欧盟拉入自己的对非行动架构中。2003 年，法国推动欧盟积极响应联合国的呼吁，向刚果民主共和国东部的伊图里省骚乱地区派驻军事力量完成过渡性的维稳使命。这是欧盟第一次军事介入非洲事务。2006 年法国政府提议在刚果民主共和国举行首次总统和议会自由选举期间，由欧盟部署军事力量维持其局势稳定。在这次军事行动中，尽管提供了最多的兵力，法国却没有像之前那样承担总指挥的角色，而是把指挥权交给了德国。

萨科齐在任期间，法国继续借助欧盟的力量对非洲进行军事干预。在法国的推动下，欧盟于 2008 年 3 月实施了在乍得和中非共和国的军事行动。此次以保护达尔富尔及周边地区难民营为目标的军事行动持续了一年，联合国非军事考察团全程参与。同样在法国的推动下，2008 年 12 月，欧盟首次实施海上军事行动，在索马里海域部署海军力量打击猖獗的海盗势力，保护红海连接印度洋的全球最重要的商品通道和战略要冲。这一代号为"阿塔兰忒"的军事行动持续至今。此外，欧盟还在索马里承担了训练索马里安全力量的任务。

为了表明自己放弃单边干涉主义的立场，法国决定缩减在非洲长期驻军的力量。2008 年 6 月发布的《国防与国家安全白皮书》宣布，法国最终在"非洲大陆的东西两面，各会只保留一个军事基地"。[①] 巴黎在 2009 年 6 月和 2010 年 2 月分别关闭了在科特迪瓦和塞内加尔的军事基地。对于保留的位于加蓬和吉布提的军事基地，法国决定向欧盟全面开放，作为在非洲大陆的训练基地。法国政府甚至研究在欧盟和非盟的合作框架下"整合欧盟的军事力量，创建欧盟驻非洲的军事基地"[②] 的可行性。

[①] Ministère de la Défense, *Livre blanc sur la défense et la sécurité nationale*, Paris, Odile Jacob/La Documentation française, 2008, pp. 156 – 157.

[②] M. Klein, *Les Forces de présence françaises: des outils stratégiques majeurs adaptés à la situation internationale africaine*, Paris, Fondation pour la recherche stratégique, 2008, p. 11.

法国大力推进对非军事干预的欧盟化，主要出于三个方面的考虑。

（一）法国认为欧盟的参与能够巩固自己在非洲的传统影响力。从政治角度来看，带有浓重殖民主义色彩的法国军事单边主义，在新的全球治理框架内已经失去了合法性。加强与欧盟的合作有利于国际社会和非洲国家承认其军事行动的合法性。从经济角度来看，法国已经没有足够的财力独自支撑其在非洲的军事花费。① 拉拢欧盟参与能够为自身军事行动争取到更多的国际支持，从而降低高昂的军费支出。

（二）在法国看来，欧盟是应对非洲大陆人道主义危机的最佳选择。欧洲大陆是人文主义精神的发源地，大多数国家对承担人类道义责任持积极和开放的态度，具有先天的意识形态优势。以此为基础形成的"干涉主义"政治传统更是欧洲大国一直奉行的外交原则。2007～2010年担任法国外长的库什奈便是"干涉主义"外交的积极鼓吹者和践行者。② 正是在他的直接参与下，法国发起了在乍得和中非的军事行动，③ 其最初的目标就是在达尔富尔危机中"要做点什么"。④

（三）法国政府认为，欧盟参与对非的军事行动有助于推进欧洲共同防务建设，而这是"欧洲力量"的关键构成要素。法国设定的欧洲共同防务建设的目标是，把欧洲打造成一个军事上"全球行动者"。而法国也借此构筑"使法国力量在全球范围内最大化"⑤ 的平台。在法国看来，非洲在这个战略目标中是一个理想的能够满足中弱烈度战争实战演练需要的训练场。

---

① A. Sadoux, La PESD: un moyen d'assurer la position de la France en Afrique?, *Défense nationale*, n° 10, 2005, pp. 67 – 77.

② S. Perrot, *Devoir et droit d'ingérence*, Montréal, *Réseau francophone de recherche sur les opérations de la paix*, 25 avril 2006, http://www.operationspaix.net/41 – details – lexique – devoir – et – droit – ingerence.html.

③ B. H. Seibert, *Operation EUFOR Tchad/RCA and the European Union's Common Security and Defense Policy*, Carlisle, Strategic Studies Institute, United States Army War College, October 2010.

④ A. Reyroux, L'Union européenne en quête de crédibilité dans le maintien de la paix en Afrique: leçons de la mission EUFOR Tchad/RCA, *Bulletin du maintien de la paix*, n° 101, juin 2011, p. 1.

⑤ B. Irondelle, European Foreign Policy: the End of French Europe?, *Journal of European Integration*, vol. 30, n° 1, 2008, pp. 155 – 156.

最后需要强调的是，在大力推动对非军事干预欧盟化的同时，法国并没有完全放弃对非的单边干涉主义政策。2006年和2007年，法国在欧盟军事行动进行的同时，分别在乍得和中非共和国展开"鹰""博阿利"军事行动，协助政府军抵御反政府武装的进攻。但总体而言，法国对非的单边主义军事干预在数量上和强度上都大幅减弱，且非战斗任务成为主要内容。在法国看来，对非军事干预的欧盟化才是未来的方向。

二 "卡壳"的欧盟化

2009年以来，在对非军事干预欧盟化的议题上，法国的态度却悄然发生了变化，由之前的积极推进变为迟疑不决。在公开场合，法国的不满并没有过多地显现，而在幕后，法国已经开始展望"后欧盟化时代"。自2008年推动欧盟发起"阿塔兰忒"行动打击索马里海盗的海军行动之后，法国就再也没有在欧盟层面上发起新的对非军事干预计划。自2009年以来，法国已在非洲发动了五次较大规模的军事行动。这些行动既包括支持"民主化"并推翻对象国政权的科特迪瓦"独角兽"行动和利比亚"奥德赛黎明"行动，也包括支持对象国政府平息叛乱的马里"薮猫"行动，还包括以"人道主义干预"为目的的中非共和国"红蝴蝶"行动和以反恐为主要目的的萨赫勒地区"新月沙丘"行动。这些行动不仅没有欧盟的参与，而且其中的一些还遭到了部分欧盟国家的批评。比如，法国对科特迪瓦的军事行动。2011年4月，法国对科特迪瓦的军事行动进入一个新阶段。在科特迪瓦2010年末的总统选举中，在任总统巴博拒绝承认大选失败，引发了科特迪瓦选后政局动荡。在紧张局势持续了几个月后，法国政府以保护平民和外国侨民的名义在阿比让等战略区域部署"独角兽"部队。"独角兽"部队与联合国驻科特迪瓦行动团合作，协助瓦塔拉的科特迪瓦共和国卫队抓捕巴博的行动引起了很大争议。虽然，法国军方一再强调是在联合国授权下采取行动的，并否认直接参与对巴博的抓捕，但法国在此次科特迪瓦政权更替中扮演的关键角

色是不容置疑的。① 对于欧盟，法国只是简单地通报了自己军事介入科特迪瓦的决定，而欧盟也不曾考虑过以任何形式出兵支持法国的行动。②

不仅如此，对于欧盟其他成员国发起的对非军事干预动议，法国则态度消极。2008 年底，在努昆达反政府武装的强大攻势下，刚果民主共和国东部地区形势吃紧。联合国呼吁进行第三次军事行动以稳定地区局势。比利时积极响应，并试图推动欧盟承担对刚果民主共和国的军事干预行动。尽管法国外长库什奈表示支持，但法国总统萨科齐及军方均表示反对。最终，欧盟的军事行动没有成行。在此期间，法国逐步将对非单边军事干预恢复到 2003 年之前的水平。奥朗德的五年任期内，法国基本延续了这一趋势。2013 年，法国相继出兵干预马里和中非共和国局势，派出地面部队，与马里政府军和非洲维和部队共同打击反政府武装和宗教极端势力。

此外，法国也冻结了在非军事基地欧盟化的进程。萨科齐出任总统前，法国在非洲主要有七个大型永久性军事基地，分布在吉布提、塞内加尔、加蓬和科特迪瓦四国；在乍得拥有一处临时行动军事基地，在中非共和国和乍得靠近苏丹达尔富尔地区拥有两处临时行动军事基地。到 2010 年末，法国在非洲的永久性军事基地只剩下两处——吉布提和加蓬，法国在塞内加尔、科特迪瓦、乍得、中非共和国等国仅保留了临时性军事基地。在军事基地的调整中，并没有出现设想中的欧盟驻非军事基地。事实上，法国不仅取消了借助欧盟的力量使自己从非洲大陆逐渐"脱身"的打算，而且决定长期保留甚至加强在非的军事存在。2012 年 1 月，法国与科特迪瓦签订了新的《防务合作协定》。根据协定，法国将在科特迪瓦维持 200~300 人规模的常

---

① «Quel rôle a joué la France dans l'arrestation de Gbagbo?», L'Express. fr, 12 avril 2004, http://www.lexpress.fr/actualite/monde/quel-role-a-joue-la-france-dans-l-arrestation-de-gbagbo_981908.html.

② N. Gros-Verheyde, «La France intervient en Côte-d'Ivoire, seule, avec l'ONU. Les Européens regardent ··· », Bruxelles 2, 5 avril 2011, http://www.bruxelles2.eu/afrique/cote-divoireafrique/la-france-intervient-en-cote-divoire-seule-avec-lonu-les-europeens-regardent.html.

驻军事力量，其主要使命是保护法国侨民以及帮助训练科安全力量。① 法国也取消了从塞内加尔撤出军事力量的计划。2011年7月，虽然达喀尔的法军军事基地按照计划被关闭，但保留驻扎一支300人规模的部队用以协调本地区国家与西部非洲国家经济共同体的军事合作。②

三 对非军事干预欧盟化停摆的现实原因

法国暂停推进对非军事干预欧盟化的原因还要从其最初启动这一政策时期望实现的三个目标来分析。

首先，法国发现，欧盟其他成员国并没有像自己期望的那样分担在非军事行动的任务和花费。虽然有瑞典、爱尔兰、波兰等国对法国政府的要求给予全力支持，但英国和德国这两个欧盟举足轻重的成员却往往对法国的提议持怀疑的态度。英德两国始终认为，法国的真实意图在于借助欧盟的力量维护其在非洲的特殊利益，而非洲对于英德而言战略价值并不大。在官方表态中，英德对法国发起的在刚果民主共和国、乍得和中非共和国的军事干预均表示支持。但在幕后，占据主导地位的仍然是怀疑的态度。这可以解释为什么英德两国在参与欧盟对非军事行动中的投入都基本上保持在最低限度。在2003年对刚果民主共和国的军事行动中，英国仅仅派出90人的兵力，而且还都是后勤人员。而德国尽管提供了1/3的兵力，并负责总指挥，但绝大部分德国兵力仅为预备力量驻扎在法国在加蓬的军事基地中。此外，德国还将部队的行动范围局限于首都金沙萨一地。这些做法生动地体现了在德国政界和军界颇为盛行的两难心理：一方面，出于对法德关系的考虑，德国很难拒

---

① T. Koepf, *Quel avenir pour la présence militaire de la France en Côte ~ d'Ivoire?*, Paris, Institut français des relations internationales, 14 décembre 2011, http：//www.ifri.org/? page = detailcontribution& id =6933.

② Sénégal：la force française de Dakar revoit ses effectifs à la baisse, Jeune Afrique.fr, 1er août 2011, http：//www.jeuneafrique.com/Article/ARTJAWEB20110801161720/senegal - libreville abdoulaye - wade cedeaosenegal - la - force - francaise - de - dakar - revoit - ses - effectifs - a - la - baisse.html.

绝法国的要求；另一方面，德国政府总是难以完全认可法国政府的想法。在针对乍得和中非共和国的军事行动中，英德两国的怀疑已经开始公开化。英国和德国在法国一经提出军事干预想法就表示反对。不仅如此，英德还反对欧盟对可能进行的军事行动提供任何资金支持。这使法国及其他几个决定参与军事行动的国家不得不自己先行垫付派兵所需花费。而在2008年2月，英德对法国直接为乍得政府军提供后勤保障的做法大为光火，标志着英德对欧盟参与对非军事干预行动的质疑达到了顶点。

其次，英德的抵触态度和做法甚至引起法国国内支持对非军事干预欧盟化的人士对这一策略的质疑。没有英德这样的欧盟大国的全力支持，刚果民主共和国、乍得和中非共和国等国家和地区的人道主义状况没有得到根本性的改善。由于投入的兵力没有达到军事专家建议和法国期望达到的11000人的规模，欧盟在乍得和中非共和国的军事行动对于保护平民和改善难民营安全状况的两个使命只能做到疲于应对。在2003年刚果民主共和国的军事行动中，尽管英德都有参与，且德国的投入在数量上基本达到了法国的要求，但柏林为其兵力限定行动范围（首都金沙萨）和期限（4个月）的做法相当于自缚手脚，严重影响了整个行动的成效。特别是德国政府计划在2006年圣诞节前撤军的打算，使欧盟的军事行动不得不在刚果民主共和国第二轮选举前结束，为选后的局势动荡埋下了伏笔。面对这些远远低于预期的实际效果，法国军方甚至认为，欧盟的参与实际上是对整个军事行动的削弱，让法国付出了比其单独行动更大的代价。

最后，欧洲共同安全与防务政策在欧盟内部并没有得到积极响应和支持。越来越多的实用主义甚至是"超级实用主义"论调取代以构建"防务欧洲"作为目标本身的意识形态理念。德国尽管原则上支持欧洲成为"全球行动者"，但仍希望欧盟像自己一样保持其"和平力量"的本质。这虽然并不意味着德国完全反对欧盟卷入中低烈度的战争行为，但在德国政府看来，这样的战争行为必须被纳入危机应对的"整体方案"，即要综合运用包括外交谈判、发展援助以及警察力量在内的非军事手段。这也是德国拒绝参与欧盟主导的在乍得和中非共和国行动给出的解释。对德国政府而言，这两次军事行动都"过于军事化"了。① 而英国从来都对欧洲防务建设持保留态度。尽管伦敦对军事手段的使用并不抵触，但认为北约才是欧盟各个层次军事行动的主体。英德两国对欧洲防务建设的踟蹰不前在 2008～2009 年全球金融危机的冲击下，在程度上进一步加深，欧盟的安全和防务预算也因而被大幅缩减，这大大削弱了欧盟对非军事干预的能力。在这样的背景下，法国政府开始倾向于对对非军事干预计划进行个案式的可行性评估。2011 年在科特迪瓦和利比亚、2013 年在马里的军事行动都属于这一类型。

四 对非军事干预欧盟化的制度性障碍：法德安全防务领域的艰难合作

法国推行对非军事干预欧盟化能够依赖的唯一制度性载体是欧洲共同安全与防务政策。在一直对此采取若即若离态度的英国选择脱离欧盟的背景下，欧洲共同安全与防务政策建设的责任自然只能完全依靠法德的合作而实现。然而，法德两国最大的分歧却恰恰发生在欧洲的安全与防务领域。

最初由密特朗和科尔倡导推动的欧洲共同安全与外交政策，经过不断地调整和优化，最终经由《里斯本条约》演变为共同安全与防务政策。此外，对法英倡议的构建欧洲自主防务力量（1998 年 12 月 4 日《圣马洛宣言》）的主张，当时的德国总理施罗德在德国没有被邀请参与的情况下，也表示了赞同和支持。1999 年 5 月的图卢兹峰会采用了法英联合宣言的核心精神，最终形成了法、德、英三方统一的立场。1999 年 6 月举行的科隆欧盟理事会上，一项关于欧洲共同安全与防务政策的原则性协议得以达成，为 2000 年欧盟首脑尼斯峰会通过该政策奠定了基础。2003 年和 2004 年欧盟公约谈判中，法德两国在 2004 年《欧盟宪法条约》和《里斯本条约》精神的基础上一起主张欧洲共同的安全观。

---

① P. Berg, EUFOR Tchad/RCA: The EU Serving French Interests, in M. Asseburg et R. Kempin, *The EU as a Strategic Actor in the Realm of Security and Defence. A Systematic Assessment of ESDP Missions and Operations*, Berlin, Stiftung Wissenschaft und Politik, 2009.

法德两国表面上一致的立场背后,却隐藏着双方在欧洲安全与防务问题上深深的裂痕。这一裂痕不仅使"防务欧洲"遭遇严重挫折,也直接导致2010年安全与防务领域法英排他性轴心的出现。尽管《爱丽舍条约》对法德之间的安全与防务合作做了展望,但在冷战时期,一些障碍是无法克服的:1963年德国联邦议院确定联邦德国跨大西洋义务的绝对优先原则;1966年法国退出北约指挥系统;法德在法国核威慑战略解读上的分歧,以及在"战略武器限制会谈"(SALT)和"共同均衡裁军"(MBFR)谈判中的原则性立场冲突。法德防务对话在1982年重新启动,在双方外交部部长和国防部部长的直接参与下进行。法国率先推出法德"共同战略利益"的论调,得到了德方的认可。这一新的共识不仅在1984年重新激活了"西欧联盟",而且推动了法德双方实质性军事合作的深化。1985~1987年双方频繁的联合军演以及1988年"法德混成旅"的建立都是法德深化军事合作的见证。然而,"共同战略利益"的共识并未能抚平之前的嫌隙。法国力求有效地应对"德国的不确定性",而德国的目标则是通过防务政策欧盟化把法国重新纳入大西洋框架。尽管法德表面上在关于欧洲共同防务的大原则上形成了共识,让密特朗和科尔在签订《马斯特里赫特条约》时,也就此问题达成了一致立场。然而,两国的历史性分歧并没有因此得到缓和。事实上,《马斯特里赫特条约》设想的欧洲政治联合体在法国看来就是为了创建一个用来遏制德国崛起的框架。而德国也有自己的如意算盘,即通过共同安全和外交政策把法国的行动制约在北约的架构之中。

根本立场的冲突源于两国截然不同的欧洲安全观。这首先体现在与北约的关系上。二战后,德国形成了在安全事务上把德美关系和北约置于绝对优先地位的传统。尽管在伊拉克、阿富汗问题上,美国对德国过于谨慎的做法颇有微词,给德美关系制造了障碍,并在一定程度上影响了德国的亲大西洋立场。但与法国不同的是,对于德国而言,北约始终是欧洲安全的基石。如果说德国领导人对欧盟军事自主持欢迎态度的话,那也是着眼于让欧洲在跨大西洋关系架构中有能力承担属于自己的责任。而法国则希望共同安全与防务政策能够推动欧盟在国际事务中作为一个真正军事存在有效自主地行动。

资金短缺是共同安全与防务政策面临的另一个严重问题，尤其是来自德国的军事预算投入增长十分有限，而这一政策的一个初衷就是鼓励欧盟成员国增加军事投入。此外，受制于各成员国相关军事改革推进缓慢，特别是德国难以触动的征兵制度，共同安全与防务政策无法适应危机预防和应对的要求。即使是2010年通过的德国军队职业化改革，也难以满足欧洲域外危机预防和应对的要求。[1]

法德之间的军事合作遇到的困难源于两国在军事和国防建设指导思想方面的根本性差异。在法国，军事和使用武力是外交政策不可分割的一部分，其使命不仅在于维护国家安全，也服务于捍卫法国的国际地位。向国外派兵、动武属于共和国总统的专享权力。法国政府在动用军事力量时并不严格区分军事行动的性质——维护和平、应对人道主义危机，抑或是恢复和平，只要是两种使命所要求的，都会被认为是正当的而予以实施。德国在动用军事力量时则要谨慎得多。从普鲁士军国主义和纳粹暴行中汲取深刻教训的德国，将自己定位为一个"和平强国"（Friedensmacht）。在"克制文化"指引的德国军事政策下，动用武力几乎只能是一种例外行为。事实上，二战结束以来，德国参与的十分有限的军事行动只限于严格意义上的维和行动，战斗行为被列为禁区。即使是参加联合国蓝盔部队的人道主义性质的军事活动，也需要有联邦议会通过投票予以授权。因此，向国外派驻联邦国防军的决定要通过重重障碍才能做出。如果再考虑到政治意愿这个重要因素，推动德国参与像打击利比亚这样的军事行动的可能性几乎为零。[2]

在法国看来，德国对共同安全与防务政策有所保留的态度，无论是对北约还是欧盟的军事行动能力都有很大损害。以德国对欧盟"战斗力量"（battle groups）的立场为例，德国只是这一概念的创造者，它诠释了德国"资源分享"（pooling and sharing）和将欧洲军事力量置于多边化结构中的

---

[1] F. J. Meiers, *La Réorganisation de la Bundeswehr. La quadrature du cercle*, Paris, Ifri, juin 2011, Note du Cerfa, n° 87.

[2] H. Riecke, *La Culture stratégique de la politique étrangère allemande*, Paris, Ifri, novembre 2011, Note du Cerfa, n° 90.

理念。然而，尽管法国、瑞典等提过多次要求，这些2006年就已达到可投入实战状态的"战斗力量"却从未被用于危机应对的实战之中。法德混成旅的情况如出一辙。在这种情况下，以法国为代表的其他欧盟成员国越来越难以接受德国的这一立场，认为一再拒绝承担欧洲安全与防务力量建设的义务，是德国对盟友之间团结的破坏，而德国正是这一团结的最大受益者。法国在军事合作领域与德国渐行渐远。法国重返北约的决定是在没有与德国进行任何形式的磋商的情况下做出的，这成为法德在军事合作上貌合神离的又一大佐证。事实上，法国把德国作为安全与防务上主要的合作对象只是停留在口头上，法国的业内人士普遍认为法德的军事合作已陷入死局："军事整合走进死路，军队改革半途而废，武器联合研发几近停滞，欧洲安全政策的构建已经崩溃。"①

五　对非军事干预欧盟化的前景：马克龙或将重启欧盟化

因为英德这两个欧盟大国的迟疑不前，法国对非军事干预欧盟化进程陷入了困境，而巴黎也似乎正在失去推进这一策略的动力。那么，这是否说明法国彻底放弃了这一计划，要重新回到单边干涉主义的轨道上去？2009年以来，法国逐渐恢复了在非的单边军事行动，似乎已经给出了肯定的答案。然而，这并不意味着法国会选择完全将自己的对非战略与欧盟脱钩。因为，无论是从法国自身的实力来看，还是从全球治理结构的变化趋势来看，法国要想继续维持其在非洲的影响力，欧盟几乎可以说是唯一能够借力的框架。那么，在经历了萨科齐和奥朗德两届总统任期之后，陷入停滞的法国对非军事干预欧盟化进程是否会随着马克龙的上台迎来转机？长期来看，对非军事干预欧盟化的前景到底如何？以下几重因素可以帮助我们进行初步的展望。

---

① D. David, Entre raison et sentiments: peut-on coopérer en matière de défense?, in H. Stark, M. Koopmann et J. Schild (dir.), Les Relations franco-allemandes dans une Europe unifiée. Réalisations et défis, Bordeaux, Presses universitaires de Bordeaux, 2012.

（一）法非关系的特殊性

法国的对非政策一直在法国外交格局中占有特殊重要的地位。从地缘政治的角度来看，非洲大陆是法国唯一能够寄希望在冷战和去殖民化运动结束以后，继续保持与其安理会常任理事国和核大国地位相称的领导力和真实影响力的地区。法国的对非政策实际上在相当长的时期内是平行于法国的外交政策，被专门处理的。直到1999年，法国的对非事务才从合作部剥离纳入外交部管辖。但同时，总统府还设有专门的、并不隶属总统外交顾问的非洲办公室。此外，每两年举办一次的法非首脑峰会和与部分非洲国家稳固的防务合作都是法国对非政策并不受制于法国总体外交策略、稳定和持续的表现。

长期以来，法国的非洲政策一是元首间私交和法非首脑会议，二是对非发展援助及对非洲国家经济、金融控制，三是法非文化合作和法语影响，四是在非洲的军事存在和军事行动。① 然而，21世纪以来，法国不得不面对其影响力不断退化的现实，这主要是因为法国因长期为殖民历史包袱所累，而难以重新制定对非洲的政策。从希拉克到奥朗德，法国一直表示要改变法非之间宗主国与殖民地的关系，对其进行重新定位，但并没有实质性进展。这表明，现有的法非关系处理模式仍有较强的政策惯性，法非双方对如何构建新型关系还没有结构性的设想。

马克龙上台以来，延续了其前任重视并变革法非关系的论调。面对中国、美国等在非洲影响力的不断提升，马克龙一直希望重塑法非关系，重新垄断对非洲事务的主导权，强化法国在非洲的影响力。2017年11月，在其首次访问非洲多国之行中，马克龙宣称"法国再也没有非洲政策了"，意味着法国会把非洲国家与其他所有主权国家平等看待。马克龙面对大学生开玩笑说："你们还把法国看成是一个殖民帝国，但我真的没有心思继续为布基

---

① 贺文萍：《西方大国在非洲的新争夺》，《当代世界》2013年第4期，第22~25页。

纳法索大学的供电问题操心了。"① 这一饱受争议的政治幽默意在传递这样的信号：法国的非洲外交路线将会与此前的进行彻底的切割。这是马克龙对非洲（法语非洲国家）年轻一代（学生、青年创业者）改变传统法非"家长制"关系呼声的回应。一些分析认为，马克龙没有经历过殖民地时代，殖民历史对于他来说并不是禁区，与非洲国家领导人过去也没有过密切交往，因此有更大的空间可以实话实说。

然而，讲话中的"切割"并不意味着一定会在现实中得到兑现。法非之间利益关系密切，许多法企都长期在非洲经营，它们需要维系法非的传统关系；移民、恐怖主义等问题也需要法国的直接介入。此外，法国在非洲有较为重要的军事存在，这些都决定了法国只会不断强化在非洲的地位。面对中国、美国在非洲的影响日益扩大，马克龙提出的"停止指手画脚地干预，鼓励非洲自己承担责任"的原则，更多的是一种将法国与非洲的关系纳入欧洲与非洲的伙伴关系框架的变通。

（二）单边干涉的不可持续性与欧盟框架的不可替代性

在当今世界的国际关系呈现出多边化、国际组织化以及超国家组织化的背景下，作为殖民主义残余的单边干涉主义已经完全失去了合法性。2011年法国对科特迪瓦的军事干预就被国际舆论普遍指责为"新殖民主义的干涉内政"。② 马克龙上台以来竭力塑造自己世界多边主义代言人的形象，数度与鼓吹单边主义的特朗普进行针锋相对的隔空喊话。虽然，现实中的行动并不会与理想中的讲话保持严格的一致③，但如果没有其他大国（特别是美国）的支持，马克龙不会单独主导单边干涉行动，以免导致法国外交陷入被动。

---

① 马克龙2017年11月28日在瓦加杜古大学的演讲。
② Côte-d'Ivoire: la presse internationale juge "néocoloniale" l'action de la France, Le Monde. fr, 12 avril 2011, http://www.lemonde.fr/afrique/article/2011/04/12/cote-d-ivoire-la-presseinternationale-juge-neo-coloniale-l-action-de-la-france_1506219_3212.html.
③ 2018年4月，法国参与美国主导的对叙利亚的空袭行动就没有经过联合国的授权。

单边干涉的不可持续性不仅是政治上的，更是军事和经济上的。自 2009 年对非军事干预欧盟化停摆，法国恢复单边干涉以来，可以说深陷"泥潭"，急于自拔。在对非军事干预的主战场——萨赫勒地区，法国先后卷入相关国家内战、参与人道主义行动和进行反恐行动，疲态日益显露。以持续时间最长、难度最大的反恐行动为例，2014 年，"新月沙丘"行动接力将"圣战"组织势力击退至马里的"薮猫"行动，继续在萨赫勒沙漠地带围剿恐怖组织武装势力，防止其新据点的出现。法国在"新月沙丘"行动中共投入约 4500 人的军力，在从毛里塔尼亚到乍得的 500 万平方公里的范围内作战，可以说是势单力薄。自"新月沙丘"行动开始以来，已经有 17 人遇难，法国付出了沉重的军事代价。

萨赫勒地区基本上已被西方和非政府组织放弃，社会经济发展长期处于停滞状态。除了"圣战"组织，这一地区还存在各种各样的非法交易。恐怖武装集团的渗透并不仅仅是为了推行实施其理念，也进行各类非法交易敛财。萨赫勒地区的国家没有能力对当地实行有效的经济和社会管控，也为"圣战"组织的扩张提供了条件。这并不是仅从安全层面就能够解决的问题。除直接实施军事行动外，法国把任务重心逐渐转向对当地军事力量的培训上。8000 名马里士兵正在接受训练，以期能够接替法国军力成为抗击恐怖武装组织的主力。但要从根本上改变现在的被动局面，还需要大量的军事投入和社会经济发展投入，这显然是法国单独无法承受的。

与单边干涉的不可持续性相伴的是欧盟框架的不可替代性。理论上，法国对非军事干预可以借助的多边治理结构有联合国、欧盟、北约、非盟、西共体，甚至包括萨科齐推动建立、现已基本处于名存实亡状态的"地中海联盟"。但真正能够提供法国所需政治、军事及资金可靠资源的只有欧盟，且最核心的军事主导权问题也只有在欧盟框架内才能够解决。与欧盟相比，联合国和北约难以成为法国在非军事干预能够借助的力量。对于法国推动组建萨赫勒 G5 联合部队的态度再一次印证了这一事实：联合国和美国对于武力授权态度谨慎，对于五国联合部队的组建仅简单地表示欢迎。在现有联合国军事行动指挥体系维持不变的情况下，法国与联合国的合作不会超越

"联合国授权，法国全权负责实施"的模式。至于北约，也并非可靠的合作对象。由于非洲在美国的全球战略中的地位较低，美国自1993年在索马里的军事行动中损失19名士兵后，对军事干预非洲的意愿并不高，而这种情况随着特朗普上台后确定"美国优先"的战略取向，并不会有所变化。同时，在北约的框架下执行军事作战与维和行动，法国很难取得军事行动的领导权。

六　法德防务合作的挑战与机遇

2008年爆发的全球金融危机确实对欧盟介入非洲安全事务的意愿产生了较大的负面影响，而真正阻碍法国对非军事干预欧盟化的是法德在防务领域合作的分歧。应该看到，法德在防务领域合作的分歧是国家安全战略思维层面上的，很难出现一蹴而就的弥合。但这并不意味着法德在防务领域的合作一直没有实质性突破的希望。实际上，法德两国之间存在共同的战略利益基础，关键是寻求双边战略利益的平衡点。萨科齐和奥朗德执政期间，法国的外交指导思想基本遵循"大西洋主义"，由倚重"法德轴心"转为平衡与各成员国的关系，法德热度锐减。奥朗德更是表示要"重新调整"欧盟发展方向，"法德轴心"固然重要但不应成为"垄断"。这在很大程度上阻碍了本就步履维艰的法德防务合作。马克龙上台以来，面对美国对欧洲战略空间的挤压和欧盟自身的政治困境，积极寻求强化"法德轴心"，在一定程度上改善了两国的政治互信。这为重启对非军事干预欧盟化创造了必要的政治环境。

对于德国而言，英国脱欧在客观上提升了德国在欧盟的政治和军事地位，这必将促使德国更加主动和开放地承担起对欧盟的军事义务。在美国战略重心转向亚太的背景下，北约对欧洲安全主导地位的弱化是大势所趋，特朗普上台后更是对"欧洲人对欧洲安全承担更多的责任"上提出了进一步的要求：美国先是在北约峰会上以军费分摊问题向欧洲国家（特别是德国）发难，而后又单方面退出《中导条约》，这些举动势必会促使德国减弱在欧洲安全问题上对北约的依赖，从而加强与法国的合作。默克尔对马克龙"组建真正的欧洲军队"主张的无延迟支持回应①便是一个积极的信号。此外，德国一直寻求联合国安理会常任理事国的席位，这也要求德国对全球安全事务承担起更多的责任。

尽管如此，短期内重启法德在对非军事干预上的实质性防务合作仍然希望不大。第一个原因是，德国自身深陷政治困境，经济增长初现疲态。在德国政局的变化中，默克尔领导的执政联盟遭到严重削弱，这几乎排除了德国参与域外军事行动的可能。第二个原因是，法国获得德国在防务问题上的信任并非易事。法国在政治、军事上的强势使德国在防务问题上表现出强烈的政治敏感性，任何风吹草动都会加剧德国的不安与疑虑。而法国在此问题上并没有展现出应有的政治智慧。② 对于法国而言，获得德国在对非军事干预上支持的关键就是消除其对法国军事行动动机的疑虑。为此，法国不但要以更加有效的方式与德国进行沟通，而且要以实际行动让德国相信欧盟介入非洲安全事务不是服务于法国的非洲战略。如果军事行动的性质是人道主义的，法国就不应该继续在欧盟军事行动的同时进行自己单独的行动（2006年、2007年在乍得和中非共和国的军事干预皆是如此）。

七 "萨赫勒五国"联合部队：马克龙重启欧盟化的初步尝试

推动组建"萨赫勒五国"（马里、毛里塔尼亚、布基纳法索、尼日尔、乍得，简称"G5"）联合部队可以看作马克龙重启对非军事干预欧盟化的初步尝试。萨赫勒地区的"圣战"武装组织在2013年法国的"薮猫"行动中被击溃，却没有被击垮。尽管部署有12000人的蓝盔部队和4500人的法国"新月沙丘"部队，"圣战"武装组织仍然得到了喘息的机会，加大了对马里军队的袭击力度，并在2017年将其活动范围扩展至马里中部和南部，直

---

① Angela Merkel plaide pour «une vraie armée européenne», *Le Figaro*, 14/11/2018, p. 7.
② 如，在默克尔就沙特记者遇害案呼吁欧盟停止对沙特武器出口后，马克龙予以反对，口吻强硬地表示："不是哪个领导人说了一句话，我们就要照着干。"

至与尼日尔和布基纳法索交界地区。面对长期僵持的局面，为了尽快从萨赫勒地区的反恐持久战中脱身，马克龙上台伊始便开始筹划终结法国单打独斗的现状。2017年7月2日，马克龙在巴马科出席了萨赫勒G5峰会，与其他领导人共同见证了毛里塔尼亚、马里、尼日尔、布基纳法索和乍得五国联合部队的成立。这一武装力量的使命是铲除盘踞在当地的"圣战"组织及各种非法交易。"圣战"组织的势力已经从最初的马里北部扩展到了整个马里，并开始向周边地区蔓延。五国联合部队起初只包括三国：马里、布基纳法索和尼日尔。三国在对抗"圣战"组织的斗争中缺乏有效的合作，从而导致形势急剧恶化，三国边界地区的局势堪忧。深知现状不可维持的马克龙促成五国联合部队的成立旨在建立五国之间有效的合作机制，进而改变法国在非洲安全事务中孤立无援的局面。

然而，成立联合部队的真正目的是为法国主导的对非军事行动寻找资金支持。马克龙之所以选择7月2日推动召开萨赫勒G5峰会，就是希望借此在7月7日在汉堡召开的G20峰会上争取对非军事行动所需的资金支持，争取的对象主要是德国、欧盟以及联合国。根据业内专家的估算，五国联合部队的行动至少需要4亿欧元甚至5亿欧元。经过几个月的外交努力，五国联合部队的资金支持终于有了初步着落。2017年12月，在巴黎近郊的圣克罗德城堡举行了萨勒赫G5峰会，除了五国领导人和马克龙外，德国总理默克尔、比利时首相米歇尔、意大利总理真蒂洛尼，以及联合国、非盟和欧盟的代表出席了峰会。域外国家沙特和阿联酋派部长级代表参加峰会，并承诺提供资金援助。峰会最大的成果是获得了与会国的资金支持承诺：欧盟5000万欧元，法国800万欧元的后勤援助，"萨赫勒五国"每国1000万欧元，美国5000万欧元。沙特宣布提供8500万欧元的资金援助及后勤和情报协助，阿联酋宣布提供2500万欧元。尽管迄今为止这些资金中只有不到1/4得到落实[1]，但萨赫勒G5巴黎峰会实现了自对非军事干预欧盟化停摆以来

---

[1] Parly veut accélérer le financement de la force conjointe du G5 Sahel, *Le Figaro*, 06/11/2018, p. 8.

首次将欧盟国家，特别是德国直接纳入法国主导的对非军事行动中的目标，具有重要的象征意义。

对非军事干预欧盟化是法国非洲战略在全球治理新体系中的必由之路，而法德的政治互信与防务深度合作是这一机制运作的前提。从长远来看，推进对非军事干预欧盟化不仅符合法国的利益，也有助于欧洲自身的防务建设，实现欧洲的安全独立，从而优化全球的战略平衡。法国能否抓住美国战略收缩的契机，重启已经停摆近 10 年的对非军事干预欧盟化进程取决于其是否能够吸取上次欧盟化过程中的教训，切实消除欧盟成员，特别是德国的政治疑虑。

B.14
法国与非洲国家文化产业合作

张 黎*

摘 要: 文化合作是法国对非政策极为重要的一方面,随着全球化和科技发展,文化的经济属性日益凸显。文化产业具有传递文化特征和价值观、促进经济和社会发展的双重特性,受到法国和非洲国家的重视。法国将其纳入与非文化合作战略,通过双边和多边框架与非洲国家进行了形式各样的文化产业合作。但是,法国的行动受到主观和客观因素的限制,在一定程度上影响了合作效果,进一步深入合作面临着挑战。

关键词: 法国 非洲国家 文化产业 合作

文化合作是法国对非政策中至关重要的一方面,20世纪60年代非洲法语国家独立后,双方签署了一系列包括教育、科研、语言等内容的协议,开启了文化合作。随着国际形势的演变,法国与非洲国家文化合作的内容也有所调整。进入21世纪以来,全球化和科技发展使文化在促进经济发展方面的作用凸显。文化产业在传递文化特征和价值观、促进经济和社会发展方面发挥着重要作用逐渐成为国际社会共识,法国在其对外文化和经济行动中也越来越重视文化产业的作用。2005年联合国教科文组织通过了《保护和促进文化表现形式多样性公约》(以下简称《公约》),将发展文化产业作为促

---

* 张黎,天津师范大学外国语学院法语系讲师,北京外国语大学法语语言文化学院博士生。研究方向:法国外交、法语国家与地区研究。

进文化表现形式多样性的重要措施，并确立了促进发展中国家文化产业发展的国际合作机制，非洲国家文化产业以此为契机进入一个新的发展阶段。法国与非洲国家开始逐渐加强文化产业方面的合作。

一 法国与非洲国家文化产业合作的背景

根据联合国教科文组织的定义，文化产业指的是生产和销售文化活动、产品和服务的产业，一般包括电影和视听产业、舞台艺术、表演、书籍、报刊和出版、文化遗产等领域。文化产业不仅能够传递文化特征和价值观，还能够创造巨大的经济效益，促进经济和社会发展。文化产业合作不仅符合法国对外文化战略发展，还顺应了非洲国家经济社会发展需求。

在全球化和科技深入发展的刺激下，文化产业成为全球经济新的增长点。2013年全球文化创意产业创造了2.25万亿美元收入，就业人数达2950万。[1] 法国文化产业从20世纪末开始快速增长，近几年年均产值约占法国经济比重的2.2%，[2] 出口也呈增长趋势，创造了大量的就业岗位，为法国经济收入和社会发展做出了巨大贡献。全球市场的繁荣和巨大经济潜力促使法国不仅重视国内文化产业的发展，也开始在对外经济和文化行动中加大了对文化产业的重视力度。法国的音乐、建筑、出版、电影、视听等文化产业在国外的推广也取得了不俗的成绩。2005年，联合国教科文组织通过的《公约》正式确立了文化表现形式多样性原则，提出支持发展中国家文化产业发展，进一步推动了法国文化产业的发展和国际合作。此外，更为重要的是，从软实力角度来看，文化产品和服务的输出可以增强国家的吸引力。对外推广文化产业不仅促进经济发展，也传播了法国语言和文化，有助于塑造法国积极、强大和富有创新精神的形象，传播法国生活方式和消费方式，扩

---

[1] 联合国教科文组织报告：*Un monde très culturel：Premier panorama mondial et l'économie de la culture et de la création*，décembre 2015。

[2] 法国参议院网站：http://www.senat.fr/rap/a17-110-2/a17-110-21.pdf，最后访问日期：2018年12月21日。

大法国的影响力。① 因此，文化和经济的双重意义使文化产业逐渐成为法国对外文化合作的一项重要内容。

非洲国家一直非常重视文化在国家建设、区域融合、非洲一体化中的重要作用。很多国家在独立伊始就制定了文化政策，旨在通过发展文化加强国家身份认同，促进社会融合。西非经济共同体和中部非洲国家经济共同体等区域组织也逐渐在区域发展计划和战略中突出文化维度，重视文化在区域融合和发展中的重要作用。非盟将文化视为加强非洲内部团结、非洲复兴的重要基础。但是最初的文化政策很少涉及文化产业，随着非洲国家经济和社会发展，文化对经济发展的作用凸显，文化产业逐渐受到重视。从20世纪80年代开始，非盟通过了一系列决议和行动计划，如《内罗毕行动计划》和《达喀尔行动计划》，强调促进文化产业发展。2006年通过的纲领性文件《非洲文化复兴宪章》将文化作为可持续发展的目标之一，强调加强非洲国家之间以及国际文化合作，促进文化产业发展，并制定了一系列行动计划。国家层面，随着联合国教科文组织《公约》的实施，非洲国家纷纷将文化纳入可持续发展政策，相继制定、完善了文化政策和发展文化产业的措施，为文化发展创造良好的政策和制度环境，并积极开展国际合作。

此外，从客观条件来看，非洲国家丰富的文化资源蕴含着巨大的文化产业发展潜力，尤其是20世纪90年代以来，非洲国家经济结构调整在一定程度上促进了音乐、电影、舞蹈、戏剧等文化产业的发展。联合国教科文组织报告显示，2008年非洲文化产业创造的价值占世界总价值的0.4%，2015年这个比例上升到3%。② 随着非洲经济增长和信息技术的发展，广播、电视、媒体、互联网在非洲发展迅速，人民生活水平的提高促进了文化产品消费市场的增长，这为文化产业的发展创造了有利条件。非洲国家表现出的政

---

① 法国外交部网站：https://www.diplomatie.gouv.fr/IMG/pdf/fiche_ familles_ prioritaires_ a_ l_ export_ -_ icc_ jnt_ cle899979.pdf，最后访问日期：2018年12月18日。
② 联合国教科文组织报告：*Un monde très culturel*：*Premier panorama mondial et l'économie de la culture et de la création*，décembre 2015。

治意愿和文化产业蕴含的巨大经济潜力正好契合了法国对外文化行动的调整，促成了双方文化产业的合作。

二 法国对非文化产业合作机制和行动

法国通过双边和多边合作机制与非洲国家在电影、视听、音乐、演出等领域开展了形式多样的合作。

（一）法国对非文化合作机制和行动

法国双边合作的主要机构是法国文化中心、法国世界媒体集团以及地方政府。

法国文化中心是法国对外文化行动核心执行机构。随着文化经济的发展，法国文化中心一方面加大对外推广法国文化产业的力度，推出了一些专门项目和举措在国际上推广法国电影、戏剧、音乐、书籍，促进法国文化产品的传播和出口；另一方面加强了对外文化产业合作。非洲和加勒比地区对于巩固法语国际地位，促进文化多样性意义重大，被法国文化中心列为要特别重视的优先区域。法国文化中心与非洲国家文化产业合作主要通过三个项目进行，分别是"非洲和加勒比在创作"（Afrique et Caraïbes en créations）、"非洲电影资料馆"（Cinémathèque Afrique）、"世界电影工厂"（La Frabrique des Cimémas du Monde）。

"非洲和加勒比在创作"项目设立的目的是支持这两个地区的艺术家和文化机构在国内外发展，进入全球市场，促进文化节和文化工作者的专业化。该项目文化合作行动主要与非洲国家展开的，2007~2011年，在非洲开展的行动超过600项，加勒比地区只有150项。[①] 主要行动包括与非洲国家合作举办文化节、演出活动、资助文化发展项目，2017年底至2018年初与马里文化部合作举行的巴马科摄影双年展就是在此项目框架内进行的合

---

① 法国外交部：https://www.diplomatie.gouv.fr/IMG/pdf/RapportComplet_Evaluation_N124_Afrique_CaraibesenCreations_cle8d51ba.pdf，最后访问日期：2018年12月18日。

作。此外，该项目还设立了专门针对青年人才的"创作签证"计划，为他们提供3~6个月的签证，支持他们在法国进行创作。2018年来自多哥、刚果金、喀麦隆等法语国家的音乐、舞蹈、戏剧青年人才入选了该计划。"非洲电影资料馆"保存了大量20世纪60年代至今的各种主题的非洲电影，是推广非洲电影的重要平台。"世界电影工厂"是法国文化中心与法国世界媒体集团（France Médias Monde）、法语国家与地区国际组织共同发展的职业项目，目的是支持南半球国家电影进军国际市场。2018年是该项目实施的第10年，据统计，十年来共有来自61个国家的91个项目受到支持，其中有23个是法语国家。

法国世界媒体集团主要参与视听领域的国际合作。为了应对国际竞争，实现视听产业国际化发展，更好地发挥资源互补和协同效应，2013年法国将对外视听公司、法兰西24小时（France 24）、法语国家广播电台（RFI）和阿拉伯语蒙特卡洛中东台（Monte Carlo Doualiya）合并成立了法国世界媒体集团，它也是法国电视五台（TV5 Monde）的股东。非洲既是法兰西24小时和法语国际广播电台的行动区域，也是该集团的战略区域，双方主要在广播节目制作、视听职业培训、戏剧、音乐、新闻等方面开展合作。

地方政府是法国对外文化行动另外一个重要行为体。20世纪80年代法国地方分权改革，各级地方政府被赋予了对外行动的权力，开始积极参与对外文化合作，借此增强地方和法国在国际上的吸引力。非洲是地方政府对外文化合作项目数量最多的地区，其中马里、塞内加尔、布基纳法索、摩洛哥尤为突出，合作主要集中在文化和文化遗产、教育、研究和社会发展领域。地方政府除了独立发展国际合作项目，还一直与法国文化中心合作，参与对外文化合作。法国文化中心每年约3%的预算来自地方政府，双方每年合作的项目约为300个。2018年，法国文化中心与包括大区和市镇在内的21个地方政府签署了合作协议，促进地方对外文化合作。①

---

① La programmation de l'Institut français en 2018, https://www.heymann-renoult.com/wp-content/uploads/2018/03/IF_dossier-presse-2018_web.pdf，最后访问日期：2019年1月20日。

除了双边合作，法国还通过法语国家与地区国际组织①、联合国教科文组织、欧盟与非洲国家开展文化产业多边合作。

法语国家与地区国际组织是法国维护和加强国际影响力的一张王牌和对外文化合作战略性平台。该组织成立的初衷是促进法语国家与地区之间的文化合作，随着成员国的增加和国际政治、经济形势的演变，其发展目标逐渐多元化，扩展到维护和平、促进可持续发展、增强经济合作领域。但是，保护和推广法语、促进语言和文化多样性始终是其首要任务。法国在该组织中具有特殊地位和影响力，一方面，因为该组织与法国有着特殊的历史渊源，法语及其承载的价值观是维系成员国关系的纽带；另一方面，法国每年的出资约占该组织总预算的40%，不仅是该组织的第一大出资国，也是其下属四大行动执行机构的最大出资国。

非洲是法语国家与地区国际组织的主要行动区域，文化产业发展贯穿着法语国家与地区组织多个发展目标，在其行动中占据着越来越重要的地位。《公约》通过后，它将文化多样性和文化发展纳入战略框架十年计划，加大了文化产业合作力度。法语国家与地区国际组织行动主要包括两方面：一方面是政策层面，与非洲国家政府部门合作，为非洲国家制定文化发展政策提供支持，它在2008年设立了一个行动小组，对南半球法语国家文化产业发展现状进行了调查、统计、评估和分析，为政府制定产业发展政策提供支持。2018年4月，该组织发布了第四份报告，对中部非洲法语国家喀麦隆、加蓬、刚果的三国文化产业现状进行了分析。另一方面是产业发展层面，设立专门基金对电影、视听制作和出版业进行资助，支持文化创造者进入法语区主要的文化市场，提供技术和艺术方面的职业培训，支持文化企业发展。随着合作的不断发展，法语国家与地区国际组织在非洲形成了较为稳定的合

---

① 法语为 Organisation internationale de la Francophonie，前身是1970年在尼亚美成立的文化与技术合作署，是以法语和共同价值观为纽带建立的国际组织，有88个成员国或政府（其中54个正式成员国），既包括法国、加拿大、瑞士、比利时等欧美发达国家，也包括非洲法语国家和越南等亚洲国家，以及一些官方语言并非法语的欧、非、亚国家，非洲国家约占正式成员国数量的一半。

作模式：主要依托下设的执行机构和合作机构，如法国电视五台、桑戈尔大学、非洲出版和发行培训中心，或欧盟、西非经济货币联盟等外部合作伙伴，资助电影、电视、音乐产业、图书出版、演出方面的发展项目，合作举办大型文化活动，提供职业培训等。法国文化中心和法国世界媒体集团是法语国家与地区国际组织重要的合作伙伴。

联合国教科文组织的"文化多样性国际基金"（Fonds international pour la diversité culturelle）是法国参与非洲国家文化产业合作的另一个多边平台。"文化多样性国际基金"是《公约》设立的支持发展中国家文化产业发展的工具，目的是通过为发展中国家文化产业政策的制定和实施提供支持、加强文化创造和创新能力、开发产业潜力、促进发展中国家文化产业发展。从2010年正式启动至2018年，基金在57个发展中国家实施了105个项目，金额达700万美元，涉及电影、音乐、视听、出版等产业。非洲国家的项目约占基金项目总数的44%，其中大多数是法语国家。[①] 文化多样性国际基金采用自愿出资的原则，接受政府、个人、民间组织以及私营企业资助。法国一直是该基金最大的出资国，其次是中国和德国。

此外，在欧盟面向非洲、加勒比海和太平洋地区国家集团（以下简称ACP）的发展援助工具——欧洲发展基金中，文化产业合作逐渐受到重视和加强，从2007年开始实施文化产业合作计划，旨在促进这三个地区国家电影和视听产业发展，文化产品的创造、销售和传播，通过支持文化产业发展达到减少贫困的目的。根据欧盟和ACP国家集团2018年发布的报告，2012~2017年实施的ACP Cultures +计划，共投入3000万欧元，完成54个文化合作项目，[②] 2018年将开始下一期计划，预计投入资金为4000万欧元。[③] 法国不仅是欧洲发展基金的第二大出资国，也积极参与了多个项目合作。

---

① 联合国教科文组织网站：https://fr.unesco.org/creativity/fidc/decouvrez-projets/statistiques，最后访问日期：2019年1月24日。
② ACP网站：https://acpculturesplus.eu/sites/default/files/2017/11/21/presentation_des_resultats_du_programme_fr.pdf，最后访问日期：2019年1月23日。
③ ACP网站：http://www.acp.int/node/4195，最后访问日期：2019年1月23日。

（二）2018年法国继续重视与非洲文化产业合作

从以上分析可以看出，进入21世纪以来，尤其是《公约》通过之后，文化产业发展受到法国、非洲国家和国际社会的重视，合作不断增多，并有逐渐加强的趋势。

2018年3月20日"国际法语日"，法国总统马克龙在法兰西学院发表讲话，公布了法国推广法语的国际战略，围绕着在全球范围内促进用法语学习、交流和创造三大目标，提出了33项具体措施，目的是使法语成为未来的主要世界语言之一和全球化的一大优势。在促进用法语创造这一战略目标中，他提出要为文化外交注入活力，促进法国文化产业出口，并支持法语国家文化产业发展，并提出了一系列的具体行动计划：委任法国开发署从2018年开始，在出版、电影和音乐领域实施10个发展项目，投入150万欧元在非洲支持文化创业。同时，法国国家电影中心设立撒哈拉以南法语非洲青年电影基金，并与摩洛哥和突尼斯进行电影共同制作。此外，2020年将在法国举行非洲文化季，展现当代非洲及其创造性，尤其是青年的创造才能，希望借此促进创作领域的合作和鼓励非洲国家发展文化创业。

法国开发署2018年初发布了全球文化创意产业研究报告，对非洲国家文化产业现状和潜力进行了分析，确定了未来几年支持非洲国家文化产业发展的行动方向。[1] 法国外交部在2018年财政法案中提出，文化的经济意义被充分纳入法国行动的战略核心，同时也重视文化产品、服务和活动作为身份、价值和意义载体这一特性，并制定了对外推广法国文化产业和进行国际合作的计划。[2] 法国文化中心将在国际上提升法国艺术、智力创作以及文化创意产业作为2017～2019年首要发展目标，文化产业发展预算呈逐年上升趋势。[3]

---

[1] 法国开发署网站：https://www.afd.fr/fr/les‐industries‐culturelles‐et‐creatives‐posent‐pour‐une‐photographie‐mondiale，最后访问日期：2019年1月23日。

[2] 法国参议院网站：http://www.senat.fr/rap/a17‐110‐2/a17‐110‐21.pdf，最后访问日期：2018年12月21日。

[3] 2017～2019年文化产业分别占其总预算的15%、17.5%、20%，法国参议院网站：https://www.senat.fr/controle/dossier/2016/9261.html，最后访问日期：2018年12月21日。

三 法国行动的特点及面临的挑战

（一）法国合作行动特点

从合作的领域来看，主要集中在电影、视听、音乐、演出等分支产业。在联合国教科文组织"文化多样性国际基金"近几年资助的项目中，电影和视听产业占19.4%，音乐占23.9%，[1]"非洲和加勒比在创作"项目中，音乐项目数量也最多。究其原因，一方面是法国的这些分支产业较为发达，有一定的优势；另一方面是非洲国家在这几个领域资源丰富，有巨大发展潜力和市场潜力，存在合作基础。非洲音乐产业近年来发展迅速，引起了法国相关文化机构的关注，2018年全球最大规模的专业音乐交易市场法国戛纳国际音乐唱片展特别关注了非洲音乐产业发展，举行了首次非洲论坛，探讨撒哈拉以南非洲音乐产业发展和合作。[2]

从合作方式来看，双方在上述领域合作的主要方式有设立发展基金、共同创作、合作举办文化艺术节、技术培训。首先，无论是多边还是双边合作机制，都设立了各种基金作为合作工具。这些基金又可以分为两类：第一类是面向整个文化产业，如法国文化中心的"非洲和加勒比在创作"和联合国教科文组织的"文化多样性国际基金"。这类基金支持的项目种类多，覆盖文化产业的各个领域。第二类是针对某一特定产业的专项基金，如法语国家与地区国际组织设立的"法语国家与地区图像基金"，专门用于支持成员国，尤其是撒哈拉以南非洲国家电影、电视创作，吸引国际投资、发掘人才、挑选优秀作品、在国际电影节上推广非洲电影。其次，通过共同创作促进技术合作和文化交流。为了加强法国文化的传播，促进法国电影产业发展

---

[1] 联合国教科文组织：https://fr.unesco.org/creativity/fidc/decouvrez-projets/statistiques，最后访问日期：2018年12月24日。

[2] 法语国际广播：http://www.rfi.fr/culture/20180605-musique-ouverture-midem-afrique-yemi-alade-forum-africain，最后访问日期：2019年1月24日。

和出口，法国与一些国家签署了电影合作拍摄协议。这一合作行动主要集中在布基纳法索、几内亚、塞内加尔、喀麦隆、科特迪瓦以及北非的阿尔及利亚、突尼斯、摩洛哥。再次，合作举办各种大型文化艺术节或演出。文化艺术节不仅可以强化文化身份认同，加强文化交流，还有助于推动文化创作市场化，是文化产业价值链中必不可少的一环。非洲国家经过几十年的发展，每个领域都打造出了一个在非洲大陆乃至国际上享有盛名的文化节，如达喀尔非洲当代艺术双年展、瓦加杜古泛非电影、电视节、巴马科双年展、阿比让非洲演出和艺术市场。法国通过法国文化中心和法语国家与地区国际组织及非洲国家共同举办文化艺术节，改善文化节的组织和运行，提高文化艺术节在国际上的影响力。此外，法国还借助戛纳电影节和文化产品展出市场等平台为非洲文化产品和艺术家进入国际市场提供帮助。最后，为非洲艺术家和文化工作者提供相关的专业技能培训。各种基金都包括一定的培训项目，用以提升文化从业者的专业技能，如法国国家电影中心设立的面向撒哈拉以南法语非洲国家的青年电影创作基金中有专门针对电影、电视导演、编剧、后期制作等培训。法语国家与地区国际组织每年也组织各种培训、工作坊、圆桌会议、国际艺术家见面会等。

（二）法国对非文化合作面临挑战

文化产业合作对法国和非洲国家具有重要意义。对于法国而言，它的主要意义在于巩固和加强法语和法国文化在非影响力。对于非洲国家，文化产业发展不仅可以加强国家文化身份认同，增强社会凝聚力，还对于促进经济增长、增加就业意义重大。在《公约》的推动下，大部分非洲国家逐步在法律、制度、税收、基础设施等方面采取实际行动，加大对文化产业发展的投入，并积极开展国际合作，因此，文化产业具有很大的合作潜力和前景。但是法国的行动存在很大局限性，进一步推进合作面临着挑战。

首先，国家间文化合作应该是在平等基础上进行的交流和分享，而法国的合作行动在很大程度上仍然是以推广法国文化和价值观、巩固法语地位为主要目标。进入21世纪以来，促进文化多样性，增进文化间对话成为法国

对非文化产业合作的旗号。虽然合作包含了推广非洲国家文化和文化交流的行动,但是,从整体上看,具有交流性质的行动并不多,其在很大程度上还是在推广法语和法国文化。这一点在法语国家与地区国际组织的行动中也有所体现,如在书籍和出版方面,法语国家与地区组织行动主要以鼓励支持法语创作为主,语言的多样性和合作并未得以真正体现。此外,在马克龙2018年提出的法语国际战略中,加强与法语国家文化产业合作也只是巩固法语国际地位的一个措施。整体而言,法国的文化输出成分多于文化交流和合作。

其次,客观上来看,法国行动受到预算减少的掣肘,影响了合作效果。预算不足是近年来法国文化外交和影响力外交面临的一大挑战。法国外交部的对外行动预算一直处于下降趋势,并且根据法国公共财政计划,2018~2020年整个外交预算还将减少5.9%,2019年文化和影响力外交预算将下调0.6%。① 设立基金是主要合作方式,虽然非洲国家也逐渐参与项目出资,但所占比重有限,法国是主要出资方。这些基金的特点是项目数量多,涉及的产业和区域广,整体预算不高,导致每个项目的规模很小,效果也有限,使法国的行动与非洲国家的诉求之间存在差距,无法在对非洲国家文化产业发展更为迫切、更为重要的问题上,如加强技术和专业知识培训、强化非洲文化特征、重视文化产业基础设施建设、完善产业链,进行有针对性的、切实有效的合作。

四 结语

文化产业对于经济发展和文化传播具有重要意义,受到法国与非洲国家的重视,在双方文化合作领域中逐渐占据一席之地。法国与非洲国家文化产业合作在一定程度上促进了非洲国家艺术家创作和文化产品进入国际市场,

---

① 法国参议院网站: http://www.senat.fr/rap/a18-149-2/a18-149-2.html,最后访问日期: 2018年12月23日。

对文化产业发展有一定的助力作用，同时也有利于巩固和加强法国在非洲国家的文化影响力。但是，囿于法语优先思维，加之预算有限，法国的合作行动与非洲国家文化产业发展需求之间存在一定的差距，合作效果有限。然而，从2018年法国的政策和行动来看，无论是从维护法国语言、文化和价值观角度，还是经济利益出发，法国都将会继续加强与非洲国家的文化产业合作，但如何有效推进合作对法国来说将是一个挑战。

参考文献

Belmond Nicaise Mpegna，*La politique française de coopération culturelle en Afrique：L'exemple du Cameroun*，Paris：L'Harmattan，2014.

Claire Visier，*L'Etat et la coopération：La fin d'un monopole*，Paris：L'Harmattan，2003.

Organisation de Coopération et de Développement Économiques（OCDE）：*Rapport Afrique de l'Ouest 2007 – 2008*，2008，https：//www.oecd.org/fr/csao/publications/42358467.pdf.

Organisation internationale de la Francophonie：*Profil culturel des pays du sud membres de la Francophonie：Un aperçu de trois pays de l'UFMOA*，2010，https：//www.francophonie.org/Les – profils – culturels – des – pays.html.

Organisation internationale de la Francophonie：*Profil culturel des pays du sud membres de la Francophonie：Un aperçu de trois pays de la CEMAC*，2012，https：//www.francophonie.org/Les – profils – culturels – des – pays.html.

社会文化篇

Society and Culture

B.15
全球化时代的法国电影产业发展分析

申华明 傅荣*

摘 要： 本文以2018年法国电影产业相关数据为依据，分析该产业的发展情况，并从电影融资、发行、政策支持、国际推广等不同方面解析法国电影产业的竞争力。我们发现，法国电影产业在多样化的融资方式和全方位的政府政策支持下，牢牢掌控近40%的市场份额，成功抵御好莱坞的冲击。电影也因此成为法国政府增强法国文化的国际影响力、推广文化多样性的有力武器。

关键词： 法国电影产业 竞争力 好莱坞

---

* 申华明，对外经济贸易大学法语系讲师，北京外国语大学法语语言文化学院博士生，主要研究方向为外语教学法、法语国家与地区研究；傅荣，北京外国语大学法语语言文化学院教授，主要研究方向为外语教学法、欧盟法。

众所周知,经济全球化也深刻地体现电影产业,好莱坞影视随着这股浪潮严重冲击着世界各国的电影产业,法国自然不会幸免。然而,多年来,法国始终成功地应对严峻挑战,一直都是本土电影在本国电影市场所占比例较高的国家之一。本文以2018年法国电影市场概况为切入点,从法国电影产业的融资、发行、政府政策、国际推广、类型片等视角,结合新的时代背景,探究法国电影产业得以挺立全球化竞争潮头的动因所在。

一 2018年法国电影市场概况

(一)国内电影市场概况

2018年,法国国内公映电影665部,比2017年减少26部,票房总计约2.0047亿入场人次[①],低于2017年的2.094亿人次,同比减少4.3%。尽管如此,这依然是2014年以来法国电影票房连续第五年突破2亿人次,继续保持了欧洲第一大电影市场的地位,优于英国(1.76亿人次)、西班牙(9200万人次)、德国(9000万人次)和意大利(7900万人次)等欧洲传统的电影大国强国。

2018年,法国电影在美国大片、流媒体平台和世界杯的冲击下,依旧抢占了近40%的市场份额,总票房超过7700万人次,比2017年增长1%,这是2014年以来的最好成绩。美国电影依旧是法国电影最强劲的竞争对手,其市场份额约为45%,但比2017年下降5.6%,总票房约9000万人次。2018年,法国电影市场有37部电影的票房突破百万人次,其中包括11部法国电影;票房超过500万人次的电影有4部,其中法国电影2部,即《都什一家3》(*Les Tuche 3*,约570万人次)和《东北一家人》(*La Ch'tite Famille*,约560万人次)。

---

① 法国电影票房的计算单位为入场人次(entrée),文中数据和图表如无特殊说明,均源自法国国家电影与动画中心(CNC)。

值得一提的是，来自法国和美国以外的国家的电影票房增长了7%，总计超过3100万人次，市场份额增至15.7%（2017年为10.9%），这主要是英美合拍电影《神奇动物在哪里：格林德沃之罪》（Fantastic Beasts：The Crimes of Grindelwald，370万人次）和《头号玩家》（Ready Player One，230万人次）票房大卖的原因。

（二）国际电影市场概况

随着电影制作成本的不断增加和国内市场的相对饱和，法国电影业不断加大国际市场的开拓力度，年轻的电影人在制作电影时更加注重国际市场。进入21世纪后，法国电影在国外市场的票房呈波浪状上升趋势，2012年的国外票房甚至创下了1.44亿人次的历史最高纪录，然而2018年法国电影的国外票房仅为4000万人次，比2017年下降了52%，成为近10年来法国电影国外票房的最低值。究其原因：第一，2018年在国外上映的法国电影少于2017年；第二，2018年缺少2017年上映的《星际特工：千星之城》（Valérian and the City of a Thousand Planets）和《了不起的菲丽西》（Ballerina）这样的票房爆款；第三，《的士速递5》（Taxi 5）和《东北一家人》（La Ch'tite Famille）等被寄予厚望的电影的票房低于预期。

表1　2018年法国电影国际市场票房排名前10名

电影	国际票房(万人次)
1.《的士速递5》(Taxi 5)	244
2.《无巧不成婚》(Le Sens de la fête)	167
3.《东北一家人》(La Ch'tite Famille)	106
4.《灵犬雪莉3》(Belle et Sébastien 3)	79
5.《白牙》(Croc-Blanc)	78
6.《虎皮萌企鹅》(Les As de la jungle)	75
7.《真爱百分百》(Tout le monde debout)	69
8.《大坏狐狸的故事》(Le Grand Méchant Renard et autres contes)	69
9.《青年马克思》(Le Jeune Karl Marx)	66
10.《羞辱》(L'Insulte)	51

法国电影以其丰富的艺术性、思想性和娱乐性享誉全球，在许多国家和地区占有令人艳羡的市场空间。这当中，由于地理位置临近、文化与价值观上的相似性，西欧地区一向是法国电影出口的第一大区域。据不完全统计：2018年，西欧地区的票房总计1780万人次（45.1%），位列第一；拉丁美洲地区的票房总计579万（14.6%），位列第二；中东欧地区继续保持第三位，总计542万人次（13.7%）；北美地区下降至第四位，总计447万人次（11.3%）。2018年，法国电影在亚洲地区的票房大幅下跌，降至第五位，总计440万人次（11.1%），日本和中国成为法国电影在亚洲最重要的两个堡垒市场。

（三）"好莱虎"凶猛依旧

2018年，美国电影占据了法国45%的电影市场份额，比2017年略有下降。37部票房超过百万人次的电影中，美国电影24部，动画片《超人特工队2》（Incredibles 2）凭借近585万人次的成绩夺得年度票房冠军。事实上，从20世纪80年代开始，美国电影在法国市场上的份额始终超过法国本土电影，唯一的例外是《欢迎来北方》（Bienvenue chez les Ch'tis）夺得票房冠军的2008年，当年法国本土电影的市场份额（45.5%）以2.1%的微弱优势超过了美国电影（43.4%）。

2018年，漫威（Marvel Comics）与迪士尼公司联合打造的《复仇者联盟：无限战争》（Avengers: Infinity War）在法国上映后的累计票房高达514万人次。以这类"超级英雄"电影为代表的好莱坞大片成本高昂，场面宏大，制作精良，有着流水线式的固定模式，观众接受程度高，放眼全球，很少有哪个国家的电影有招架之力。然而，面对如此凶猛的"好莱虎"，法国本土电影依然能够牢牢占据40%左右的市场份额，不得不说是一个奇迹，其竞争力值得深入探究。

二 法国电影产业的竞争力分析

（一）完善的电影融资与发行体系

法国电影业在漫长的发展进程中逐步形成了多样化的融资渠道，主要包

括制片投资、电视台出资、电视台购买播放权、国际融资、国家扶持、电影发行权预售、音像制品版权、影视产业金融信托公司（SOFICA）[1]融资等类型，其中电视台出资占的比重最大，近年来还有逐渐增加的趋势。法国的电视与电影在制作层面和播出渠道方面有着深入的合作关系，电视台通过出资或预购为电影提供一定的资金保障，同时也可获得提前播放权，提高收视率，保证自身的利益。[2]

法国的电影发行公司数量众多，既有好莱坞大公司在法国的子公司，例如迪士尼、环球影业、二十世纪福克斯、华纳兄弟、索尼影业、派拉蒙等，也有法国本土电影公司，例如StudioCanal、高蒙（Gaumont）、百代（Pathé）等，还有60多个独立发行商。[3] 前两大类电影公司占据了主流电影院线，它们发行的电影垄断了超过70%的票房。

近年来，流媒体平台迅猛发展，不断冲击传统电影发行模式。美国流媒体巨头Netflix于2014年进军法国市场，2017年，它在法国在线影片租赁市场的份额已达33%。Netflix不乏雄心勃勃的原创电影计划，但它多半优先选择线上发行，或者流媒体和院线同时发行。如，Netflix考虑到电影受众群体，对于获得2019年第91届奥斯卡奖多项提名的《罗马》（*Roma*）就采取了流媒体和院线同时放映的方式。Netflix的非传统做法招致许多电影人的不满和声讨，也与法国相关规定相冲突，后者要求影片在院线上映36个月后才能在流媒体上架，Netflix努力与法国相关政府部门协商，试图缩短36个月的窗口期，但未能成功。2018年，戛纳电影节组委会要求竞赛单元的电影必须在法国有上映记录，Netflix宣布旗下包括《罗马》在内的五部电影退出电影节。可以预见的是，传统电影院线与流媒体平台之间的矛盾还将继续。

---

[1] 影视产业金融信托公司（Sociétés de financement de l'industrie cinématographique et de l'audiovisuel, SOFICA），属于CNC管辖，它能够吸收社会闲散资金并进行调配，然后在电影发行后进行分红。

[2] 刘昶、刘起：《融媒背景下中国电影发展战略新探——以法国电影产业经验为鉴》，《当代电影》2014年第6期，第112页。

[3] 金雪涛：《21世纪以来法国电影产业发展及竞争力优势探析》，《新闻界》2016年第4期，第46页。

与此同时，法国电影业努力坚持文化和思想的多样性，积极寻求电影艺术的创新。为此，法国电影人一直煞费苦心地经营为数众多的法国艺术电影院线，也就是艺术实验（Art et Essai）电影院。这类影院在政府的补贴支持下，经常举办新锐导演作品展或其他国家的电影展。在政府的鼓励下，UGC 和高蒙等大型电影发行公司也与艺术电影院合作，发行统一的折扣卡，扩大艺术电影的受众群体。

（二）全面的电影扶持政策

法国历届政府清醒地认识到，电影作为文化的传播媒介，既是出口商品，更是本国文化理念和价值观的载体，因此不遗余力地全面扶持本国电影产业，立足法国，站稳欧洲，放眼全球。法国电影业与政府的良性互动造就了良好的电影产业环境，促进了艺术与美学的革新和进步[1]。需要特别说明的是，法国政府对本国电影产业的扶持主要通过法国国家电影与动画中心（CNC）和法国电影联盟（Unifrance）两个机构具体实施。

法国国家电影与动画中心成立于 1946 年，代表国家制定相应的电影政策和规章并负责监管影视市场，为法国影视业的健康有序发展保驾护航。该中心有如一个行政管理部门，因为它不仅负责核发电影生产与投资许可证和电影代理营业执照，还担负监督电影的发行和票房申报等。该中心又像一家国内公关部和国际外联局，对内负责协调电视台与电影业的关系，为影视各方提供自主性或选择性的资助；对外负责联通他国相关机构，为法国电影及其视听产品走向国际市场牵线搭桥。

法国电影联盟创建于 1949 年，隶属于法国国家电影与动画中心。它的职责是负责法国电影在全球的推广，特别注重展示法国电影的多样性、创造力和商业价值。法国电影联盟能够在国际市场的不同环节为法国电影提供帮助。法国电影联盟同样参与和支持各大国际电影节，为法国电影片商和出口商提供信息。每年，法国电影联盟都在全球各地举办法国电影节，改变人们

---

[1] 张臻：《法国电影审查与产业运营机制》，《北京电影学院学报》2013 年第 3 期，第 16 页。

对法国电影的刻板印象。

除了这两大机构外,法国政府也通过国家力量推动法国电影输出和对外宣传,这已是法国文化外交的重要内容。当前,法国的对外文化战略已从单方面地宣传推广自己,逐步转向与对象国开展文化合作,为其他国家的电影导演提供资金等优惠条件。例如,从2006年开始,中法在中国多个城市联合举办"中法文化交流之春","法国电影展映"是这一活动的重要组成部分。

(三)喜剧电影一枝独秀,类型片百花齐放

喜剧电影是最受法国观众欢迎的电影类型,近10年的法国本土电影票房冠军非他莫属。法国喜剧电影最鲜明的特点是在轻松、欢喜、诙谐和幽默之中讲述关于移民、种族、宗教和弱势群体等严肃或重大社会主题的故事,引发广大观众的共鸣和思考。2011年大获成功的《触不可及》(*Les Intouchables*)被好莱坞翻拍为《上行》(*The Upside*),2019年初在北美上映后取得了不错的票房与评价。

法国喜剧电影扎根于特定的法国文化传统和价值观,在国内市场拥有强大的票房号召力,但在西欧以外的其他地区并非总能得到观众的认同或理解,电影票房常常大幅缩水。因此,虽然法国喜剧电影兼具社会性、通俗性和题材的普适性,① 但解决跨文化幽默导致的文化折扣,是法国电影深度拓展国际市场的关键之一。

我们注意到,近年来,法国电影商业化趋势明显,一个重要表征是动画片、纪录片、动作片、传记片、惊悚片等类型片产量逐年增加。个中缘由首先是这类影片文化差异减少,进而增强了可接受性,能够满足国际观众的口味和多样化的市场需求。其次是这类影片大多为中等规模的投资,从而能够降低商业风险,使资金流动更加自由,而且能够赢得国内外两个市场的青睐。吕克·贝松创立的欧罗巴电影公司(EuropaCorp)曾经出品过在全球获得巨大成功的动作系列电影,如《玩命快递》(*The Transporter*)和《飓风营救》(*Taken*)系列。

---

① 王方:《2015年法国电影产业的格局和策略》,《电影艺术》2016年第2期,第41页。

（四）国际融资不断增加，国际合作继续深化

20世纪末以来，法国电影的产量整体呈上升趋势。2017年共有300部电影获得法国国家电影与动画中心的制作许可。电影产量不断增加，意味着电影投资需求增大。经济全球化的发展让越来越多的法国制片人将目光投向国际，通过吸引外国公司和外国资金的加盟，减少逐年上涨的制作成本带来的经济压力，降低市场风险，所以他们积极参与跨国合作拍片，这样既可享受合拍国的各项优惠政策，又能提升文化创造力，为法国电影进入当地市场提供便利。

无论是投资总额还是影片数量，西欧地区和加拿大都是法国最主要的合作制片方。欧洲国家和法国有着共同的历史渊源与价值取向，相同的语言也是重要的因素，例如比利时历来是与法国合作拍片最多的国家，法语是不可忽视的重要原因。[①] 法国政府也和亚洲、拉丁美洲等新兴市场国家签订了合作制片协议，以扩大法国电影在全球的影响，进一步传播法国文化。

近年来，中国电影市场迅速扩张，2018年全年票房突破600亿元人民币，成为全球第二大电影市场，法国电影人自然也渴望分一杯羹，但法国电影在中国市场的成绩并不理想，2018年在中国上映的7部法国电影中，票房最高的《的士速递5》尚不足3200万元人民币。在这种情况下，中法合拍是一种双赢的合作模式，中国电影人可以学习法国电影的专业技术与经验，法国电影则可以被更多中国观众所熟知，为今后的市场拓展奠定基础。

（五）电影节搭台，经济唱戏

电影节的宗旨是为电影的推广和交流搭建平台。法国每年在国内举办的各种电影节有100多个，综合性电影节和专业电影节交相辉映。这些电影节由国家和地方政府共同出资，参展影片包括动画片、纪录片、艺术片和短片等各种类型。特别值得一提的有1960年创立的安纳西国际动画电影节

---

① 叶非：《新世纪以来的法国电影产业》，《北京电影学院学报》2010年第1期，第86页。

(Festival international du film d'animation d'Annecy),它是世界上最早、最有名的动画电影节,常被业内人士称为"动画奥斯卡"。

法国电影节中历史最长、影响最大的当属戛纳电影节(Festival de Cannes),它为法国电影产业做出了巨大贡献,发掘了大批电影人才。戛纳电影节有一个非常重要的组成部分,就是创建于1959年的电影市场。所以,它不仅是一个电影展示和竞赛的平台,更是一个国际电影交易市场。戛纳电影节利用"文化交流"和"市场交易"并重的方式,将商业活动与文化交流有机地结合起来,推动更多的法国电影走向世界。

三 结语

法国电影向来被法国政府视为法国文化的重要载体和抵御美国文化殖民的有力武器,因此能够得到国家全方位的服务和政策支持。马克龙总统执政以来,多次强调在全球范围推广法国文化,法国电影作为法国文化一面屹立不倒的旗帜,早已成为其文化政策的重要内容。法国电影在坚持本土化的同时,也借鉴好莱坞的发展经验,"国际化"特色日益凸显,法国电影的唯艺术和纯艺术取向已被改变。然而,在全新的全球化时代,蓬勃发展的新媒体和不断涌现的新技术不仅有可能改变电影的发行方式,甚至可能改变电影的制作与观看方式,法国电影产业能否适时而动,与流媒体携手共进,或是其迈入蒸蒸日上新时代的关键。

参考文献

金雪涛:《21世纪以来法国电影产业发展及竞争力优势探析》,《新闻界》2016年第4期,第45~49页。

刘昶、刘起:《融媒背景下中国电影发展战略新探——以法国电影产业经验为鉴》,《当代电影》2014年第6期,第110~114页。

刘藩:《电影产业经济学》,文化艺术出版社,2010。

侯聿瑶：《法国文化产业》，外语教学与研究出版社，2007 年。

彭锦：《本土化与国际化 ——Netflix（日本）发展策略研究》，《南方电视学刊》，2016 年第 4 期，第 119～120 页。

申华明：《浅析法国喜剧电影成功的原因——以〈岳父岳母真难当〉为例》，《科教文汇》2015 年第 9 期，第 160～161 页。

汤俊：《法国当代动画电影中幽默技巧的传承与创新》，《北京电影学院学报》2009 年第 3 期，第 48～53 页。

唐玲玲：《电影经济学》，中国电影出版社，2009。

王方：《2015 年法国电影产业的格局和策略》，《电影艺术》2016 年第 2 期，第 38～43 页。

叶非：《新世纪以来的法国电影产业》，《北京电影学院学报》2010 年第 1 期，第 85～92 页。

张臻：《法国电影审查与产业运营机制》，《北京电影学院学报》2013 年第 3 期，第 10～16 页。

法国国家电影与动画中心，www.cnc.fr。

法国电影联盟，www.unifrance.org。

B.16
法国公立大学重组与"卓越大学计划":回顾与展望

张力玮 马燕生*

摘 要: 法国高等教育具有自身独特的传统和优势,但在应对全球及其国内的挑战时,法国高等教育体系复杂、教学与科研相对分离等局限性对于其发挥积极作用形成掣肘。进入21世纪以来,为提升高等教育的国际竞争力、加强科研育人、提高科技创新水平,法国历届政府在法律、政策和经费层面给予公立大学重组以支持,"卓越大学计划"取得了一定进展。但囿于种种因素,一些重组计划发展不利。为推进改革,法国政府不断提升大学的自治水平,希望在保持各高校传统特色的同时,提升国际知名度和影响力。改革不断深入,但困难和挑战愈加严峻,法国政府实现以高等教育和科研的改革撬动社会发展的愿景,仍然任重道远。

关键词: 法国高等教育 公立大学重组 卓越大学计划

法国高等教育具有自身独特的传统和优势,但其体系复杂、教学与科研机构相对分离等弱点,使法国高校在国际上整体知名度较差,不利于其参与国际竞争。进入21世纪以来,全球新一轮科技革命的蓬勃兴起和高等教育

---

* 张力玮,教育部教育管理信息中心《世界教育信息》杂志主编;马燕生,中国前驻法国大使馆公使衔教育参赞。

法国公立大学重组与"卓越大学计划":回顾与展望

国际化发展的浪潮,将法国高等教育推上了国际竞争的舞台。如何在兼具本国传统和特色的同时提升法国高校在国际上的影响力,是21世纪三任法国总统都致力于解决的重大问题。十多年来,法国高校和研究机构之纷繁复杂的合作和联盟关系持续经历着整合与重组。这一变革深刻影响着法国高等教育和科研的版图。在此背景下提出并不断推进的"卓越大学计划"的目标就是打造具有全球竞争力的一流高校。

一 法国公立高等教育体系和管理体制:历史与现状

法国高等教育历史悠久,体系复杂。作为巴黎左岸的各学院的联盟,巴黎大学最早出现于12世纪,主要教授神学、医学、法律和艺术。法国大革命后,巴黎大学停止办学。为向社会各领域建设发展输送人才,拿破仑开始重建法国大学体系,于1794年创办了法国第一所高等工程师学院,即巴黎综合理工学院(École Polytechnique),随后高等农业学院、高等商学院等各领域的高等专业院校纷纷建立,成为法国高等教育领域独具特色的部分。

目前,法国高校类型繁多,治理模式复杂。公立院校隶属于高等教育、科研与创新部、工业部、农业部、国防部、文化部等不同的政府部门;私立院校则通常由行业协会管理。公立高校有两种不同的属性:行政类公共机构(EPA)和科学文化专业类公共机构(EPSCP)。EPSCP 的高校又可以分为综合性大学(université)、不隶属于综合性大学的学院(Les instituts et les écoles ne faisant pas partie des universités)、海外学院(Les écoles françaises à l'étranger)、高等师范学院和以经国家行政法院审核的特殊政令为运行依据的机构(grand etablissement)。[1] 综合性大学内设大学技术学院、工程师学院、预科班和高级技术员班。私立学校覆盖师范、商学、建筑学、文化艺术等领域,有教会学校、高等专业学院及其预科班、高级技

---

[1] EPSCP, https://www.sigles.net/sigle/epscp-etablissement-public-a-caractere-scientifique-culturel-et-professionnel, 2019/01/03.

术员班等。① 为扩大法国大学的国际影响力，提高公立大学综合实力，近十年来，法国公立大学以地区为基础进行合并或重组，形成公立大学联合体，如斯特拉斯堡大学（2009年）、埃克斯—马赛大学（2011年）、波尔多大学（2014年）、格勒诺布尔大学（2016年）等。公立大学数量由2005年的81所减少至2017年的68所。②

二 公立大学重组的背景：高等教育传统、国际地位和挑战

法国以其高等专业学院（Grandes Écoles，又称"大学校"）和精英人才培养而闻名。高等专业学院提供的精英教育与综合性大学提供的普通高等教育并存，但二者的经费投入差异大，招生政策、学费政策、治理模式不同。公立综合性大学学生学业失败问题多年来备受争议，在各大国际排名中也只有极少数高校取得不错的成绩。高等专业学院则强调"精英"式的专业教育，有一批在专业领域内具有国际影响力的小规模学校。《泰晤士高等教育》（Times Higher Education）公布的2018年世界顶尖小规模大学排行榜中，来自14个国家和地区的高校入选小规模大学排行榜前20名，其中有3所法国高校：巴黎综合理工学院（École Polytechnique）、里昂高等师范学院（École Normale Supérieure de Lyon）和加香高等师范学院（École Normale Supérieure de Cachan）。入选小规模大学排行榜的高校必须首先入选2017~2018年度《泰晤士高等教育》大学排行榜（以保证其具有一定综合实力），每所学校必须有四门以上的学科，且学生总数少于5000人。入选世界最佳小规模大学的高校的平均在

---

① 张力玮：《协同创新促进知识转移——以法国法兰西岛高校的联盟为例》，《世界教育信息》2017年第4期，第23~28页。
② Repères et références statistiques sur les enseignements, la formation et la recherche – 2018, http://www.enseignementsup-recherche.gouv.fr/cid133876/reperes-et-references-statistiques-edition-aout-2018.html, 2019/01/03.

校生为3038人。①

在高等教育国际化方面，法国曾是引领者。19世纪末至20世纪中叶，法国高校就设立赴海外留学奖学金，开设暑期课程，提供法语课程和文化课程以吸引国际学生，同时还在海外设立分校。2010年，法国通过了《国家对外行动法》（Action Éxtérieure de l'État），合并法国教育服务中心（Campus France）、外国学生与国际交流接待管理中心（EGIDE）为法国高等教育署（沿用Campus France的名称），面向全球推广法国高等教育，开展留学生接待管理工作。法国高等教育署由外交部和高教部共同监管。据经济合作与发展组织（OECD）统计，法国是第三大留学目的国，其学位吸引力较高。法国大学国际学生比例高达12%以上，40%的博士生来自其他国家。足见其在教育国际化，特别是国际学生招收方面的领先地位。然而，在全球化和信息化发展的浪潮下，具有自身优良传统的法国高等教育面临新的挑战：以培养精英人才为特色、分割式的高等教育体系导致法国高校教学和研究实力分散，在国际大学排名中表现欠佳，使高等院校在新的政治经济和国际环境中丧失了活力。2017年上海交通大学排名中，法国仅有3所高校（巴黎第十一大学、巴黎第六大学以及巴黎高师）入围世界前100名。

进入21世纪，全球化有力推动了科技革命和教育国际化进程，法国高等教育面临严峻挑战。法国高等教育体系过于复杂，公立大学和高等专业院校科研力量分散、合作不畅，严重影响了法国的创新力和竞争力。2004年，法国启动了"竞争力集群"计划（Pôles de Compétitivité）。各"竞争力集群"由企业、研究机构和教育机构组成，在某一领域进行合作，目的是支持有发展潜力的创新科研和项目，支持企业研发新的产品和服务，促进经济发展和就业。2006年，法国颁布《研究计划导向法》（Loi d'orientation de programme pour la recherche），在时任总统希拉克的支持下，法国政府着手对

---

① The world's best small universities 2018, 2019/01/03, https://www.timeshighereducation.com/student/best-universities/worlds-best-small-universities.

高等教育机构和科研机构进行重组。即在同一区域内整合高等教育与科研资源，把拥有不同学科优势的综合性大学、高等专业学院、研究机构等进行组合，建立高等教育与科研集群（Pôle de recherche et d'enseignement supérieur, PRES）。这一举措的主要目的是开展科研合作，通过合作提升法国高校与研究机构的竞争力。这也成为法国公立高校大规模重组的开端。之后，法国于2010年启动"卓越大学计划"。

法国政党的政治主张和改革理念差别较大，教育改革重点与教育政策也不尽相同。尽管法国政府经历了"右派—左派—中间派"的更迭，右派萨科齐总统、左派领导人奥朗德总统及中间派马克龙总统所持政治立场不同，但都将教育作为政府改革的重要抓手，且保持了"卓越大学计划"的传承性。在萨科齐、奥朗德和马克龙三任总统的支持下，"卓越大学计划"成为法国高等教育领域近50年来规模最大、财政投入最多、涉及范围最广的一次改革。

三　萨科齐改革（2007~2012）："卓越大学计划"的雄心与挑战

2007年，法国总统萨科齐上台执政。2008年金融危机爆发，各种社会问题随之迸发，政府希冀高等教育成为科技振兴和经济重振的引擎。此时，法国高等教育与科研力量分散再次成为其发挥引擎作用的阻碍。针对这一现象，萨科齐政府于2007年推出《大学自由与责任法》（*Loi Relative aux Libertés et Responsabilités des Universités*），倡导推进大学改革和重组。该法赋予大学在经费预算、人事管理、固定资产所有权等方面更大的自主权，进一步鼓励高等教育和研究机构间进行联合与重组，提升大学科研水平及其在国际上的影响力和知名度。2012年底，全法83所公立大学全部实现自治。

2008年，萨科齐提出欧洲最大的科学与技术大学校园兴建计划"萨克雷计划"，又称为"法国剑桥计划"（Cambridge à la française），目标是在具有科研传统、高校不断迁入的萨克雷高地①建成世界一流的科学与技术大学园区。按照最初的设想，"巴黎萨克雷大学"将由 3 所综合大学、9 所高等专业学院和 7 个研究机构联合而成。该计划推出后，遇到重重阻力，进展非常缓慢。

2009 年，法国经历了二战以来最严重的经济衰退，为刺激法国经济发展，萨科齐于当年年底启动初始资金为 350 亿欧元的"大投资"计划（Grand emprunt），即"投资未来计划"（Investissement d'avenir，PIA），重点对高等教育与培训、科学研究、工业现代化等战略领域进行投资。225 亿欧元重点扶持被视为"未来核心竞争力"的高等教育和科研领域，其中 80 亿欧元用于建设 5~10 个高等教育和科研集群，在教学、科研、基础设施建设等方面给予入选高校和机构资助。该计划支持法国高校和科研机构跃身世界顶级大学行列，扭转法国在世界大学排名中不理想的局面，即之后 2010 年提出的"卓越大学计划"（Initiative d'excellence，IDEX）。

2010 年 9 月 23 日，法国政府正式委托法国国家研究署牵头负责"卓越大学计划"的实施工作。法国国家研究署是独立的公共机构，其经费直接来源于法国政府，主要对国家重点大型科研和创新项目进行投资。"卓越大学计划"的目标是加快法国创新和技术转化的步伐，促进法国经济增长；打破高校规模小、专业单一、科教相对分离的局面；吸引国外的教师、研究者和学生到法国工作和学习。

2011 年，斯特拉斯堡大学、波尔多大学、巴黎文理研究大学从 17 家提交申请的高校中脱颖而出，入选"卓越大学计划"，成为第一批"卓越大学计划"高校。2012 年 2 月，埃克斯—马赛大学、巴黎萨克雷大学、图卢兹大学、巴黎索邦—西岱大学、索邦大学 5 所高校入选第二批"卓越大学计划"高校。

"卓越大学计划"在获得进展的同时，也面临各方面的困难：由于各学

---

① 萨克雷高地（Plateau de Saclay）位于巴黎以南 20 公里，在埃索纳省（Essonne）北部和伊夫利纳省（Yvelines）的东南部。

校和科研机构隶属部门不同,主导公立大学重组改革的高教部与相关高校主管部门(国防部、文化部),行业协会之间常常存在意见分歧,阻碍计划的实施和实际工作的开展;同时,各高校和研究机构实力存在较大差距,在合作中成员院校之间的角力常会阻碍计划的实施;法国高等教育与研究体制中,综合大学和高等专业学院两个系统形成了两种截然不同的运作模式,融合相当困难。值得注意的是,法国名校在各大世界大学排行榜的名次并未因实施"卓越大学计划"而得到提升。

此外,萨科齐政府推行"卓越大学计划"和高教与科研集群(PRES)的主要目的之一是提高法国大学的国际知名度及其在全球各大学排行榜上的名次,虽然此举对招收国际学生起到积极作用,但由于法国高校数量多且种类繁杂,知名高校依然各自为政,仍独立参与大学排名,法国大学的总体排名仍无起色。

四 奥朗德改革(2012~2017年):公立大学重组的多样化与科教融合

法国总统奥朗德执政期间,总体延续了萨科齐政府对于高等教育领域的改革。具有突破性的是,自2013年7月22日起实施的《高等教育与研究法》(*Loi relative à l'enseignemen supérieur et à la rcherche*)首次同时涉及高等教育与研究,强调两者的密切关系。该法允许高校以不同的方法进行改革,或进行合并(fusion),或组成大学与机构共同体(Communauté d'universités et établissements, ComUE),或组成协会(Association)。从此,ComUE替代了PRES,成为该法确定的一种新类型的科学文化专业类公共机构,拥有董事会和独立预算,具有颁发文凭的权力。

法国政府认为,推行不同类别的公立大学重组,有助于加强高等教育机构的跨学科性。由于历史原因,法国公立大学学科专业越分越细,过度专业化导致大学跨学科性不足,而注重专业人才培养质量的工程师院校则学科专业面较窄,科研能力有限,这些因素都严重影响了法国高校的科研创新。

《高等教育与研究法》要求在尊重高校各自的历史传统并保持独立地位的前提下，加强跨学科科研创新合作，以期助力提高国家整体科研创新能力。之后发布的《高等教育国家战略》（*StraNES*）与国家科研战略中有一些共同措施，这也充分体现了法国政府协同发展教育和科研的理念和决心。

新确立的 ComUE 的主要目标包括：一是实现不同机构间教学和科研资源共享；二是协调科研发展战略，促进学科交叉和跨学科研究与创新；三是协调国际合作与交流发展战略；四是提高法国高校国际知名度和在国际大学排行榜中的名次。2014 年，法国发布了《高等教育国家战略》，再次强调 ComUE 是推进高等教育公平、提升国际影响力和创新能力的重要途径。ComUE 建立后，各类型的高校在其中优势互补，通过在课程、学位和科研方面的跨学科合作，逐渐打破了原来发展的局限。特别是对于很多专业单一、可授予学位单一的法国高校，ComUE 是提升吸引力和竞争力的良好途径。

ComUE 既是 PRES 的延续，又有新的特征。PRES 聚焦科研和博士生培养，较少涉及本科生、硕士研究生培养。ComUE 则更全面深入地将教学和科研结合起来，加强高校、研究机构、企业的协同，强调基于研究的各层次的教学。为应对之前改革中高校联合面临的挑战，ComUE 这种新的战略合作关系在一定程度上得到了制度上的保障。ComUE 各成员高校仍是独立法人，但实施共同的发展战略。原由各高校与国家签订的协议（contrat de site）将由 ComUE 统一签署。鉴于高校隶属于不同的部门和机构，要实施该战略，需要协调合作机制。因此，法国建立了跨部门委员会，由总理直接领导，高等教育和科研部部长任秘书长。借鉴高等专业学院的做法，ComUE 在内部治理机构中给予企业代表一定的名额，使其能在一定程度上影响院校的人才培养、科研和创新，拉近了高校人才培养与产业界需求的距离。

以巴黎国立高等装饰艺术学院为例，通过与其所属的巴黎文理研究大学（PSL）成员机构在课程资源和研究方面的合作，该校不仅能为其学生提供更多跨学科的、基于研究的课程，还提升了学位授予的层次。在 2011 年加入巴黎文理研究大学之前，巴黎国立高等装饰艺术学院的学制只有五年，毕业生只能获得室内建筑、艺术空间等10个专业领域的硕士学位。通过与其他成员院校——国家高等戏剧艺术学院、巴黎国家高等音乐和舞蹈学院、国家高等美术学院、巴黎高师等的合作，巴黎国立高等装饰艺术学院现在能够颁发"科学—艺术—创造—研究博士学位"（Sciences，Arts，Création，Recherche，SACRe）①。

跨学科研究在巴黎文理研究大学也得到了很好的发展。目前，该校共有181个实验室，受到欧洲研究理事会的100多项资助；该校启动了跨学科和战略研究计划（Interdisciplinary and Strategic Research Initiative，IRIS），集合成员院校的资源，重点开展在创作、认知和社会（CCS），治理分析（GA），全球研究（EG），书面语的历史和实践（Scripta）等六个领域的研究。

奥朗德政府给予高校选择改革模式的自由，结合自身情况以不同形式开展合作，是法国公立大学重组改革历程中的一大进步。从收效来看，有的重组取得了良好的效果，如巴黎文理研究大学（从2016年开始颁发巴黎文理研究大学学位证书）、索邦大学（2018年1月由巴黎第六大学与巴黎第四大学合并）；另一些则情况堪忧，如原ComUE巴黎萨克雷大学。

原巴黎萨克雷大学由2所综合性大学、9所"大学校"（包括工程师学校、高等师范学院和商学院）和7家研究机构组成；本科生6.5万人，硕士生8000人，博士生5000人，堪称法国"航母级"的高校共同体。但这个由政府主导的雄心勃勃的"萨克雷计划"在推行中却遭遇重重阻力，巴黎综合理工学院、国立高等先进技术学院、巴黎高等商学院等高校以种种理由先后退出，使该计划进退维谷。其他一些高校在合并和重组中也遇到重重困难，不和谐的"联姻"不断引起抱怨和质疑，改革的进程和结果均与政府和公众的期待相去甚远，但奥朗德政府对始料不及的困难局面未能及时做出

---

① Ecole Nationale Supérieure des Arts Décoratifs. Doctorat d'art et de Création SACRe – PSL，2018/12/01，http://www.ensad.fr/admissions/sacre – psl.

果断明确的政策调整。

令人遗憾的是，奥朗德执政这五年，法国高校在一些大学排行榜上的名次不仅没有进步，甚至出现下滑。2016~2017年度QS世界大学排行榜上，法国高校的总体表现不佳，进入榜单前400位的大学数量从2015~2016年度的20所跌至17所。进入百强的巴黎高等师范学院与巴黎综合理工学院分别由2015年的第23位和第40位倒退至第33位和第53位。根据QS世界大学排行榜的指标，法国高校在学术影响力、论文引用数和师生比三项指标中都处于劣势。

五 马克龙改革（2017年起）：创新与传统的博弈

2017年5月，年仅39岁的马克龙就任法兰西共和国总统。马克龙在重组政府结构时，将原有的"国民、高等教育与研究部"拆分为负责基础教育、职业教育的国民教育部，以及高等教育、科研与创新部。这一举措体现出其对高等教育与创新的重视。

2017年10月25日，马克龙总统宣布原巴黎萨克雷大学分成2个集群，宣告了"法国剑桥计划"的失败，即将近20所高校与科研机构合并为单一世界级科技中心的计划失败。从萨科齐总统任内一直到奥朗德整个任期，"萨克雷计划"虽然都是法国优先发展的项目，但是经过10年磨合，依然未能最终融合成功。为了走出困境，马克龙宣布"以两个集群为主轴，组建一个全球卓越的学术与科技中心"。第一个集群是由南巴黎大学（巴黎第十一大学）、凡尔赛—圣康丁大学和埃夫里大学三所综合大学与巴黎萨克雷高等师范学院、中央理工—高等电力学院以及光学研究院研究生院等院校组成的"巴黎萨克雷大学"。第二个集群是以巴黎综合理工学院为首的由国立高等先进技术学院、国立统计与经济行政管理学院、巴黎高科电信学院、南巴黎电信学院、国立核科学与技术研究院等组成的高等专业学院集群。由此可以看出，综合性大学与高等专业学院的全方面融合仍任重道远。同时，马克龙对"萨克雷计划"依然充满信心，认为萨克雷这一"生态系统"有能力在未来几年内孵化出全球性独一无二的"独角兽"。马克龙的举措也表明,在大学重组的过程中,政府应给予高校更大的自主权,允许大学保持自己的办学与科研模式和特色。

然而,如何在保留传统教育特色和优势的前提下,有效提升法国高校的教育教学质量、科研创新能力和国际影响力,对马克龙政府而言,仍然是严峻的挑战。

六 "卓越大学计划":成果与展望

在科技革命和产业升级、教育国际竞争愈加激烈的背景下,法国高校和科研机构的改革方向和目标明确。实施8年多来,"卓越大学计划"显著加快了法国高等教育机构和科研机构的重组进程,提高了高校的办学效率,实现了课程、师资、实验设备等高等教育资源的共享,特别是促进了跨学科教学科研体系的建立,扩大了高等教育机构的规模。"卓越大学计划"的实施也加快了产业界参与高等教育改革的步伐。在"卓越大学计划"框架下形成的共同体中,校董事会成员包括产业界代表,他们参与人才培养结构和模式的决策,改变了以往公立大学与产业界隔离的状态。

截至2018年1月,全法已建立了19个大学与机构共同体、7个协会式大学,共涉及196所高校或机构。经过几轮遴选、评审和复审,目前共有10所法国大学(或共同体、协会式大学)入围"卓越大学计划",其中4所大学已正式并永久获得"卓越大学"资格:斯特拉斯堡大学、波尔多大学、埃克斯—马赛大学、索邦大学。巴黎文理研究大学、巴黎—萨克雷大学、格勒诺布尔—阿尔卑斯大学等6所获得"卓越大学"试行期资格。①

法国政府于2014年和2017年先后两次追加"投资未来计划"资金,为

---

① Repères et références statistiques sur les enseignements, la formation et la recherche – 2018, 2019/01/05, http://www.enseignementsup – recherche. gouv. fr/cid133876/reperes – et – references – statistiques – edition – aout – 2018. html.

入选高校的发展提供了经费保障。然而，法国公立大学重组效果参差不齐。斯特拉斯堡大学是高校合并的先行者和典范，该校由斯特拉斯堡地区3所高校于2009年合并而成。由巴黎第六大学与巴黎第四大学合并而成的索邦大学，又和贡比涅技术大学等其他五所高等专业院校结盟，成为协会式高校的代表，2018年首次参与世界大学学术排名即列第36位。巴黎文理研究大学是共同体高校的代表，于2018年首次参加《泰晤士高等教育》排名，列全球第39位；2019年列第41名。① 而萨克雷大学则最终成为重组失败的代表。

"卓越大学计划"实施以来，法国高校整体的学术排名以及各高校名次并无明显提升。自2003年上海交通大学首次发布世界大学学术排行榜以来，入选全球前100名的法国高校数量一直保持在3～4所，分别是索邦大学、巴黎第十一大学、巴黎高等师范学院；斯特拉斯堡大学在入选"卓越大学计划"后，于2013～2015年入选百强。

七 结语

不可忽视的是，除了由三届政府大力支持的"卓越大学计划"，不同形式的合作是法国高校参与全球竞争的重要途径。一些高校结盟，在一定程度上实施共同的国际化发展战略，如中央理工大学集团、巴黎高科集团、技术大学集团，合力打造"法国名牌"。私立院校也通过合作，提供各级学位教育，寻求更为广阔的发展空间。如2019年1月8日，法国时装学院（IFM）与巴黎服装工会学院（ECSCP）正式宣布合并成立全新的时装院校。合并后的学校能够为学生提供硕士学位，而之前IFM只能提供学士学位。②

---

① Paris Sciences et Lettres-PSL Research University Paris, 2019/01/07, https://www.timeshighereducation.com/world–university–rankings/paris–sciences–et–lettres–psl–research–university–paris,.
② Lancement officiel du nouvel Institut Fran?ais de la Mode, 2019/01/07, https://www.ifmparis.fr/fr/actualites/lancement–officiel–du–nouvel–institut–francais–de–la–mode.

同时也应看到，马克龙执政以来，一系列高教科研改革举措初见成效，在一定程度上提升了法国大学的影响力。2018年世界大学学术排名中，共3所法国大学进入前100名，索邦大学（36名）、南巴黎大学（42名）、巴黎高师（64名），虽然仍只有3所高校位列榜单，但学校的名次较往年有所提升。

然而，公立大学重组作为高等教育改革重要组成部分，已经触及各类公立高校和科研机构治理模式，进入"深水区"，各方利益冲突矛盾交织，传统与创新碰撞角力，仍面临诸多困难和挑战，改革任重道远。面对这些困难和挑战，法国并没有止步不前。据科学商业网站消息，法国政府2017年11月在给欧盟各成员国的一份备忘录中敦促欧盟加快协调行动，在欧洲范围建立大学网络，以推动欧洲的创新教育和研究。① 探求欧盟范围内更广泛的教育和科研合作的建议，既是基于法国高校与欧盟国家多年来的合作经验而提出的，也是全球新一轮科技革命孕育兴起、世界格局发生深刻变化之际的战略选择。

---

① 周岳峰：《马克龙敦促欧盟加快建立大学网络》，《世界教育信息》2018年第1期，第74页。

B.17
马克龙总统的青年就业政策

李书红[*]

摘　要： 青年就业问题是长久以来一直困扰法国的一项顽疾。马克龙总统执政一年多来，努力寻求解决问题的方案。马克龙认为，加强青年职业培训，让青年人拥有一技之长是解决青年失业问题的重要环节，其青年就业政策也以此为核心在继承原有措施的基础上寻求突破。颁布《自由选择未来职业法》，改革学徒制和职业培训，推出"反贫困计划"，完善青年保障机制和职业互助金体制是马克龙执政后的主要举措。由于大部分措施实施时间较短，很多相应的内容还没有落实或仍在协商之中，这些举措的成效仍需继续观望。解决青年就业问题的顽疾或许需要更深层次的思考和改变。

关键词： 马克龙　青年就业　职业技能　培训　改革

法国的青年就业问题一直很突出，同其他欧洲发达国家相比，法国青年失业率始终很高，近几年超过20%。青年就业形势严峻，不仅不利于国家的长期发展，还会引发一系列复杂的社会问题，成为威胁国家安全与稳定的不利因素。马克龙在竞选时便将改善青年就业列为自己施政的重点之一。他认为加强青年职业培训，让青年人拥有一技之长是解决青年失业问题的重要环节。因此，马克龙的青年就业政策也以此为核心在继承原有措施的基础上寻求突破。

---

[*] 李书红，北京外国语大学法语语言文化学院副教授，研究方向：欧盟及相关国际问题。

法国蓝皮书

一 《自由选择未来职业法》

在马克龙的积极推动下，经过几个月的酝酿，2018年4月27日，法国总理爱德华·菲利普（Edouard Philippe）、劳工部部长米丽埃尔·佩尼科（Muriel Pénicaud）及教育部部长让·米歇尔-布朗凯（Jean-Michel Blanquer）联名提出一项名为《自由选择未来职业法》的法案，2018年8月1日该法案获得国民议会终审通过，并于2018年9月6日在《法国政府公报》正式颁布。

《自由选择未来职业法》主要包含以下几个方面的改革：学徒制、职业培训、失业保险、男女同工同酬、工作转换和残疾人就业。其中与青年有最直接关系的是学徒制改革和职业培训，其他几个方面涵盖的人群更广，没有对青年做出特别有针对性的说明和规定。

（一）学徒制改革

学徒制是法国初次教育（相对于继续教育而言）中的一种，是主要针对16~25岁（含）法国青年的一种职业教育。学徒制教育采用工读交替的方式，学员一方面需在培训中心学习理论知识，另一方面还要在导师的指导下，在企业学以致用，获得实际经验和技能。学徒期间，学员享有一定数额的薪酬，学习期满后，学员可获得相应的学历或资格证书。

学徒体制下，学员及其雇主企业须签订学徒合同（属劳动合同）。学徒合同期为1~3年，根据职业特点和谋求的学历或资质水平而定。学徒制学员可以连续签署多个学徒制合同，或者接受类似的在校教育培训，以获得从中等教育到高等教育的各级职业技能水平认证。

学徒制学员的薪资同其年龄和工作经验有关，其最低收入按照法国最低工资的百分比计算。21岁以上的学徒还可以按照所从事行业工种的公认的最低工资的百分比计算。根据行业规范或合同规定，学徒薪金可以高于上述标准。

学徒制在法国已有 30 年的历史，各界普遍认同学徒制是改善青年就业的良方，但实际情况始终不尽如人意。法国现有学徒制学员 40 万人，仅占 16～25 岁青年的 7%，在其他青年失业率低的欧洲国家，这一数字为 15%。法国的学徒主要集中在建筑、餐饮、农产品加工、商业、住房、企业服务、美发、维修维护、汽车贸易等领域。有数据显示，在同一年龄层次的初高中毕业生中，学徒制学员在中短期内更容易找到工作，毕业后 3 年的工资也相对较高。尽管如此，学徒制对学生的吸引力微乎其微：56% 的法国人不愿意选择学徒制，学徒制始终不是学生和家长的首选。

鉴于法国青年的就业困境和周边国家的成功范例，如何完善学徒制，使其发挥应有的积极作用始终是各届政府努力的重点之一。马克龙总统上任后，也将学徒制改革作为一项重要的工作。2017 年 11 月，法国政府组织开展了一系列协调会，政府部门、企业界人士、青年代表、行业协会、教育界人士、社会团体等各有关各方分析了法国的学徒制现状，并为改革方案提供了意见。与会各方普遍认为，尽管学徒制在改善青年就业问题上起了一定的积极作用，但近年来，学徒制发展总体处于停滞状态。其原因主要包含两方面：一方面是国家的总体经济形势欠佳，经济增长缓慢，学徒制发展缺乏大的有利环境；另一方面，学徒制自身存在内部的结构性问题，机制过于复杂，缺乏引导和协调，在公众中的形象有待提升。2018 年 2 月，协调会组织方提供了一份 70 页的报告，针对问题对症下药，提出了一些可行性较强的改革建议，其中包括以下几点。

1. 让学生和家长更好地了解学徒制，尤其是要宣传学徒在提供就业机会、工资待遇和学徒培训中心业绩方面的信息，并建议在初中学习的后两年（法国的初中学制 4 年）设立职业信息了解日，并在初中最后一年安排半天的活动，让大家了解各种获得学位和学历证书的途径。

2. 加强学徒期间对学员的辅导和协助，包括寻找实习企业、解决学徒住房和某些交通问题。

3. 重视导师作用，给予导师一定的培训和福利及工薪待遇。

4. 增加学员的薪资和对企业的补贴，认为以往以年龄定薪酬的做法不

太合理，应按照学员谋求的学位水准付薪，并提高学员工资。同时加强对小企业的财政补贴，根据企业规模和学徒学历及其谋求的学位水平，整合现有的学徒制企业补贴。

5. 在培训内容和学历认证上，一方面要根据行业特点和企业需求调整学习内容，另一方面培训应考虑到学员的需求，便于学员日后求职和职业发展，保障学员的发展空间和可能性，避免培训内容过于专门或狭窄，此外还要考虑到高速发展的科技和新设备的要求，重视行业中有共性的基础技能的分类培训，确保培训质量，增加透明度。

在此基础之上，经过半年的酝酿，2018 年 9 月 6 日《自由选择未来职业法》法案正式颁布，成为法国第 2018-771 号法律，学徒制改革是其中一项重要内容。该法律在具体实施过程当中需要的一系列的法令、规定将陆续推出，法律中的各项内容也将在 2021 年前逐步生效：其中将学徒年龄扩大到 30 岁等规定则自颁布之日起即刻生效，对缔结学徒合同的企业实行统一补贴（取代现有的四种形式补贴）将于 2019 年开始实施；职业培训中心改革将于 2020 年开始实施。

此次学徒制改革主要围绕两个核心：增加学徒制职业培训对青年的吸引力，增加学徒就业信息的宣传和透明度；以企业和青年为考量点，改进现有规则规定，提供更多的学徒制职业培训机会。改革主要包括以下几方面的内容。

1. 学徒制学员的薪资上调。所有 16~20 岁的学徒每月净工资增长 30 欧元，26 岁及以上的学徒的薪酬将不少于法国最低工资水平。

2. 成年学徒享有 500 欧元的驾驶证补助，同时大区可协助寻找价格优惠的驾校。

3. 所有年轻人可在全年任何时间随时选择开始学徒制学习，学习时间最短为半年，最长可为三年。

4. 学徒制学员的年龄范围由 16~25 岁，扩大到 16~30 岁。

5. 所有适龄青年和家庭享有对其可选择的学徒制培训质量的知情权。各培训中心和职业高中的就业率、学位获取率、学员继续求学等情况以及培训后相应的工资水平等信息将逐步公开。学生和家长可以在充分了解情况的前提下进行选择。

6. 在建筑、公共设施建设等某些特定领域，鉴于企业或行业的特性，学徒制学员每周最多工作时间调整为 40 个小时（法国正常工作时间为每周 35 个小时），以便学徒能够更好地融入工作。面包师或甜品师的学徒工作时间可达到每日 8～10 小时。超过每周 35 个小时的部分或以加班时间加薪，或与公司协商回报方式。

7. 支持并鼓励企业参与到学徒制当中。雇员人数少于 250 人，并且可以为年轻人提供职业能力证书或职业高中会考文凭培训的企业将获得补助。同时简化开设学徒培训中心的手续，鼓励更多力量投入学徒制培训当中。

（二）职业培训改革

马克龙总统在宣布改革计划时说，全球化的发展和数字化的崛起需要人们拥有新的知识、新的技能，职业的发展也面临变革。为顺应新时代的发展，人们需要不断地自我完善以面临新的挑战，达到新的职业要求。为此，在职业培训方面，政府将围绕以下 3 个方面进行改革。

1. 加大对教育培训的投入，预计在 5 年内筹集 150 亿欧元用于无职业技能求职者和就业困难青年的培训。

2. 让每个人都有选择职业和设计个人发展规划的自由。

3. 赋予弱势群体必要的职业技能，对抗大规模失业。

以此为核心，《自由选择未来职业法》推出了以下几项标志性改革措施。

1. 改革个人培训账户。自 2015 年生效以来，个人培训账户中存有一定数量小时的培训时间，账户持有者可凭此接受相应时长的培训。自 2019 年起，该账户不再以小时计算，政府将以现金的方式向个人培训账户中注入费用，用于培训支出。每个账户每年可收入 500 欧元，10 年内账户总收入不超过 5000 欧元。有固定期限合同制员工根据工作时间长短按比例获取这笔费用。无职业技能资质的员工每年可享有 800 欧元的账户收入，最高限额为

8000欧元。企业或行业也可以向账户提供资金。账户持有者可不通过中介直接选取心仪的培训机构。

2. 求职者可享受基础的技能和知识培训，并根据个人需求接受符合其特点的培训规划。政府预计5年内将为100万名无技能求职者和100万名就业困难青年提供职业培训。

3. 50人以下的中小型企业和特小型企业可获得大企业的资助，以帮助其员工获得培训机会，具体的合作资助方案尚未出台。

4. 简化企业职业培训分摊金缴纳机制。2021年后，企业只向一家特定机构缴纳费用即可，分摊金的缴纳比例维持现状。

5. 加强职业培训机构的管理，改革职业培训中心，具体措施将于2020年开始实施。

虽然职业培训改革没有规定参加职业培训者的年龄限制，但从法国目前的青年就业情况和改革的内容分析，青年将是这些措施的主要受益者。

二 反贫困计划

继《自由选择未来职业法》之后，2018年9月13日，马克龙总统又推出了"反贫困计划"，决定要从低龄儿童、就业、福利资助及住房四大层面入手解决日益严重的法国贫困现象。在处理就业问题上，马克龙总统将重点放在了青年和职业互助金领取者身上。内容主要包括：加强青年保障机制（Garantie jeunes）；减少失学和辍学现象，将义务教育年龄延长至18岁，并充分发挥地方青年就业服务中心的作用；引导职业互助金（Revenu de solidarité active）领取者就业，改善其就业状况。

（一）青年保障机制

青年保障机制是法国政府针对既非在职、也非在读、非在培训的，无家庭资助且月收入低于492.58欧元的16~25岁青年的一项帮扶政策，已正式列入法国的劳动法，受法律保护。青年保障机制的目的是帮助这些青年获得日常生活的自主能力，使其能够顺利地进行职业规划，开始职业生涯。它有助于青年人提升自身职业文化素养，熟悉企业规则，并获得就业必备的基本知识和技能以及工作经验，让青年人能够更好地融入社会。

青年保障机制于2013年开始在部分法国地区试点，2017年1月1日起在法国全境普及，马克龙总统上任后，机制措施得以延续。为保障机制的有效运行，国家设有专门的青年保障机制委员会，汇集相关的就业部门、行政单位（地方大区政府、司法机关、教育以及城市发展机构等）、社会团体、社会保障机构、住房机构等各方为机制的运转提供便利。此外，委员会负责提供必要的资金支持，确保青年保障补贴的发放和陪伴指导计划的有效开展。机制框架下具体措施的落实和实施由各地方青年就业服务中心负责。

在实际运作中，地方青年就业服务中心与符合要求的年轻人签订为期一年的合同，双方本着"就业优先"的原则，共同确定符合年轻人个体特点的发展规划。此外，服务中心在就业、知识水平和技能评定、福利保障等方面结合年轻人的特点（包括其在体育、文化等方面具有的、可以嫁接到工作当中的优势和特长）向其提供个性化的跟踪服务。

帮助青年人摆脱困境，实现就业从而获得自主能力是青年保障机制的核心内容。鉴于帮扶对象往往是没有良好教育背景的青年，地方青年服务中心首先要向其提供必要的培训，帮助他们了解之前不熟悉的职业和领域，制定职业发展规划，了解企业生活，提供就业机会。该机制十分注重青年的主观意愿，在选取帮扶对象时，着重考察其是否有强烈的摆脱困境的愿望并接受帮扶合同的各项要求。帮扶措施不是一次性的，地方青年就业服务中心可根据帮扶青年的具体情况，向其提供多次、连续的培训及服务。在帮扶期间，地方青年就业中心在尊重帮助对象个体特点的同时，还注重青年集体合作能力的培养。培训期间，地方青年就业服务中心会把帮扶对象进行分组，布置集体任务，制定小组纪律，并定期评估帮扶对象的自主能力，培养并提升其集体意识、互助精神和团队合作能力以及自我评价能力，让年轻人获得自信，以便其能更顺利地找到工作并融入企业生活。

此外，地方青年就业服务中心还联合企业，尤其是小企业和微型企业，将企业需求和帮扶对象的职业规划相结合。一方面,年轻人可以获得实习和短期工作的机会,获得并丰富其工作经验;另一方面,一些鲜为人知的职业和领域也可以被更多人了解,有招聘困难的企业也可以招收到受过培训、有能力的员工,实现企业和青年的双赢。为保证双方合作的顺利进行,地方青年就业服务中心还为双方提供信息沟通和培训等跟踪服务,开展个性化的保驾护航。

总之,青年保障机制不仅是一项简单的补贴计划,经济上的支持仅仅是为帮助青年就业、发展自己的职业规划提供的必要的物质手段之一;该机制也不仅是一项培训计划,而且要从培养青年的基本职业技能和素养入手,为其就业提供必要的条件和机遇。2017年,法国共有10万青年加入青年保障机制,马克龙总统表示要在其任期内让50万青年成为青年保障机制的受益者。

(二)就业互助金

就业互助金是政府为无收入者提供的最基本的生活来源,也是为工资收入很低的贫困人员提供的补贴,其目的是通过提供基本生活条件引导就业,便于互助金领取者继续谋求职业的发展和稳定。就业互助金的具体金额视帮扶对象的家庭结构和收入而定。

就业互助金于2007年在法国34个省内开始试点,2009年6月1日在法国本土全面推行,2011年开始在部分法国海外领土实行。就业互助金最初只针对25岁以上人群,鉴于法国青年失业问题严重,在法国贫困人口中的比例不断上升,2010年9月1日起,25岁以下的劳动力人口也可以申请该项福利补贴。申请人须有强烈的就业需求,并愿意为改善经济状况而积极努力。同时,申请人的家庭总收入须低于法国最低工资收入的1.04倍,并满足当地有关部门规定的相关条件。年龄在18~24岁的申请者还必须满足如下条件:申请人在提交申请前的三年内,工作总时长需超过3214小时,或者超过2年全职工作的时长。此外,申请人需要每三个月更新一下相关的个人信息。

法国各大区议会负责管理就业互助金的相关事宜，但具体发放和执行由各地的家庭补贴资助会（Caisse d'allocation familiale）完成。

2018年8月26日，菲利普总理在解读2019年财政预算时表示，政府首先要集中精力改善就业，而非停留在社会福利的发放上。为此，部分福利补贴的增长速度将有所放缓。但对于最贫困人口的帮扶，菲利普总理表示政府将根据相关法律保障增加幅度。实际上，从2018年4月1日起，就业互助金金额已经有所增长：单人的就业互助金为每月550.9欧元，无子女夫妇每月818.86欧元，有1名子女的夫妇每月981.86欧元，有2名子女的夫妇每月1145.25欧元，此后每增加1名子女，夫妇可多领取214.71欧元，单亲父母则可多领取229.76欧元。

马克龙总统在介绍"反贫困计划"时指出，职业互助金在改善就业方面的角色往往被忽视。为此，国家将在这方面向各地方单位提供资金支持，以帮助失业青年就业，改善就业情况。申请职业互助金资助的人员将在呈交申请后一个月内收到一份相关部门的建议书，内容包括针对其情况制定的技能培训和就业规划，对于确实有困难的帮扶对象，政府将采取相应措施，帮助其解决困难。职业互助金领取者和有关部分需签订相应合同，在保证受益人获得相应的权益和帮助的同时，也能促进其积极就业，从根本上解决贫困问题。

实际上，有研究数据表明，试点期间，就业互助金在引导就业和维护就业稳定性上成效有限，并没有取得减少贫困的预期效果。此次马克龙总统强调就业互助金的就业层面，也是希望能够发挥其在引导和完善就业方面的作业，打破其"福利津贴"的局限形象。为此，马克龙总统还呼吁国家就业中心以及有关企业和社会团体协同合作，共同完成通过就业改善贫困的目标。

结　语

马克龙总统执政一年多来，积极致力于解决青年就业问题，力图从培养技能赋予青年就业能力入手，为降低青年失业率，解决青年贫困问题提供根本性解决办法。实际上，青年就业和贫困问题是长久以来一直困扰法国的一项顽疾。之前的各任总统和政府先后提出过不少解决方案，然而效果不尽如人意。此次马克龙总统的举措主要是对原有机制和措施的完善，虽然创新性有限，但如若能够真正发挥这些措施的作用，也应该能够在一定程度上改善法国青年就业问题。目前，由于大部分措施实施时间较短，很多相应的内容还没有落实或仍在协商之中，短期内通过这些举措明显改变法国青年就业状况的可能性有限，其长期效果也有待继续观望。解决青年就业问题或许需要更深层次的思考和改变。

参考文献

Emmanuel Macron présente un plan pauvreté de 8 milliards d'euros, https：//www.france24.com/fr/20180913 – emmanuel – macron – presente – plan – pauvrete – 8 – milliards – euros – social.

Garantie jeunes, https：//www.service – public.fr/particuliers/vosdroits/F32700.

L'apprentissage：une formation et un salaire, https：//www.journaldunet.fr/management/guide – du – management/1200715 – l – apprentissage – une – formation – et – un – salaire/.

LOI n° 2018 – 771 du 5 septembre 2018 pour la liberté de choisir son avenir professionnel, https：//www.legifrance.gouv.fr/eli/loi/2018/9/5/MTRX1808061L/jo/texte.

Rapport pour le développement de l'apprentissage, Synthèse de la concertation, https：//www.strategie.gouv.fr/sites/strategie.gouv.fr/files/atoms/files/rapport – concertation – apprentissage – 30 – 01 – 2018.pdf.

Réforme de l'apprentissage, https：//geneve.consulfrance.org/Reforme – de – l – apprentissage – en – France.

Réforme de la formation professionnelle：le big bang est adopté, https：//www.journaldunet.com/management/formation/1196780 – reforme – de – la – formation – professionnelle – le – big – bang – est – adopte/.

RSA jeune actif, https：//www.service – public.fr/particuliers/vosdroits/F286.

https：//www.journaldunet.com/management/guide – du – management/1159725 – rsa – augmentation – montant – de – base/.

B.18
法国文化遗产保护体系初探

吉晶 王茜*

摘　要： 马克龙总统在竞选之初，便将保护法国的文化遗产明确列入了竞选纲领。本文首先梳理了法国文化遗产保护发展的脉络，18世纪以来，文化遗产的内涵从孤立的某座文物建筑，逐渐扩展到多样的自然景观、承载历史记忆和文化传统的城市区域及各类人类活动场所，并以法律的形式固定下来。其次，简明扼要地阐述了文化遗产管理从国家到地方的层级体系，各司其职、彼此协调，并积极鼓励公众的参与。最后，本文聚焦马克龙政府的文化政策重点，从内政、外交两个方面具体分析了遗产保护领域的重要事件。

关键词： 法国文化遗产保护　文化政策　马克龙政府

长久以来，法国一直以文化大国的形象屹立于世。截至2018年，法国有列入联合国教科文组织世界遗产名录的世界遗产44处、文物建筑45000处；全法共计8000多家博物馆，其中1200多家在"法兰西博物馆"网络之中。这不仅得益于其源远流长的文化遗产保护传统，更是与近现代历届政府对文化政策的重视密不可分。

---

* 吉晶，北京外国语大学法语学院讲师，主要研究方向为法国现代文学、中法文化比较；王茜，国务院研究发展中心管理世界杂志社，助理研究员，主要从事自然文化遗产的政策研究及咨询工作。

法国蓝皮书

本文首先从历史沿革的角度，回顾了法国文化遗产概念内涵逐步拓宽和发展的进程；其次，简略梳理了法国文化遗产保护的管理机制如何运行；最后，结合2018年马克龙政府在文化遗产保护领域的新动向，分析其文化政策的新特点以及执政功能。

一 法国文化遗产保护的发展脉络

法国的文物保护起源于18世纪，伴随着启蒙运动的发展，现代的文物保护意识及学科体系开始在法国萌芽。首先，启蒙时代形成了新的时间观念，人们普遍接受了过去和现在是有距离的观念，因此便可以将过去视为研究的客体，而遗产成为具有现实意义的媒介；其次，启蒙运动诞生了民族国家的概念，因此遗产的保护成为身份认同的一种方式；再次，启蒙理性所形成的选择、分类、分级等方法最终成为各项保护准则可以执行下去的技术保障。

法国的第一部文物建筑保护相关法律《历史纪念物法令》诞生于1887年。该法律认为应从"历史或艺术角度"对具有"国家利益"（intérêt national）的建筑物进行保护，从而限制私有财产权限，将国家干预合法化。其核心思想主要体现在以下两点："第一，神圣的私有财产所有权可以受到限制。根据'国家利益'确立的保护清单上所有建筑的工程都必须得到中央有关部门的同意，包括产权人对该建筑进行拆除、修缮或改变等工程。……第二，基于对文物建筑环境的思考，对文物建筑周边环境的保护和对其本身的保护同等重要。这一概念被纳入后来的法规中，并对历史环境中的新建筑的建设控制起到了重要作用。"① 但由于"国家利益"的判断缺乏清晰明确的标准，彼时只有为数不多的建筑得到保护。

1905年，法国颁布了确立"政教分离"的《世俗法》，这对宗教建筑

---

① 王茜：《平衡保护与利用关系、形成"共抓大保护"机制的法国经验及其对适合国情的文物保护利用之路的启示》；苏杨、张颖岚主编《中国文化遗产事业发展报告（2017～2018）》，社会科学文献出版社，2018，第129～148页。

遗产既是一个沉重的打击，也意味着一个极大的机遇。该法令一方面保护法兰西公民的个人信仰自由，另一方面又明确了国家不对任何宗教活动、宗教派别提供资助，从而引发了国家是否需要新的政策对宗教建筑进行保护的大讨论。这场讨论催生了法国历史上最重要的文物保护法：1913年12月31日颁布的《历史纪念物法令》（*Loi du 31 décembre 1913 sur les monuments historiques*）。"此法令首先将1887年法令确立的'国家利益'修改为'公共利益'（intérêt public），将一些有重要价值的宗教建筑纳入国家管理和资助的范畴。第二，把拟保护的建筑分为'列级保护的历史建筑'（monument historique classé）和'登录在册的历史建筑'（monument historique inscrit）两类。如果国家认为符合'公共利益'，不经产权人同意就可以对某一建筑进行'列级'保护。列级保护比较严格，要求对文物建筑从历史学和艺术的角度来进行保护；而登录保护则相对简单，主要是对文物建筑的变化进行监督和有效管理。第三，规定主管文化事务的部长负责文物建筑的保护工作，但必须听取文物建筑委员会的意见。"[①] 在此基础上，法国又相继出台了一系列的法规条例和政府决议，将法律条令落实为具体的管理措施。

与此同时，随着1906年《景观地保护法令》的颁布，自然景观地（sites）也进入文化遗产保护的范畴。保护壮美、独特的自然景观，不仅是对大自然的尊重，也符合民众的根本利益。这一法令首次明确了应该在自然保护和人类活动、资源地和生活地保护之间寻求平衡。1930年该法令得到了补充和完善，成为历史上著名的《景观地法》。景观地，如同文物建筑一样，也被划分为"列级"和"登录"两类；其内涵也随着时间推移不断拓展：从最初单纯的自然景观，逐步扩大到在人类活动场所建造的相关田园景观和特色景观。

随着城市化进程的迅猛发展和城市风貌的天翻地覆，人们意识到文物建筑与其周围环绕的空间是密不可分的。《文物建筑周边环境法令》便于1943

[①] 王茜：《平衡保护与利用关系、形成"共抓大保护"机制的法国经验及其对适合国情的文物保护利用之路的启示》；苏杨、张颖岚主编《中国文化遗产事业发展报告（2017～2018）》，社会科学文献出版社，2018，第129～148页。

年应运而生,从法律层面将文物单体与周边景观建立了关联。起初,这种关联范围的划分标准是单一的,即以文物建筑为中心、以500米为半径的圆周范围被法律划定为受保护区域,任何人不得擅自改动原建筑风格;同时,该范围内也不能有未经许可的任何建设活动,必须保护与文物建筑休戚与共的自然元素、环绕其四周的其他建筑物、所处基地或街道上的既有特征。这项划定标准随后经历了更为灵活的演变,即根据文物建筑所在城市的肌理,圆周的范围可以在保持面积不变的情况下进行适当调整(见图1);具体工作则由国家建筑师现场进行测评划定。

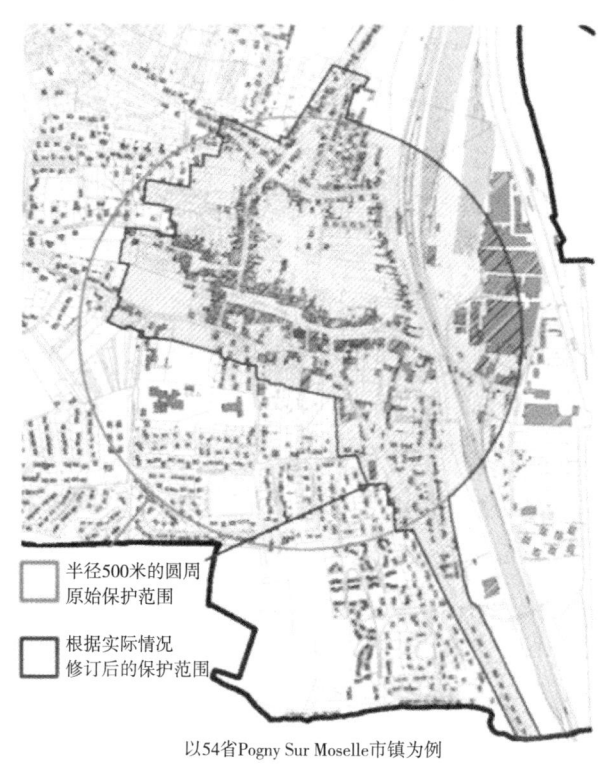

以54省Pogny Sur Moselle市镇为例

图1 法律规定的受保护范围的演变

此后,区域保护的理念便显得愈发突出。1962年颁布的《马尔罗法案》(*Loi Malraux*)把有价值的历史街区归入"历史保护区"(secteurs sauvegardés），有针对性地制定保护和使用的城市规划。保护区内的建筑物均被严格管理，不得被随意拆除或改建，其维护、修复工作可以获得国家的资助和相关资质建筑师的指导。保护区制度的创立具备双重意义："首先，保护的范围逐步以对单体建筑的保护向对历史环境的保护延伸，城镇遗产的概念渐渐得到了发展，城镇的历史价值和美学价值融入城市肌理中。……其次，一种新的城市更新模式出现了，保护区政策的内涵要求城市更新的目的不仅仅在于物质更新，评价标准是环境品质的改善和社区的活力。"① 在保护区内，我们一方面立足历史街区的原样保护，尽量避免损害其历史文化价值；另一方面在保证其历史品质的基础上，尽力优化古老建筑的实际居住功能，从而满足现代化标准。该制度对应制定了"保护和价值重现规划"（Plan de sauvegarde et de mise en valeur，PSMV）。当居民根据自己的需求想要对文物建筑进行修缮时，必须提出申请，国家建筑师会在确保景观整体连贯性的基础上，根据建筑、艺术、人文等方面的标准对其加以鉴别并指导修缮。

1983年，在法国《分权法》（Décentralisation）颁布的大背景下，遗产保护领域新诞生了"建筑、城市遗产保护区"的概念，后扩展为"建筑、城市与景观遗产保护区"（Zone de protection du patrimoine architectural, urbain et paysager，ZPPAUP）。这是一项由市镇政府（即地方政府）主导的历史文化遗产保护制度，从地方用地和空间规划的角度，实现与地方规划的编制彼此衔接。ZPPAUP概念的诞生源于多方因素：首先是因为《分权法》的颁布。城市规划和管理的权力被分解到地方后，地方政府可以自行制定和管理土地使用规划，并发放建筑许可证。同时，中央政府为保证国家利益，对所涉文物建筑及其周边、景观地和历史保护区仍留有保护权力。换言之，ZPPAUP能有利于中央政府和地方政府在遗产保护方面协同合作。其次是因为此前文物建筑周边自动生成500米圆周保护范围的规定在实际应用中并不完全合理，

---

① 王茜：《平衡保护与利用关系、形成"共抓大保护"机制的法国经验及其对适合国情的文物保护利用之路的启示》；苏杨、张颖岚主编《中国文化遗产事业发展报告（2017～2018）》，社会科学文献出版社，2018，第129～148页。

ZPPAUP提供了解决这类问题的新思路。再次是一些不存在具体文物建筑的地方也有遗产保护的需求,例如广大乡村地区的特色小村镇等。从实施结果上看,ZPPAUP一般建立在人口规模小的村镇、乡村地区,因此也可以被认为是法国针对历史文化村镇的主要保护制度。值得一提的是,ZPPAUP的建立过程增添了许多人性化特点,通常是各类专家(包括建筑师、城市规划师、景观设计师、人类学家等)与当地居住人群共同调研、彼此交流的结果。"他们尤其注重挖掘村镇内乡土特色的构成要素,包括自然环境要素、农业环境要素以及聚落和建筑要素,并将之与当地的文化历史背景联系起来,塑造具有地方特色的文化意象。"①

历史保护区与建筑、城市与景观遗产保护区制度实行几十年来,在文化遗产保护方面取得了显著的成果;直至2016年7月,法国颁布了《创作自由、建筑与遗产法》(Loi n° 2016 – 925 relative à la liberté de la création, à l'architecture et au patrimoine),公布使用"著名遗产地"(Site patrimonial remarquable)概念,囊括之前并存的历史保护区与建筑、城市与景观遗产保护区等机制。该法令的推出不仅仅是名称上的调整,更体现了当下法国在遗产保护政策上的变化,也在一定程度上指示出遗产事业未来发展的方向。

《创作自由、建筑与遗产法》带来的几个重大变化分别是:一是在法律层面上加强了对世界遗产的保护。1975年法国成为《世界遗产公约》的缔约国,截至2018年,法国共有世界遗产44处,总数位于世界第四。其中包含39处文化遗产、4处自然遗产及1处混合遗产。该法令强调了中央层面在世界遗产保护上的参与度,注重中央与地方的保护规划衔接,使世界遗产的保护有了更好层级的保障。二是机构改革。在中央层面上,合并了原先的全国文物建筑保护委员会(Commission Nationale des Monuments Historique)和全国历史保护区委员会(Commission Nationale des Secteurs Sauvegardés),

---

① 王茜:《平衡保护与利用关系、形成"共抓大保护"机制的法国经验及其对适合国情的文物保护利用之路的启示》;苏杨、张颖岚主编《中国文化遗产事业发展报告(2017~2018)》,社会科学文献出版社,2018,第129~148页。

成立了新的全国遗产与建筑委员会（Commission Nationale du Patrimoine et de l'Architecture），委员会的主任由选举产生，空缺时可由文化部部长兼任。地方层面上也进行了对应机构的合并。三是管理机制变化。新的管理机制名为"著名遗产地"，综合了之前长时间并行的多项制度，单独制定"保护和价值重现规划"（PSMV），规划没有完成编制之前暂时延续使用 ZPPAUP。通过这几个变化，可以明显观察到两点：一是管理机制、管理机构和管理办法的全面精简。全面精简一方面有助于文化遗产管理的"统一、规范和高效"，另一方面有利于更好地理清普通大众与遗产的关系，拉近了遗产与大众的距离，使大众积极参与到遗产保护的事业中去。二是十分注重遗产保护与规划的衔接，注重中央和地方的权责划分。不论是加强世界遗产的保护，还是"著名遗产地"的改革，都强调与地方规划（PLU）的衔接，以保证遗产保护的合理及完整。

我们看到，虽然文物保护的理念起源于 18 世纪，但直到 19 世纪文化遗产保护才真正进入公共决策领域；而 20 世纪则是遗产的内涵和外延都极大发展的阶段。至此，我们讨论的对象都集中于建成遗产，它涉及的范围从孤立的某座文物建筑，逐渐扩展到多样的自然景观、承载历史记忆和文化传统的城市区域及各类人类活动场所。与此相对的另一个分支，即 1997 年起才被国际正式认可的非物质文化遗产，在不同的国际公约框架下展开行动，因其独特性值得我们开篇另述，在此暂且不表。

二 法国文化遗产保护的管理体系

在对法国文化遗产保护 100 多年的发展历程加以梳理之后，我们不难看出，文化遗产的内涵和外延在历史的长河中不断被突破，并且每一次的突破都随即通过法律的形式固定下来。法国的遗产管理体系已相对成熟：一是管理权限的覆盖率非常高，几乎遍布所有需要保护的区域；二是管理团队高度专业化，这些经过系统训练的技术官员在管理过程中会受到严格的监督，并得到专业咨询机构的帮助。此外，法国众多的高等专业学院（如夏约学院、

卢浮宫学院、法国国家遗产学院等)、综合性大学(巴黎一大、斯特拉斯堡大学等)以及私立机构长期以来开设多样化的课程,提供遗产管理/保护领域覆盖职业本科、本科、硕士以及博士等多阶段的教育培训,为这个领域源源不断地输送专业力量。

在国家层面上,法国文化部(Ministère de la Culture)下设遗产总司①(Direction générale des Patrimoines),是文化部的四大职能部门之一。它的主要使命包括:用现代化的手段保护、保存丰富的文化遗产;加强技术方面、法律法规的监督;面向公众普及多样的艺术形式,彰显价值;提高保护区域内建筑质量,鼓励建筑创新;从战略、行政、财政层面进行监管,主导文化遗产公共政策等。

除了中央遗产保护机构,法国在地方也派驻了强大的机构进行日常管理,即省级建筑与遗产局。两者之间的大区文化事务厅(DRAC)主要起协调管理的工作。省级建筑与遗产局最主要的职责就是保证中央和地方之间的对话,协调城市规划和建成遗产保护的政策(见图2)。

这些省级建筑与遗产局会同国家的相关部门、地方政府共同研究保护空间的价值、保护管理的规定。一旦这些规定在地方和国家层面得到批准,省级建筑与遗产局就要负责对这些空间中的建设、拆除、土地划分、城市规划、电力线设置、树木砍伐、招牌广告设置等项目的许可签署意见。根据保护程序和工程类型,意见分为强制性意见(avis conforme)和非强制性意见(avis simple)。颁发许可证的职能部门(市长或省长)必须遵从强制性意见。否则,由大区区长征求大区遗产和景观地委员会意见后做出裁决。非强制性意见则是作为参照执行的。文化部可以要求提审卷宗,提出意见,取代地方颁证机构做出的决定。②

除了国家的行政力量,法国政府也不忘鼓励每一个公民加入这项保护事业,发挥民间组织的影响力。文化部下属的历史纪念物基金会、文化艺术遗

---

① 遗产总司于2010年1月13日设立,其前身为法兰西博物馆司、文献司及建筑遗产司。
② 遗产总司于2010年1月13日设立,其前身为法兰西博物馆司、文献司及建筑遗产司。

法国文化遗产保护体系初探

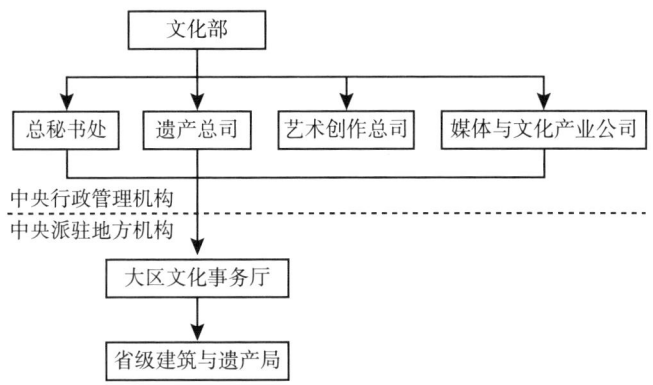

图2　法国文化遗产管理体制

产委员会等非政府组织，在文化政策的具体落实上扮演着举足轻重的角色。每座城市设立的文化遗产义务宣传员也通过撰文、参观、科普等形式多样的活动，引导民众了解文化遗产，营造出全民参与文化遗产保护的良好社会氛围。

三　马克龙政府政策的延续与发展

文化立国是法国历任总统所奉行的金科玉律，始终坚持国家在文化事业发展和文化遗产保护中的主导作用，马克龙政府也不例外。即便在财政赤字严重、经济增长乏力的压力下，这届政府依然旗帜鲜明地坚持文化发展优先的政策。根据法国文化部公布的财政报告，2018年度的文化整体预算达100亿欧元，同比增长0.4%，继续保持增长势头。具体领域分布如下：公共视听38.95亿欧元、遗产8.97亿欧元、创作7.79亿欧元、电影业7.24亿欧元、文化民主化5.55亿欧元、新闻业2.85亿欧元等。[①] 法国总理爱德华·

---

① 数据来源：Projet de loi de finances 2018, p. 6. http://www.culture.gouv.fr/Nous – connaitre/Decouvrir – le – ministere/Budget/Projet – de – loi – de – finances – 2018, consulté le 20 février 2019。

菲利普公开表示:"文化部要将文化普及、繁荣创作、遗产保护置于政府工作的中心,认真执行各项文化政策,并与政府相关部门、欧洲同行、欧盟和欧洲议会开展紧密合作。"①

2018年度的文化预算书明确提出了马克龙政府在任期内(2018~2022年)优先保障的六大原则②:(1)让所有民众都有机会接触到文化;(2)加强中央政府在地方的影响力,借助文化生活促进社会和谐和经济振兴;(3)从欧洲开始逐步扩大法国文化在法语地区、在国际范围内的影响力;(4)支持艺术家及其创作,保护文化多样性;(5)促进多媒体和公共视听领域发展,加强独立、多样、充满活力的民主模式;(6)在自身的组织结构及行动方式中实施统一、创新的文化政策。其中涉及文化遗产保护的主要是第二项,预算书中提出划拨8.6亿欧元(资金同比增长6%)用于地方文化事业的发展,既是从具体举措上加强地方的各项文物保护工作,也是从情感上修复部分法国人表达的"被遗弃"感。在具体的资金分配上,除了按传统惯例会投入历史古迹建筑的维护、修复以及重大项目的开展,更是提高了对重大项目以外的资金投入(3.26亿欧元,同比增长5%),尤其是拨出0.15亿欧元的专项资金专门支持资源匮乏的地方村镇,力图修正区域间发展不平衡的问题。

除了文化政策上和财政预算上的坚实保障,法国总统马克龙也在其内政外交上身体力行地参与到一项项具体的遗产保护举措中,积极践行自己在竞选纲领中提出的保护文化遗产的承诺。上任初期,他就曾委任著名的电视电台主持人史蒂芬·贝尔尼③(Stéphane Bern)统计法国"濒危"的文化遗产,并提出解决之道。贝尔尼经过调研,所列出的"濒危"文化遗产竟多达2000余处。他经过筛选,确立了第一批18个有标志性意义的"旗帜"

---

① 《法国描绘新一年文化发展前景》,http://www.sdwht.gov.cn/html/2018/tszs_0104/45643.html。
② Projet de loi de finances 2018, *op. cit.*, p.10.
③ 史蒂芬·贝尔尼也是记者、作家,他主持的节目主要涉及法国的历史和文化遗产方面的内容。

项目和251个优先项目,并借鉴英国皇室的同类经验,提出发行彩票以募集修复资金。他认为,不管最终募得资金几何,通过这一举措唤醒民众意识更为重要。5月31日,文化遗产专项彩票启动仪式由马克龙亲自在爱丽舍宫主持,正式向广大民众发出倡议,募集资金保护濒危文化遗产。"文化遗产专项彩票将分为'超级乐透'和'刮刮乐'彩券两种,前者将在2018年9月14日开奖,头奖金额为1300万欧元;后者将自当年9月3日起售,最高奖金达150万欧元。这两项彩票收入预计将为文化遗产保护提供1500万至2000万欧元的资金。"① 马克龙将文化遗产保护视作一项重要的国家事业,因为任何一个国家都是在记忆和历史的积淀中不断发展壮大的。在过去的一年中,他的身影频繁出现在法国著名的文化遗产建筑中,连举办自己的生日宴也移步卢瓦尔河畔的香波堡,主要目的就是吸引大众对文化遗产的重视和兴趣。

在对外交往上,法国政府从来不吝于向海外展示丰富而独特的文化标签,彰显自身的文化软实力。回溯古今万象的博物馆、悠久璀璨的历史文化遗产是法国对外施展文化影响力的传统媒介。2018年1月8日,马克龙总统首次访华,直抵中国古都西安,先后参观了秦始皇陵兵马俑博物馆、大雁塔、清真大寺等名胜,并且在大明宫国家遗址公园发表了演讲,拉开了文化外交的序幕。1月9日下午,在习近平主席和马克龙总统的共同见证下,国家文物局局长刘玉珠与法国驻华大使黎想(Jean-Maurice Ripert)在人民大会堂签署了《中国国家文物局局长与法国文化部部长关于文化遗产领域合作的行政协议》。该协议约定在两国文化遗产主管部门间建立起机制化的合作,涉及保护政策、濒危文化遗产保护、水下考古、文物展览、藏品安全、打击非法贩卖文化财产、博物馆管理、世界遗产管理和保护、监测经验交流、人员互访等多个层面,旨在实现中法两国在文化遗产领域的全面互通与合作。中法两国有着同样悠久深厚的历史文化积淀,两国外交往往是"文

---

① 《法文化遗产彩票 千挑万选才承宠》,来米编译,《欧洲时报》2019年3月30日,http://www.oushinet.com/europe/france/20190330/317531.html。

化先行",在这个领域的彼此致敬、融洽合作,为后续签署的20多份涉及能源、汽车、航空、医药、民用核能等领域的贸易大单做了有效的铺垫。法国政府对文化遗产的保护,不仅能尊重丰富多样历史、提升本国公民的民族认同感,也可以成为文化外交的"敲门砖",在寻求遗产保护和利用的动态平衡中促进经济发展。

值得指出的是,任何一个国家在文化遗产保护领域都不可能一路凯歌。2018年底在法国多地爆发的"黄背心"运动想必大家并不陌生。时至今日,沸腾的民怨难以平息,并向其他欧洲国家蔓延。然而,在这个有着"游行""变革"传统的国家,在这个遗产保护意识民众普及度相对高的国度,2018年12月初发生了暴力破坏凯旋门事件,举国震惊。在"黄背心"运动的第三周,一群暴力分子闯入凯旋门博物馆大肆破坏:多座历史悠久的雕塑成为打砸、涂抹的对象,其中就包括一座头颅被敲破的玛丽亚娜(Marianne)——法兰西共和国的象征符号——的雕塑[①](见图3);纪念品商店及一些纪念为国捐躯的士兵的作品被多处损毁。凯旋门外部的四根柱子上,也随处可见涂鸦,写满"黄背心必胜""马克龙下台""让革命之火燃烧"等口号(见图4)。彼时远在阿根廷出席G20峰会的马克龙总统当晚立即发表演说,斥责暴力行径:"任何借口都无法成为玷污凯旋门的理由。"文化部部长也及时赶往现场,勘查破损情况,他认为:"攻击古迹凯旋门,就意味着攻击国家的象征,攻击法兰西的价值观,攻击自身的历史。"他也承诺会立即开展必要措施进行修复,重现其光华。

"黄背心"运动中的暴力民众破坏凯旋门的野蛮行径被千夫所指,同时也让人们联想到历史上多次革命和战争对历史古迹、文化遗产的破坏(vandalisme),其中包括1789年的大革命,攻占巴士底狱吹响了自由民主的号角,却也造成了这座古迹的损毁。多年之后,许多人满怀平等的激情和对教会的仇恨,肆意破坏教堂和古迹名胜。圣德尼大教堂内安葬的50多位去世国王的石棺被损毁,骨架被挖出、打碎并丢弃;巴黎圣母院正门

---

① 弗朗索瓦·路德(François Rude)的作品。

图 3　玛丽亚娜雕塑

图 4　凯旋门外部

资料来源：http：//www. lefigaro. fr/culture/2018/12/02/03004 – 20181202 ARTFIG00038 – gilets – jaunes – les – images – de – l – arc – de – triomphe – saccage. php。

上方的 28 个犹太国王石雕的头都被愤怒的"革命者"砍去，只是因为这些"革命者"把它们错认为法国国王雕像；还有火烧巴黎市政厅、损毁杜伊乐宫……每一次的社会动乱往往意味着一次文化浩劫，社会的"变革者"就是破坏者。

可见，在和平年代，承载着历史记忆的座座古迹往往是凝聚民族力量、增强民族认同感的有效媒介，这既是历任政权致力的目标，也是民众乐于分享的荣耀。然而，一旦社会矛盾激化，珍贵的文化遗产便成为牺牲品，对其的暴力破坏便成为发泄民怨最直接的方式。

四　结语

作为世界上第一个制定现代遗产保护法的国家，法国是文化遗产保护领域当之无愧的先驱。历史长河奔流不息，"遗产"的内涵也得到了不断地丰富与发展，"遗产"的评价标准、管理办法也在不断更新中日趋完善。法国政府通过法律、行政、媒体、经济等多种手段使本国宝贵的历史遗产不断焕发出新的活力，彰显了自己独特的文化属性和价值，这些无疑是值得称道的。

马克龙政府继承了文化立国的一贯传统，在捉襟见肘的公共预算中旗帜鲜明地向文化事业倾斜，在遗产保护领域最为突出的便是加大了对地方的支持力度。同时，他在国际上积极展开"文化外交"的攻势，主动参与联合国教科文组织的世界遗产名录及人类非物质文化遗产代表作名录的竞争，借此从内政、外交上扩大其国际影响力。

然而，法国近年来一直都面临着新时代的内忧外患：大量难民涌入催生了社会矛盾和财政负担，民众支持率屡创新低，国民的认同感涣散，欧盟成员国之间在重大国际问题上难寻一致……因此，马克龙政府对文化遗产的重视，也意味着对文化软实力、文化经济价值寄予厚望，希望借此凝聚民心、提升国力。然而，声势有增无减的民众运动也让新一任的年轻总统在革新的道路上进退两难。在文化遗产的保护上，国家的政策立场具备连续性，而民众的参与则往往因时而异。

参考文献

邵甬：《法国建筑·城市·景观遗产保护与价值重现》，同济大学出版社，2010，第 309 页。

苏杨、张颖岚主编《中国文化遗产事业发展报告（2017~2018）》，社会科学文献出版社，2018，第 129~148 页。

邵甬：《法国国家建成遗产保护教育与实践体系及对我国的启迪》，《中国科学院院刊》2017 年第 7 期，第 735~748 页。

法国文化部网站：http：//www. culture. gouv. fr/Nous - connaitre/Organisation/La - direction - generale - des - patrimoines；http：//www. culture. gouv. fr/Nous - connaitre/Decouvrir - le - ministere/Budget/Projet - de - loi - de - finances - 2019；http：//www. ce. cn/culture/gd/201803/06/t20180306_28354313. shtml；http：//www. bulletin. cas. cn/publish_article/2017/7/20170708. htm；http：//www. oushinet. com/europe/france/20190330/317531. html。

Abstract

Emmanuel Macron was "accidentally" elected as the French president in the 2017 election. However, President Macron launched in 2018 an ambitious reform plan to put the French economy and French society on a "surgery table". To paraphrase Macron, France will be eliminated without reform, and only reform can make France regain its glory.

The "la République en Marche", a new political party created by President Macron is the ruling party and controls the majority of the parliament. In 2018, Macron pushed the French Parliament to adopt many reform bills, labor law, fiscal law, youth employment law, and so on. Many organizational law reforms, including constitutional reforms, have also been put on the agenda of Macron's government. It should be said that the Macron government has tried seriously to change the development track of the French economy and society. However, reforms need window opportunities and should get the popular support. The reform measures need to be implemented one by one in order to let the people feel the benefits of each reform, and they must not be carried out hastily "in a row".

President Macron takes advantage of the privileges that the French Fifth Republic gives to the President in government decision-making processes. However, Macron's age, ruling performance and prestige do not match with the position of the president. The French public opinion calls for the revision of the polity, giving up the Fifth Republic, and trying to create the Sixth Republic. However, the so-called Sixth Republic is yet to be out of the shadow of French traditional politics, but it wants to return to the parliamentary system and proportional voting system. The experience of the Third and Fourth Republics of France has showed that this political system was unstable, and the chance for a cabinet crisis was big. Returning to this parliamentary system is not necessarily good news for France. The Fifth Republic system has also experienced many hardships. It has survived various social crises such as the Algerian crisis, the "May 1968 Storm", and the "Yellow Vest" movement. The Fifth Republic system seems to still have a strong vitality and a certain institutional flexibility, as well as certain control capabilities. Perhaps what France needs is the reform of the Fifth Republic, not the revolution.

However, some people in France are radicals. They launched the "Yellow Vest" movement. They went to the rally every weekend, starting from protesting against the Macron government's fuel tax, to finally demanding that Macron step down. This movement has occasionally triggered violent acts and caused damage to historic buildings. Social protests seem to have offset the effects of President Macron's reform measures, and economic growth has not achieved better results as scheduled. In fact, Rome is not build in one day. The gloomy economic growth in France has structural origins. Simply relying on the liberalization of the labor market will not solve the problem. The reform of Macron has not been fully implemented, and it will take time to be carried out.

The election of Macron is considered a victory of Europe, and Macron does have an ambitious European integration plan. At his initiative, the EU carried out a grand consultation campaign, to debate the EU's future in 2018. It was actually a huge European integration propaganda, which made Europeans feel that European integration is closely related to their daily lives. The US President Trump's speech at NATO's headquarter has caused the ups and downs of European countries. Macron also took advantage of this opportunity to sell the "European Defense Community" plan to other members of the European Union. In 2018, the European Common Defense Plan made substantial progress, but it was still far from creating a true European common defense.

Although Macron's diplomacy is under the banner of "Gaullo-Mitterrandism", it has not been as independent as under De Gaulle's administration. Macron's US policy has apparently not changed from the policy since Sarkozy, all based on "Atlanticism". It means, to some extent, a "Pro-US" policy. This is also related to the decline in the strength of France in recent years and the decline in the overall strength of European countries. Even so, France's influence on Africa cannot be underestimated. France exerts a major influence on French-speaking African

countries by controlling their foreign exchange reserves and cultural industries. France is also actively trying to introduce the European common defense system into African peacekeeping operations.

France is also actively planning reforms in the social and cultural fields, such as the reform of public universities, the reform of youth employment, and so on. France's legislation and practice of protecting cultural heritage also has many advantages, but in recent years some cultural relics have also been damaged by the mass movement. The social protests of the crowd and the ethnic opposition caused by the "clash of civilizations" will make historical and cultural monuments the object of vandalism. France's reforms and practices in these areas will also provide us with useful references.

Keywords: France; European Integration; Revolution; Foreign Policy

Contents

I General Report

B.1 Macron's Performance in Power　　　　　　　　*Ding Yifan* / 001

Abstract: When Emmanuel Macron was elected president in 2017, he was eager to carry out a series of reforms in France to promote the economic development and solve the social problems. However, one year later, the situation in France is not so optimistic. The emergence of the "yellow vest" movement broke the layout of French reforms, hampered economic development, and destabilized social confidence. Although the Macron government wants to adhere to French traditional gaullist independent diplomatic line, the decline in its ability have forced the Macron government to be satisfied with the "Atlanticist" practices since the Sarkozy government. France still has a lot of influence in Africa, and it also wants to mark its presence as a major power in the Asia-Pacific. The French government's public policy reforms seem to be unable to keep up with social changes, but both education policy reforms and cultural protection policy reforms provide us with a new perspective to observe changes in European society.

Keywords: France; European Integration; French Diplomatic Policy; French Social Poliey

法国蓝皮书

Ⅱ Politics

B.2 Where is French Political System Heading:
5th or 6th Republic? *Wu Guoqing* / 009

Abstract: The call for the establishment of the Sixth Republic has been around for a long time, and the recent call for the establishment of the Sixth Republic has revived. This is because the Fifth Republic's polity cannot meet the demands of France's current economic and social development functions. The disadvantages of the Fifth Republic's polity are proven increasingly serious. The President of the Fifth Republic is considered to be over-centralizing power in a personal style, which has prompted criticism from political circle and civil society, claiming for the reform of the current political institutions. The purpose of the Sixth Republic is to implement the parliamentary system and bring back the proportional electoral system, while the third and fourth Republics proved the disadvantages of this polity more serious. Honestly, the Fifth Republic polity, during its existence of 60 years, survived the Algerian crisis, the May 1968 storm, the two subversive experiences of the National Front candidates running for the presidential throne and the grim test of the recent Yellow Vest movement. The Fifth Republic's political system is proven to still have considerable vitality and a certain degree of flexibility, adaptability and controllability. However, the Fifth Republic and its polity must undergo profound reforms in accordance with political and civil requirements in order to adapt to new situation.

Keywords: Political Institutions; the Fifth Republic; the Sixth Republic; Reform; Yellow Vest Movement; Red Scarf Movement

Contents

B. 3　French Social Movements since the Reform of Labor Code

Wang Kun / 027

Abstract: Compared to the relatively peaceful 2017, the year 2018 in France was marked with intensified social movement. Protests and strikes have followed one after another. At the beginning of the year, began the strike of the state-run railway company workers against the reform program. Afterward, came waves of movements to oppose the reform measures adopted by the government: canceling ISF the tax on the rich, caping the capital income tax at 30%, reducing housing subsidies, raising the social apportionment tax for retirees, reduction of the number of civil servants and so on. Macron wished that the main reform goals achieved within 18 months after his election, but this wish was blocked or delayed without exception. At the end of the year, the yellow vest movement broke out unexpectedly and lasted into 2019. Why is the year 2018 so disturbed? There will be more significant reforms in 2019. Will the Philip government under the leadership of Macron be able to make a smooth passage and move on?

Keywords: France; Macron; Reform; Social Movement; Yellow Vest Movement

B. 4　French Immigrant and Refugee Policies and Prospects under Macron　　　　　　　　　　　　　　　*Luo Dingrong / 048*

Abstract: In May 2017, the Fifth Republic of France welcomed the youngest president in history, Emmanuel Macron. During his election, Macron's political program involving immigrants and refugees was moderate. He advocated the integration of legal immigrants and the repatriation of refugees whose asylum applications had been rejected. Under the background of the rising national sentiment and the constant conflict of social contradictions in France, Macron began his administration career and the reform of immigrant and refugee policies. In August 2018, the new immigration asylum law was passed and caused wide controversy within French society. The

provisions of the law show that Macron's attitude towards immigrants and refugees has gradually hardened since he came into power. It is very likely that french immigration and refugee reception policy will continue to be tightened in the short term.

Keywords: Macron; Immigration and Refugee Policy; New Immigration; Asylum Law

B. 5　French Environmental and Climate Policy

Meng Ziqi, Zhang Min / 060

Abstract: France, an important actor in global climate governance, is actively involving itself in international climate negotiations and at the same time accelerating the domestic energy and ecological transition. Since 2015, the year in which the Paris Agreement (COP21) was signed, Presidents François Hollande and Emmanuel Macron have put forward environmental policy in both diplomacy and domestic politics. During his election campaign and after taking office, President Macron made many environmentally friendly speeches expressing his ambitions on the environmental front. However, most of the commitments in this area have not been realized and have raised doubts and criticism from intellectuals and the general public. The future of French environmental and climate policy is still uncertain.

Keywords: France; Environmental Policy; Climate Change

B. 6　Yellow Vest Strike: Causes, Evolution and Implications

Song Qing / 075

Abstract: Yellow vest strike originates in rising oil prices, which reflects the contradiction between economic efficiency and high welfare rate, elites and ordinary people, global governance and domestic governance. The current tide of leaderless spontaneous protests will fade away in the not too distant future.

Nevertheless, it has forced Emmanuel Macron to optimize his reform pace and means. With no competent political opponents and growing approval ratings, Macron will continue to push forward his structural reform and, by fighting against the emerging populism, try to become the real leader in the European integration process and "France-Germany Axe".

Keywords: Yellow Vest Movement; Structural Reform; National Debate; Populism

Ⅲ Economy

B.7 Critique on President Macron's Economic Reform

Yang Chengyu / 088

Abstract: President Macron, determined to break up obstacles to the economic development by reforms, has taken a series of reforms, since taking office, including labor market, unemployment insurance, taxation, and energy transformation. The reforms in the constitution, emergency medical care system, national railway, and education have also been put on the agenda. At the same time, he was actively promoting the reform of the euro zone and the multilateral system. Based upon the principle of "increasing income and reducing expenditure", Macron's economic reform has achieved remarkable results. The French economy has seen many bright spots, but in the process it has touched upon inevitably some people's interests. At the end of 2018, the "Yellow vest" movement came in resolutely. With the rapid decline in ratio of public opinion pool, Macron was under huge pressure to slow down the pace of reform and compromise with the people. He lacked the underlying political capital and his team lacked ruling experiences. In combination with the "Grand National Debate", Macron wanted to be able to properly handle public dissatisfaction, increase trust and dispel doubts, and strive for a favorable situation for the European Parliament elections in May in the short term, and maintain the continuity of economic reforms, in order to regain French competitiveness and sustained economic growth.

Keywords: President Macron; French Economic Reform; Yellow Vest Movement

B.8   Will The French Economy Turn Bad in the Future?

Hong Hui / 097

Abstract: Compared with 2017, the French economic growth in 2018 has decreased significantly, and the macroeconomic indicators have also declined significantly. On the surface, it is affected by a series of short-term factors at home and abroad, but in the long run, it is due to serious structural problems in the French economy, including the shortage of long-term supply of capital, labor and technology, which leads to the decline of the competitiveness of enterprises at the micro level. Macron's intense reform has brought new hope and gratifying changes to the French economy, but it also faces risks of conflict from the lower and middle classes and uncertainties in the external economic environment. Whether the reform can ultimately achieve substantive results will also depend on the design of the reform plan in terms of timing, object and rhythm.

Keywords: French Economy; Trend Changes; Structural Reform; Uncertainty

B.9   The Analysis of the "Overseas Road Map 5.0" Strategy of France's Overseas Departments (DOM) / Overseas Territories (TOM)

Zhao Yongsheng / 112

Abstract: This article has analyzed the "Overseas Road Map 5.0" Strategy promulgated by French government towards France's Overseas Departments (DOM) / Overseas Territories (TOM). Based on "the 2030 Agenda for Sustainable Development of the United-Nations", the Overseas Ministry of France has defined five micro-targets: "Zero Carbon Emission", "Zero Rubbish", "Zero Agricultural pollution", "Zero Social Exclusion" and "Zero Vulnerability", and one macro-target—Sustainable Development. Thanks to the limited area, small population of France's DOM/TOM, and to the accurate positioning and full financing, these targets of the Overseas Ministry of France will be realistic if relevant measures are adopted.

Keywords: France's Overseas Department (DOM) / Overseas Territories (TOM); Sustainable Development; "Zero Carbon Emission"; "Zero Rubbish"; "Zero Agricultural Pollution"; "Zero Social Exclusion"; "Zero Vulnerability"

Ⅳ Diplomacy

B.10 The Transformation of Macron's European Policy
Ding Yifan / 120

Abstract: 2018 was a critical year for French President Macron to implement his commitments to promoting European integration. In his first speech after the New Year, Emmanuel Macron emphasized the importance of promoting European integration. Later, under his suggestion, the EU countries have engaged in a large-scale "democratic consultation", which has proved to be a big campaign in favor of the EU. While the US President Trump went to Europe to participate in the event to commemorate the end of the First World War, president Macron exchanged view with him on the development of NATO and the construction of a European defense community. Obviously, they were not on the same tune, and even quarreled. Then, France and Germany have tried to lead the construction of a burgeoning European defense community.

However, the Yellow Vest movement that broke out in France and the quarrel between France and Italy showed different views of the EU member countries on promoting European integration, reflecting a sort of game between "elite politics" and "civilian politics" within Europe. 2019 is a European

Parliament's election year. The public opinion polls show that populist politicians are on the rise in a lot of European countries, making this election a weathervane for the future European integration development.

European integration is a mechanism of "sharing benefits in prosperity", but barely a mechanism of "sharing responsibilities in difficulties". When the European economic development encounters huge bottlenecks, it will be more difficult to promote European integration. Emmanuel Macron started with a grand plan of European integration, but he might end up by only being content with small steps in pushing forward the process.

Keywords: European Integration; French President; Franco-German Rxis

B.11 An Analysis on Economic Presence of France in
French-speaking African Countries *Li Dan* / 134

Abstract: There are several views on how to evaluate current economic existence of France in francophone African countries. The first, France's sense of presence in Africa is declining and its influence is dwindling. The second, the relationship between France and Africa has undergone a process from "special" to "normal" in recent years. The third emphasizes that, based on historical and realistic factors, France remains in a special economic position in Africa, particularly in the French-speaking region. This article attempts to prove that, under the appearance of "decline" or "normalization", France has a solid political, military and cultural support of its economic interests in Africa, and the special relationship between France and Africa cannot be underestimated. In a complicated international situation characterized by the new era, China, France and Africa should actively explore every possibility in an innovative way, in order to reach some mutually beneficial and win-win cooperation.

Keywords: African Economy; French Foreign Policy; Franco-African Relations

B. 12　A Sustained Turn from Non-Alginment towards Alignment?

　　—A Certain Realist Reading of French-American Relations

　　since Macron's Presidency　　　　Dai Dongmei, Lu Jianping / 158

Abstract: From a realist perspective, this article argues that the French-American relations in the era of the Fifth Republic of France can be divided into a period of classic Gaulism and a period of neo-Gaulism, with the 2003 Iraq war that resulted in the most consequential crisis between the two countries serving as the defining watershed moment. During the classic Gaulism period, France primarily acted as a revisionist power and pursued non-alignment, seeking as it did to establish and maintain, over a period of some 50 years, its grandeur, its national interest and its national identity by primarily challenging and balancing US hegemony. During the ongoing neo-Gaulism period, France has substantially converted herself into a status quo player and prosecuted alignment, and attempts to maintain its influence and its capability of projecting power by accepting and co-opting US hegemony while negating and balancing emerging powers. Macron's goverment has proved a shepherd and promoter of this atlantisist turn. France's paradigmatic turn from non-alignment towards alignment is arguably driven by a trio of structural factors. They are the deepening of the strategic asymmetry between France and US, the deepening of the strategic asymmetry between Europe and US and the de-occidentalization of the system of international politics. French-American relations are apparently embracing a pro-American long cycle.

Keywords: French Politics; France US Relations; Atlantism

B. 13　The Europeanization of French Military Intervention

　　in Africa　　　　　　　　　　　Duan Mingming, Wang Zhan / 183

Abstract: Pushing forward the Europeanization of military intervention in

Africa, France has changed deeply her African policy. Since the beginning of the first decade of the new century, France has succeeded in involving EU in military actions in Africa, putting an end to her traditional unilateral interventionist practices. However, due to the absence of full support of UK and Germany, these actions have not reached the expected outcomes. Since 2009, the Europeanization policy has been suspended. The Brexit and the election of Trump as president of the US have caused global and regional strategic impacts, and offered new opportunities of reactivating the Europeanization policy. Only if France can seize these opportunities to coordinate her defense policy with Germany and thus push forward ECSD, then could be realized the Europeanization of military intervention in Africa.

Keywords: France; Africa; Europeanization; Military Intervention; Franco-German Coordination

B.14 Cooperation between France and African Countries in the Cultural Industry *Zhang Li* / 202

Abstract: Cultural cooperation occupies a significant place in the France's African policy. With the development of globalization and technology, the economic function of culture has become increasingly prominent. The cultural and economic dimensions of cultural industry impel France to incorporate it into the strategy of cultural cooperation with African countries. This article tries to analyze the context, different mechanisms and actions of the France in the cultural cooperation with African countries in order to explore the limitations of French actions.

Keywords: France; African Countries; Cultural Industry; Cooperation

V Society and Culture

B. 15 Analysis of the Development of the French Film Industry
in the Era of Globalization   *Shen Huaming , Fu Rong* / 214

Abstract: This article tries to explore the development of the French film industry based on the data of 2018 and to analyze its competitiveness from different angles, such as financing, distribution and international marketing. Thus we can find that with the aid of various means of financing and the government policy support, the French film industry succeeds in confronting its Hollywood enemy and holding a market share of 40%. The French film has also become a valuable asset for France to strengthen its cultural influence and to promote the cultural diversity.

Keywords: French Film Industry; Competitiveness; Hollywood

B. 16 Regroupment of French Public Universities & IDEX:
Retrospect and Prospect   *Zhang Liwei , Ma Yansheng* / 224

Abstract: Notwithstanding its own tradition and strength, while facing global and domestic challenges, higher education in France is hindered from fully playing its role by its limitations such as the complexity of education system, the relative isolation of teaching and research, ect.. Since the beginning of the 21st century, the regroupment of French public universities has been supported in legislation, policy and finance by the French government, in order to improve the competitiveness of higher education, enhancing teaching through research, and promoting technology innovation. The Initiative d'excellence has made certain advances. However, for various reasons, the regroupment plans have run into difficulties. The French government has made enormous efforts to increase the autonomy of public universities so as to enhance international visibility and influence while keeping the traditional characteristics of the French higher education. As the reform deepens, the difficulties and challenges become more and more severe. The strategy of French government—levering social development by higher education and research reforms—remains an arduous task to accomplish.

Keywords: French Higher Education; Regroupment of French Public Universities; IDEX

B.17 Youth Employment Policy of President Macron

Li Shuhong / 237

Abstract: The youth employment is a chronic illness that has plagued France for a long time. From his arriving in power, President Macron has worked hard to find a cure to the problem. He believes that strengthening youth vocational training and enabling young people to have a skill is an important part of solving the youth unemployment problem. His youth employment policy also seeks to break through on the basis of inheriting the original measures. The promulgation of the Law "For the Freedom to choose one's professional future", the reform of the Apprenticeship system and Professional Training, the launch of the "Anti-poverty Plan" and the improvement of the Youth Guarantee and Revenu de solidarité active (a French form of welfare benefit) are the main measures taken by President Macron. Since most of the measures are implemented for a short period of time, many of the corresponding contents have not yet been worked out or are still under negotiation. The effectiveness of these measures still needs to be watched. Solving the youth employment issues may require deeper thinking and change.

Keywords: Macron; Youth Employment; Professional Skills; Training; Reform

Contents

B.18 The Protection of Cultural Heritage in France

Ji Jing, Wang Qian / 247

Abstract: At the beginning of the campaign, President Macron clearly listed protecting the cultural heritage of France into the campaign platform. This paper firstly combs the context of protecting the cultural heritage of France. Since the 18th century, the connotation of cultural heritage has gradually expanded from single cultural relics to natural landscapes, urban areas and all memory places of human activities, and has been established in legal form. Secondly, it explains briefly the hierarchical system of cultural heritage management from the state to the locality, performs its duties and coordination with each other, and encourages the public participation positively. Finally, this paper focuses on the cultural policy priorities of the Macron government, and analyzes important events in the field of heritage protection from the aspects of internal affairs and diplomacy.

Keywords: Protection of French Cultural Heritage; Cultural Policy; Macron Government

社会科学文献出版社　　**皮书系列**

✦ 皮书起源 ✦

"皮书"起源于十七、十八世纪的英国，主要指官方或社会组织正式发表的重要文件或报告，多以"白皮书"命名。在中国，"皮书"这一概念被社会广泛接受，并被成功运作、发展成为一种全新的出版形态，则源于中国社会科学院社会科学文献出版社。

✦ 皮书定义 ✦

皮书是对中国与世界发展状况和热点问题进行年度监测，以专业的角度、专家的视野和实证研究方法，针对某一领域或区域现状与发展态势展开分析和预测，具备原创性、实证性、专业性、连续性、前沿性、时效性等特点的公开出版物，由一系列权威研究报告组成。

✦ 皮书作者 ✦

皮书系列的作者以中国社会科学院、著名高校、地方社会科学院的研究人员为主，多为国内一流研究机构的权威专家学者，他们的看法和观点代表了学界对中国与世界的现实和未来最高水平的解读与分析。

✦ 皮书荣誉 ✦

皮书系列已成为社会科学文献出版社的著名图书品牌和中国社会科学院的知名学术品牌。2016年，皮书系列正式列入"十三五"国家重点出版规划项目；2013~2019年，重点皮书列入中国社会科学院承担的国家哲学社会科学创新工程项目；2019年，64种院外皮书使用"中国社会科学院创新工程学术出版项目"标识。

权威报告·一手数据·特色资源

皮书数据库
ANNUAL REPORT(YEARBOOK) DATABASE

当代中国经济与社会发展高端智库平台

所获荣誉

- 2016年,入选"'十三五'国家重点电子出版物出版规划骨干工程"
- 2015年,荣获"搜索中国正能量 点赞2015""创新中国科技创新奖"
- 2013年,荣获"中国出版政府奖·网络出版物奖"提名奖
- 连续多年荣获中国数字出版博览会"数字出版·优秀品牌"奖

成为会员

通过网址www.pishu.com.cn访问皮书数据库网站或下载皮书数据库APP,进行手机号码验证或邮箱验证即可成为皮书数据库会员。

会员福利

- 已注册用户购书后可免费获赠100元皮书数据库充值卡。刮开充值卡涂层获取充值密码,登录并进入"会员中心"—"在线充值"—"充值卡充值",充值成功即可购买和查看数据库内容。
- 会员福利最终解释权归社会科学文献出版社所有。

数据库服务热线:400-008-6695
数据库服务QQ:2475522410
数据库服务邮箱:database@ssap.cn
图书销售热线:010-59367070/7028
图书服务QQ:1265056568
图书服务邮箱:duzhe@ssap.cn

卡号:451736878416
密码:

基本子库 SUB DATABASE

中国社会发展数据库（下设 12 个子库）

全面整合国内外中国社会发展研究成果，汇聚独家统计数据、深度分析报告，涉及社会、人口、政治、教育、法律等 12 个领域，为了解中国社会发展动态、跟踪社会核心热点、分析社会发展趋势提供一站式资源搜索和数据分析与挖掘服务。

中国经济发展数据库（下设 12 个子库）

基于"皮书系列"中涉及中国经济发展的研究资料构建，内容涵盖宏观经济、农业经济、工业经济、产业经济等 12 个重点经济领域，为实时掌控经济运行态势、把握经济发展规律、洞察经济形势、进行经济决策提供参考和依据。

中国行业发展数据库（下设 17 个子库）

以中国国民经济行业分类为依据，覆盖金融业、旅游、医疗卫生、交通运输、能源矿产等 100 多个行业，跟踪分析国民经济相关行业市场运行状况和政策导向，汇集行业发展前沿资讯，为投资、从业及各种经济决策提供理论基础和实践指导。

中国区域发展数据库（下设 6 个子库）

对中国特定区域内的经济、社会、文化等领域现状与发展情况进行深度分析和预测，研究层级至县及县以下行政区，涉及地区、区域经济体、城市、农村等不同维度。为地方经济社会宏观态势研究、发展经验研究、案例分析提供数据服务。

中国文化传媒数据库（下设 18 个子库）

汇聚文化传媒领域专家观点、热点资讯，梳理国内外中国文化发展相关学术研究成果、一手统计数据，涵盖文化产业、新闻传播、电影娱乐、文学艺术、群众文化等 18 个重点研究领域。为文化传媒研究提供相关数据、研究报告和综合分析服务。

世界经济与国际关系数据库（下设 6 个子库）

立足"皮书系列"世界经济、国际关系相关学术资源，整合世界经济、国际政治、世界文化与科技、全球性问题、国际组织与国际法、区域研究 6 大领域研究成果，为世界经济与国际关系研究提供全方位数据分析，为决策和形势研判提供参考。

法律声明

"皮书系列"（含蓝皮书、绿皮书、黄皮书）之品牌由社会科学文献出版社最早使用并持续至今，现已被中国图书市场所熟知。"皮书系列"的相关商标已在中华人民共和国国家工商行政管理总局商标局注册，如LOGO（ ）、皮书、Pishu、经济蓝皮书、社会蓝皮书等。"皮书系列"图书的注册商标专用权及封面设计、版式设计的著作权均为社会科学文献出版社所有。未经社会科学文献出版社书面授权许可，任何使用与"皮书系列"图书注册商标、封面设计、版式设计相同或者近似的文字、图形或其组合的行为均系侵权行为。

经作者授权，本书的专有出版权及信息网络传播权等为社会科学文献出版社享有。未经社会科学文献出版社书面授权许可，任何就本书内容的复制、发行或以数字形式进行网络传播的行为均系侵权行为。

社会科学文献出版社将通过法律途径追究上述侵权行为的法律责任，维护自身合法权益。

欢迎社会各界人士对侵犯社会科学文献出版社上述权利的侵权行为进行举报。电话：010-59367121，电子邮箱：fawubu@ssap.cn。

社会科学文献出版社